真正

日本文明論

西欧文明（形式知）からの脱却

Part.1

大島雄太
Oshima Yuta

幻冬舎MC

Part.1

真正日本文明論

西欧文明（形式知）からの脱却

拙著の執筆にあたり多くの知的刺激を授かった
言語生態学者、故鈴木孝夫氏の御霊にこの本を捧げます。

はじめに――日本文明の再興

最近 YouTube を良く見るようになったのですが、感心するのは日本文化や歴史について、一連の拙著『日本文明試論』の内容を解説したようなものが多々あるのです。私としては、今の若い人たちに日本文明は世界で独自の文明であり、これからの世界を主導してゆく文明であることを理解してもらいたくて出版してきたのです。でも、若い人たちは活字離れをしており、なかなか伝わらないのを残念に思っていたのですが YouTube によって私の考えに時代が近づいてきたように感じています。でも YouTube で物足りないのは、表面的な理解にとどまっており、何故そうなるのかについて分析がされていないことです。

本著『真正・日本文明論Ｐａｒｔ．１―西欧文明（形式知）からの脱却』では「西欧文明は〝形式知〟の文明であり、日本の文明は〝実践知〟〝暗黙知〟の文明であったのですが、明治維新以降、近代化をするにあたり〝形式知〟の文明に重心を移したのですが、現在その〝形式知〟の文明が、自然破壊、社会崩壊、学問の専門家・個別分断化を引き起こしており、行き詰まっている。これからは、本来の〝実践知〟〝暗黙知〟の日本文明が求められていることを書いたものです。それに関して YouTube で教えられた事例を紹介します。

中国人や一部の韓国人から「日本は経済成長を終えた衰退する国であり、観光に行くには値しない。経済成長が著しい中国・韓国に行くべきである」と言われた欧米人が中国・韓国・日本を訪れた結果、中国・韓国は不衛生であり、マナーがなく、ぼったくりもあり、およそ先進国といえるレベルには達していない。それに引き換え、日本は文化レベルで欧米をも凌駕しており、清潔・安全性で世界の先頭にいるとのことです。前から知ってはいたのですが、中国・韓国は外面が良く宣伝は上手くても国内はグチャグチャなのです。でも、日本人は心では違和感を覚えるだけで、上手く説明ができなかったのです。それは〝形式知〟では説明できないだけで実際に日本に来てもらえば、〝実践知〟〝暗黙知〟で実感することができるのです。

中国・韓国の留学生が、日本のことを研究しているアメリカの教授の講義に際しても、同じ質問が出るとのことです。それに対する教授の回答は日本の文化と中国・韓国の文化との違いを懇切丁寧に教えるのです。中国・韓国は他国の文化・技術に対するリスペクトがなく、ただそのままパクって、コストを安くして世界市場を制覇するのです。そもそも、得意な商品を作り世界市場で棲み分け、共存するという発想はないのです。

ベトナム、インドネシア、フィリピンでの高速鉄道の工事では、当初は日本の支援で進められていたのに、最終的には入札で短工期・低価格を提示した中国に取られてしまったのです。その結果は、工期は延び、工事費も大きく増加し、品質も問題だらけであるとのことです。これは詰まるところ、中国・韓国を含め東アジアの国々では技術に対してリスペクトがなく、単純に技術はどこも同じであり安い方が良いと考えているのです。日本は外国の技術を取り入れるに際しそのままパクルのではなく、単純に技術をオマージュ（芸術や文学において尊敬する作家や作品の影響を受け、さらに独自の要素を加え自分の作品を作ること）するとのことです。東アジアでも漸く日本文明の意味について、頭でなく身体で理解したと思われるのですが、民主主義の深度のためか、為政者の責任を追及するまでにはいかないようです。

手前味噌ですが、以上は拙著『日本文明試論』でも指摘していた内容です。それに加えて（YouTube では指摘がないのですが）一番の問題は、昔から東アジアは賄賂の文化で日本だけが賄賂のない潔癖性を重視する文化だということです。これが中国に日本が負けた本当の理由なのです。

これと同じ構図はEV（電気自動車）についてもいえます。米国、EU、中国、韓国は内燃機関では日本に勝てないので、CO_2を排出しないEVに資本の集中を図ったのです。技術は「物作り」である〝実践知〟〝暗黙知〟の産物であり、「経験値」が重視されるので日本文明が得意とするのです。それに引き換えAIやサイバーは〝形式知〟の産物であり西欧文明が得意とするのです。EVはリチウム電池でモーターを動かすのでスマホと同じと考えたのです。でも、ハイブリッド（HV）自動車の「経験値」があるトヨタは、EVに特化することに違和感があり、全方位の戦略を模索しているのです。市場が求めているものに寄り添うという考え方が経験値としてあるからです。

コロナ禍・ロシアのウクライナ侵攻により人類は新しい歴史に踏み出したものと思われます。私は日本文明が世界で独自な文明であることを証明したく、拙著『日本文明試論』『続　日本文明試論』『深耕　日本文明試論』『終結　日本文明試論』を出版しました。それらの出版を通して問題点が明確になってきたのですが、私の周りは年を取り過ぎているせいか新しいことを拒否して、自分の殻に閉じこもる人たちばかりです。そこで若い人たちに期待したのですが、活字離れで私の本など読まないのです。ですから、私の考えをどのようにして社会に周知・展開してゆけば良いのか分からなかったのです。ところが、コロナ禍により歴史が私の考えていた方向に大きく歩み始めたように感じています。また、MLB（Major League Baseball）での大谷翔平選手の活躍は新しい時代を切り開いているように感じています。

西欧文明は〝形式知（理性）〟の文明であり、本来の日本文明は〝実践知（感性）〟〝暗黙知（悟性）〟の文明であったのですが、明治維新以降は西欧文明を受け入れ、〝形式知〟の文明に重点を移したのです。その〝形式知〟の西欧文明が現在では行き詰まっているのです。私は本来の〝実践知〟〝暗黙知〟の日本文明を〝形式知〟の言葉に翻訳して世界に広めたいと考えています。でもそれでは限界があると感じていましたが、大谷翔平選手の活躍を見て、展望が開けたように思いました。〝実践知〟〝暗黙知〟により直接伝えることができると思ったのです。

一般には大谷翔平がアメリカの野球を変えているといわれていますが、私としては日本文明が米国文明を変えていると思っています。何故そうなるのかを説明します。

第3章「これからの哲学・経済学」では、アメリカ文明が現在抱えている問題点として以下を列挙しました。

① リベラリズム（〝形式知〟）とポピュリズム（〝実践知〟〝暗黙知〟）の〝分断〟を克服できるのか。

（共和党のトランプは相変わらず、民主党のバイデンと互角以上の人気があります。誤解がないように補足しますが、アメリカのポピュリズムを生み出す〝実践知〟〝暗黙知〟は、本来の日本文明の〝実践知〟〝暗黙知〟とは風土の違いによる別の物です。）

② 知的労働を肉体労働より一段上として評価する文明から、肉体労働に対する蔑視をやめ〝労働〟に対する尊厳を取り戻せるのか。

（アメリカではサービス業にはチップが必要です。肉体労働を一段低く見ているからです。それは、黒人の奴隷制にルーツがあるとのことで、そうなると、チップ制がある限り人種差別を克服できないことになります。）

③ 個人主義を基盤とした株主資本主義を脱却し新しい共同体を基盤とした公益資本主義（新日本型資本主義）に移行できるのか。

（『ハーバード白熱教室』で有名になったマイケル・サンデル教授が提唱しているコミュニタリアニズム〈communitarianism ＝共同体主義〉は、他者のことを考えながら人間は生きてゆく存在であるというもので、ミーイズムを否定したものです。）

コロナ時代の新文明をイメージするのに、大谷翔平の投打の二刀流が役立つのです。大谷はＦＡ権を待たずにＭＬＢに挑戦したのですが、年齢制限により契約金は日本にいた時より下がったのです。プロであれば契約金が下がるようなことは行わないのですが、それはＭＬＢで二刀流の野球を追及したいとする少年時代からの夢の実現のためであり、お金が目的ではなかったのです。日本文明では労働はお金のためだけでなく喜びでもあるのです。

給与の差や職業で人を蔑視したりしない人間関係の構築は可能でしょうか。二刀流にはその可能性があるのです。二刀流に対して、初めは評価が分かれていました。投打どちらかに特化しなくては、選手生命を考えても、上手くゆく筈はないというものです。2022年のアメリカンリーグのMVP（Most Valuable Player）はニューヨーク・ヤンキースのジャッジがもらいましたが、アメリカで評価されるのはホームランの数がアメリカの価値観である〝強いアメリカ〟を象徴するからです。でも二刀流には新しい価値観を生み出す可能性があります。日本では専門特化した分業により生産性を上げようとする試みが労働の喜びを奪ったとして、多能工を養成することで労働の喜びを取り戻したのです。そのこととどこか似ていると思いませんか。

大谷に対して「どこの惑星から来たのか」との質問があり、「田舎（岩手県）に生まれて野球を始めた少年でも、努力をすればMLBの選手になれる」とアメリカ人をリスペクトしそのプライドを傷つけない回答をしています。他の惑星から来たのかという質問は、大谷を通して何か新しい文明を感じ取ったからではないのか。東京ではなく田舎というのが重要なのですが、そこに日本文明を感じ取ったのは私だけでしょうか。

WBC（ワールドベースボールクラシック）での優勝を目指して、チームワークを大切に一致団結したのです。アメリカは個人主義であり、チームワークなどなくても強い人間を10人集めた方が、強くなると考えるのです。これは米国社会の一つの間違ったドグマ・教義である「部分（個人等の利益）の総和は全体（社会などの利益）に一致する」によっているのです。大谷がドジャースとの契約金の97%を10年後の後払いとしたのは、個人の利益を犠牲にしたチームの為であるのです。

投打の二刀流が意味するものは何なのでしょう。DH制では投手とDH専門の打者の10人で戦うことになり、それに引き換え、一人の人間が投打の二刀流を行うと9人で戦うことになり、どう考えても不利になると思われるからです。でも、一人の人間が投打で活躍しチームを引っ張ってゆく方が強いということがWBCで証明され、〝形式知〟では分からなかったことが世界の人々の心を捉えたのです。規格外の二刀流大谷はアメリカン・ヒーローの究極であるとの見方があります。ここで強調したいことは、アメリカでは二刀流という価値観は生み出せないということ。それは西欧文明が生み出した近代合理主義では、個別分断化を推し進める方向しかないため、二刀流を決して生み出せないのです。

最近YouTubeを見ていて、面白い投稿を見ました。マイケル・サンデル教授の講義の休み時間に、メキシコの留学生から、「大谷翔平の二刀流は今がピークで、これ以上続けるのは無理なのではないか」という質問に対し、教授は「大谷翔平は二刀流の野球を継続するために日々鍛錬を欠かさず、謙虚で奢ることなく、周りの人々に対する感謝を忘れない生活スタイルを続けているのは、正に日本文明を体現している」というのです。私の考えと同じであることに驚きを禁じ得ませんでした。

決勝戦直前、大谷はロッカールームで「今日だけは（米国チームに）憧れるのは、やめましょう。野球をやっていれば、誰しも聞いたことがあるような有名な選手たちがいると思うけど、憧れてしまったら超えられない」と仲間たちを鼓舞したことが話題になりました。アメリカの一人一人のスター選手には敵わなくても、チームを一つにまとめることの大切さは正に〝実践知〟〝暗黙知〟の世界であり、それは〝頭（理性）〟でなく〝身体（感性）〟と〝心（悟性）〟で分かるしかないのです。日本の諺にある「案ずるより産むが易し」や「百聞は一見にしかず」の意味は、〝頭〟で色々考えるのではなく〝実践〟することで〝身体〟で分かれということです。

日本文明で感じられるもう一つの事例は栗山英樹監督です。栗山監督は「負ければ監督の責任、勝てば選手の手柄」と言っています。アメリカの監督は個人主義ですから「勝てば監督の手柄、負ければ選手の責任」と考えるのです。

これに関連して私の会社時代の同僚の息子さんである現ヴィッセル神戸の吉田孝行監督のことを紹介したいのです。前節（２０２２年）最下位にいたヴィッセル神戸の監督を引き受け、見事に自動降格圏から脱出させＪ１残留を確定させたのです。今節（２０２３年）５月22日、前年の覇者横浜Ｆ・マリノスとの天王山で、大迫のゴールがオフサイドで取り消され３－２で惜敗しましたが、イニエスタを欠きながら首位をキープしてたのです。（9月29日に行われたリベンジマッチでは2－0で勝利して勝ち点4の差で首位をキープし、11月25日に行われた名古屋グランパスとの試合に2－

1で勝利し、最終戦を待たずにJ1で優勝を果たしました。）
’23シーズンが始まる前のインタビュー（2023・2・24）で吉田監督は次のように言っており、チームワークに心を砕いている様子がよく分かります。

「先にも例にあげたF・マリノスは、どの試合も常に90分間を通して強度を落とさずに戦えたことが、優勝にたどり着いた理由の一つだと分析しています。いや、落ちないどころか交代によってパワーアップしていく感すらあった。それは、先発でピッチに立つ11人に限らず、チーム、グループとして戦えている証拠だと思いますが、それと同じように我々もポジションごとに競争・共存をしながら、一丸となって戦っていきたいと思っています。そのためには、下からの突き上げを求める意味でも、若い選手を成長させていかなければいけないという使命も感じています。

と同時に、若い選手にも、僕や周りの選手に言われたことを吸収し、それを試合のなかで臨機応変に使いこなせる対応力を身につけてもらいたい。せっかく素晴らしいキャリアを備えた選手がたくさんいるチームにいるんですから、そこで過ごす時間を無駄にせず、いろんなことにポジティブに向き合って競争に加わり、選手層を厚くしてもらいたいと考えています」

イニエスタがいたときはパスサッカー（バルサ化）を指向していましたが、吉田監督になってからは、全員で守り全員で攻めるサッカーを指向するようになったのです。

蟻の一穴から堤防が破壊されるようなことが起こるのではないのか。二刀流を実践することは、〝形式知〟では不可能と思われることを〝実践知〟〝暗黙知〟で実現できることを証明しているのです。アメリカでは株主資本主義からステークホルダー資本主義に変えてゆこうとしていますが、本当は公益資本主義へ変えてゆかねばならない

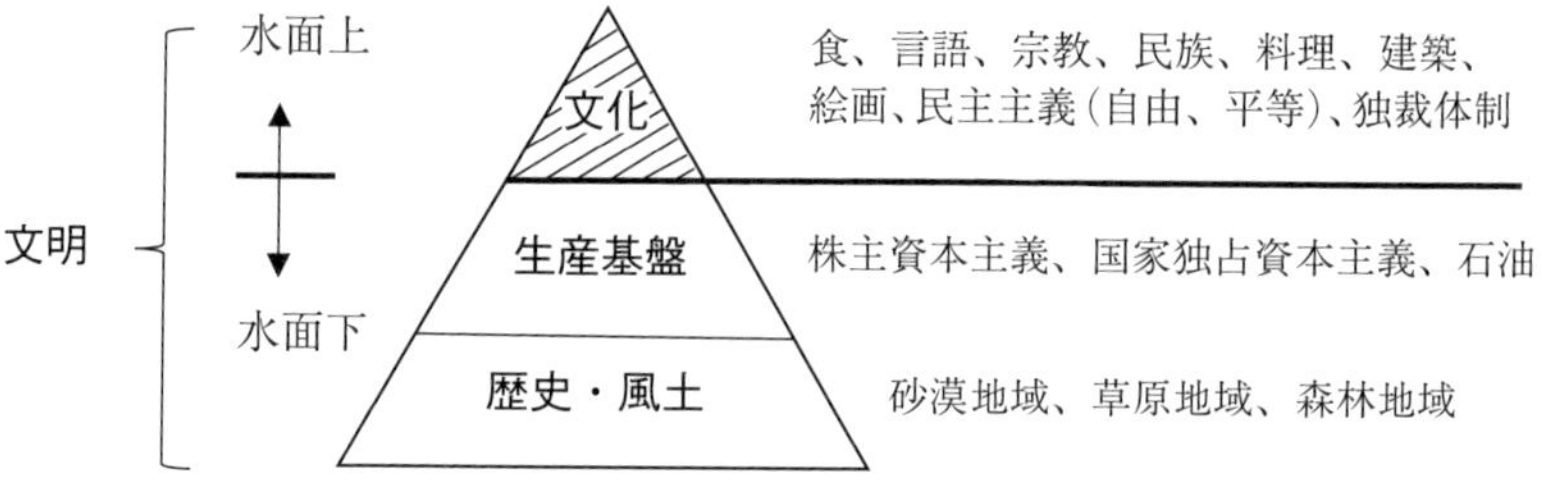

のです。利益を（株主だけではない）関係者で分け合うステークホルダー資本主義（新日本型資本主義）ではなく、チームワークによる新しい共同体の上に築かれる公益資本主義が求められているのです。

最近興味あるニュースがありました。中国の大連に日本文明をテーマにして作られたショッピングパークが文化的侵略であるとして営業停止に追い込まれたのです。でもその少しあとに北京にオープンした「ユニバーサル・スタジオ・北京」は大歓迎されているのです（2021.9.21 日本経済新聞朝刊）。何故なのでしょうか。日本文明を評価しない進歩的知識人には過去の日本の軍国主義のためであるというだけで、その本質を理解しないのです。軍事的侵略に匹敵するとされる日本文明をテーマにしたショッピングパークとアメリカ文明の象徴であるユニバーサル・スタジオとどう違うのでしょうか。それは中国文明もアメリカ文明も〝形式知〟の文明であるのに対し、日本文明だけが〝実践知〟〝暗黙知〟の文明だからなのです。中国が恐れているのは日本の軍国主義の復活ではなく中国的価値観が根底からひっくり返されることなのです。私はインバウンドで中国人が日本にやってくることを苦々しく感じていたのですが、今では良いことだと思うようになりました。

日本文明の再興を考える前に本著を通して考えている文明とは次のようなものです。

① 「文明＝文化＋生産基盤＋歴史・風土」で定義され、生産基盤は〝形式知（理性）〟を生み出す土台であり、歴史・風土は〝実践知（感性）〟〝暗黙知（悟性）〟を生み出す土台です。

この歴史・風土が生み出した文化が食、言語、宗教、民族なのです。それらの古い文化が新しい文化と摩擦を起こすのはその上に花咲く文化を支える水面下にある土台が摩擦を起こしているのです。私はそれらの関係を氷山に見立てて上図のように考えています。

（注）〝形式知（理性）〟〝実践知（感性）〟〝暗黙知（悟性）〟については、P7を参照してください。

② 日本文明は中国文明の周辺文明ではなく、縄文以前の古代から連綿と続く確固とした独自の文明です。それにもかかわらず、日本の西欧文明を崇拝している進歩的知識人といわれる人たちは、日本文明の独自性をまともに評価できないか、あるいは西欧文明に比べて劣っている文明だと思っています。一方、日本文明の独自性を評価している一部の進歩的知識人でも、日本文明は世界の文明の周辺に位置する特殊な文明であり、決して世界の文明を先導することなどできないと考えています。

③ 西欧文明は〝形式知〟の文明であり、日本文明は〝実践知〟〝暗黙知〟の文明であったのですが、明治維新以降西欧文明を取り入れ、〝形式知〟へ重心を移したのです。

西欧文明の〝形式知〟はその普遍性によりグローバル化に伴い全世界に広がったものの、その〝形式知〟の文明が自然環境の破壊、人間社会の崩壊、学問の個別分断化を引き起こし限界に達しています。

④ 〝形式知〟がよって立つ土台が生産基盤であり、〝実践知〟〝暗黙知〟がよって立つ土台が歴史・風土なのです。ここでいう歴史とは固有の風土に根差す歴史のことです。

〝形式知〟が生み出したリベラリズムに対し、〝実践知〟〝暗黙知〟が生み出したポピュリズムの台頭により、世界は〝分断〟の様相を呈しています。西欧文明の〝形式知〟が行き詰まっており、西欧のポピュリズムとは異なる本来の日本の〝実践知〟〝暗黙知〟の文明が求められています。

⑤ ダボス会議でいわれているように、株主資本主義からステークホルダー（利害関係者）資本主義（私の考えでは新しい共同体による公益資本主義）への移行が求められており、それを先導するのが日本文明です。

錯覚していることのもう一つの例を説明します。ＳＮＳで色々な「知識を仕入れる」ことはできるのですが「分かった」ことにはならないのです。要するに「知識を仕入れる」ことは〝形式知〟の世界であり、一方「分かる」というのは〝実践知〟〝暗黙知〟の世界なのです。そのことについて考察してみますと、一例として「文明」の定義は学会でも定まっておらず、誰が何をどう論じようと勝手なのですが、それでは私としては不満なのです。

上手く言えませんが、世の中、色々な意見がありそれで良いではないかという風潮はまさしく形式知の世界であり、私には我慢がならない。拙著における色々な本への言及は、それらの意見が間違っていることを明らかにしたいという試みであり一般の人には面倒くさいとして嫌われる内容であるのは十分過ぎるほど分かっているのですが、表面だけをなでるような内容（＝〝形式知〟）で満足しては駄目であると言いたいのです。〝実践知〟〝暗黙知〟の意味をハッキリと分かってほしいと考えているのです。頭（＝〝形式知（理性）〟）と身体（＝〝実践知（感性）〟）と心（＝〝暗黙知（悟性）〟）で「分かった」となるのであり、ＳＮＳでは頭に知識（＝形式知）を仕入れるだけなのです。ここでこの三者の関係性について拙著『終結　日本文明試論』の「第２章経済学の刷新」Ｐ１０８のイノベーション・ダイヤグラムの図を用いて説明します。

理性、感性、悟性を定義したのはイマヌエル・カント（１７２４〜１８０４）です。私が不満に思うのは、主体と客体が分離している西欧文明を基盤とした認識論であり、主体と客体が一体である日本文明では別の定義となる筈です。その定義を次に示します。

理性――概念で捉え、言葉として伝達でき、それを頭で理解します。

感性――実態で捉え、言葉で記述できるが、それを身体で体感します。
　人間各自が持っているリズム感はこれに含まれます。

悟性――例えば禅の宗教的悟りの境地である。言語化できず、心で理解します。
　人間が生まれながらに持つ本能もこれに含まれます。

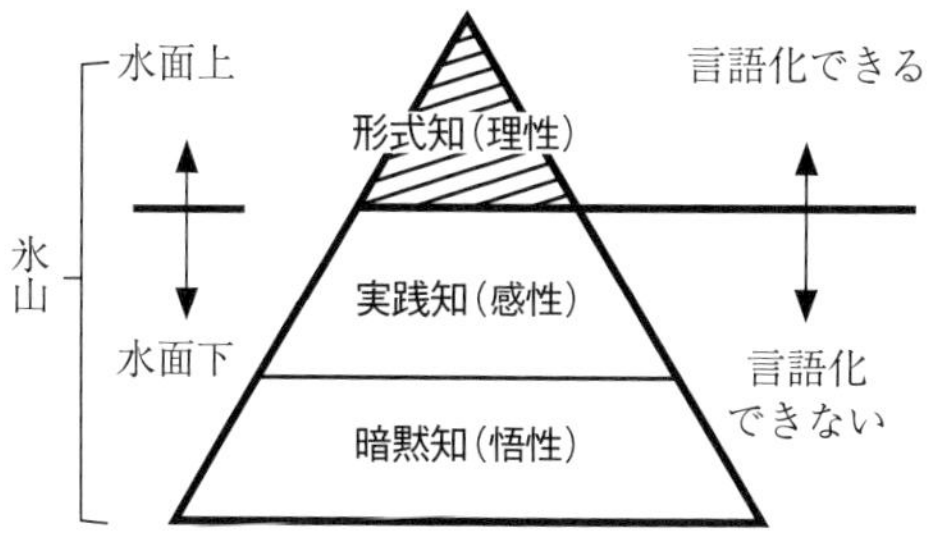

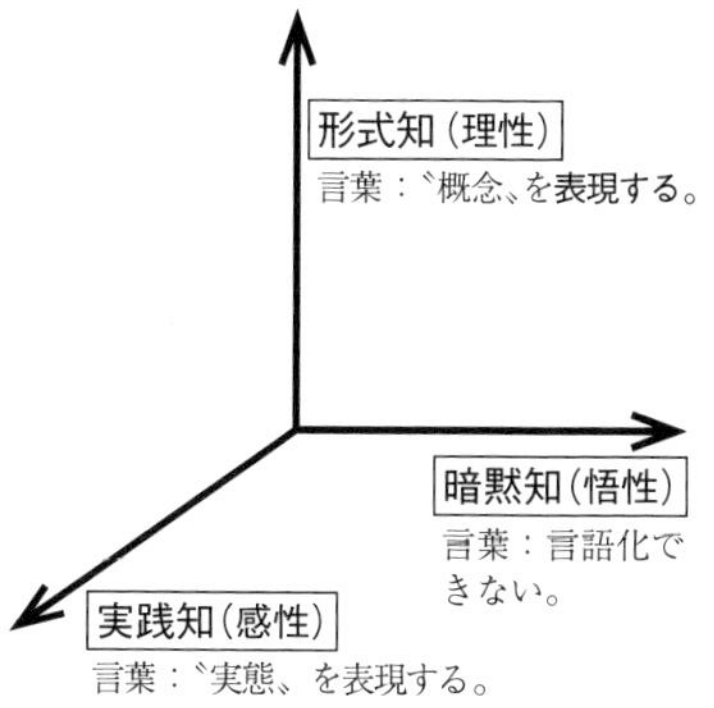

・上図右の三者の関係は位相が違う（それぞれ別の領域を構成）ということであり、ベクトルの意味ではありません。cf.氷山に例えた説明もあるとのことですが、意識と無意識と混同される恐れがある。意識と無意識に区別すると、無意識とは意識下にある形式知もあり、実践知と暗黙知については言葉にできないだけで意識としてはあると思われます（上図左）。

・ここで強調しておきたいことは、日本語は〝概念〟と〝実態〟を表せるキャパシティーを持った奥行きの深いしたたかな言語です。西欧語が〝実態〟を表現できないという意味ではないのですが、一筋縄では行かないのです。例えば、「木漏れ日」という〝実態〟を表す言葉はないとのことです（言い過ぎかもしれませんが、鈴木孝夫も言っていましたが、日本語は世界に広めるべき言語なのです）。

〝形式知（理性）〟について補足します。西欧文明は言葉にできる〝形式知〟により、西欧文明を世界に広めてゆくことができたのです。特に科学という形で近代化を成し遂げたのですが、でもそれが行き詰まっているのです。言葉にできない〝実践知（感性）〟〝暗黙知（悟性）〟の復権が求められているのです。

一休禅師は「悟り」について「仏に会えば仏を殺し、鬼に会えば鬼を殺し、親に会えば親を殺す」とショッキングなことを言っていますが、私は〝概念＝形式知〟だけで考えてはいけないと言っているものと思います。

頭で理解できても納得がゆかないのは〝形式知〟では受け入れられても〝実践知〟〝暗黙知〟では受け入れられないからです。「座禅」により〝実践知〟〝暗黙知〟で受け入れるのが「悟り」の境地なのです。

「悟性」についてもう一つの事例を紹介します。これは物理学に関する事例として、「第2章　西欧の科学史」でその概要を説明していますが、ここではポイントを説明します。

現在の物理学の現状の知識状態では「量子力学」と「一般相対性理論」とを整合させることができないのです。そこで生み出されたのが「超弦理論」であったのですが、宇宙の姿やその誕生のメカニズムを解き明かし、同時に原子、素粒子、クォークといった微小な物のさらにその先の世界を説明する理論の候補に過ぎません。実験による裏付けがほぼない状態であるため「優れた理論」止まりということになるのです。

理論は実験で裏付けがなければ認めないとするのは、西欧文明の枠内で存在する西欧科学の限界なのです。ブラックホールは強力な重力により光を含めすべての物質を取り込むため存在を確定できなかったのです。「一般相対性理論」の重力場方程式によれば、太陽の重力によって空間の歪みが生ずることから、ブラックホールの存在を太陽の近傍で観測される恒星の位置がずれて見える理論に基づき、イギリスの日食観測隊の観測結果（＝〝実態〟）を分析し、「一般相対性理論」の予測通りだったことが確認されたのです。

一方、量子力学では西欧科学の方法で物質の位置を確定する方法がないのです。その位置を確定するべく光を当てればその場所に留まれないからです。実在は確率的な情報でしか確認できないのです。「理性」では観察できない「一即多、多即一」の世界はまさに道元の思想であり、現代の最先端科学である「量子力学」とも相似性があるといわれていたのです。「理性」では分からなくても「悟性」により分かる世界があるのですが、西欧文明では絶対に受け入れられない。主体と客体が分離している〝形式知〟の西欧文明では自然を外側からしか見ることができないためです。

本著を執筆している時に、ロシアによるウクライナ侵攻が行われました。学者・評論家をはじめ誰もが、プーチンは経済的合理性に反することをする筈はないと考えていました。ここで言っておきたいことは、経済基盤を重視するのが〝形式知〟であり、〝実践知〟〝暗黙知〟にとって経済的合理主義は重要ではないのです。アメリカの核の傘があるので、日本は経済に特化できたという考えは〝形式知〟による判断であり、国を守るのは〝実践知〟〝暗黙知〟を重視しなければできないのです。

この本をお読み頂く場合、留意してもらいたいことを、あらかじめ挙げておきます。

① 他の本からそのまま引用した箇所は、**斜め太字**で表しています。しかしながら、引用箇所が長過ぎる場合は、私が要旨を要約し明朝体で記載しています。ただし、一連の拙著『日本文明試論』からの引用については、特に必要と思われる箇所以外はそのままにしています。

② 私の癖のようなものですが、文章でなく表や図式で表現した箇所が多々あります。これも文章だけで表現すると、冗長になり過ぎかえって理解しづらくなると判断したからですが、慣れるまでは違和感を覚える人がいるかもしれません。付け加えれば日本文明は西欧文明と違い言葉による〝形式知〟で理解するのではなく、〝実践知〟〝暗黙知〟による直観で理解する文明であり、それには図形や表が役立つということなのです。

③ 拙著を読んでくれた人から「同じことばかり書かれている」と指摘されたことがあります。一連の拙著を読んで頂いた人はそのように感じられるかもしれませんが、拙著を一冊だけ読まれる人にも分かるように、また参照する箇所を表示するより繰り返した方が分かりやすいと判断した場合は、その要旨のみを繰り返しています。

④ 「進歩的知識人」という用語について説明しておきます。1960年代から70年代に盛んに使われた用語であり、今日では死語になっていると思われる方が多いと思います。しかしながら、今日でも欧米基準の発

想や価値判断に捉われている学者や専門家があまりにも多いのです。そのような訳で、「西欧崇拝の進歩的知識人」という意味で「進歩的知識人」という用語を使ってきました。この視点で見れば吉本隆明も「進歩的知識人」になるということを強調していたのですが、現在ではかえって誤解を来すという意見を尊重し、今回からは「西欧文明崇拝者で日本文明をまともに評価できない人たち」と表記しています。

今回、新しく展開したのは、「第2章　西欧の科学史」、「第3章　これからの哲学・経済学」、「第4章　これからの芸術」であり、それ以外は今までの拙著の内容を補足・要約したものです。ですから、時間に余裕のない方は、第2章、第3章、第4章だけでも、是非ともお読みください。

目次

序　章
啓蒙思想

概　要

西欧文明の「啓蒙思想」については、麻布学園の同期生であり、文明論考家の上野景文氏（元バチカン大使）が読売新聞（2022.1.6）のオンライン版「調査研究」の中で、西欧文明の現状について次ページの表のようにまとめていますので紹介します。

なるほどと思った部分を引用します。

現代文明と新文明は〝神〟を棚上げにした脱キリスト教でありながら、キリスト教的DNAを引き継ぎ自分たちの正義に強いこだわりを示す。こうした宗教的パッションに対し、キリスト教のエートス（性格）に接した経験が少ない日本人には分かりにくい。

この典型例は「西欧圏の反捕鯨論は宗教である」という点である。くじらの棲息数などをあくまで科学的に説明しようとしても、宗教的信念に凝り固まった人たちが科学的な議論

「人間中心主義」を基軸とした「啓蒙思想」の文明観から自然（地理、環境、動物など）へのやさしさを重視する「ネオ啓蒙思想」文明観が始まりつつある。

表　五つの観点から見た三つの文明による特徴

文明を見る観点		旧文明	現在文明	新文明
1	基軸の思想	キリスト教	啓蒙思想 脱キリスト教	ネオ啓蒙思想
	（神からの解放）	神中心主義	人間中心主義	脱人間中心主義 自然中心主義 グリーン
2	宗教色	親宗教 宗教に篤い	非（反）宗教 宗教に冷淡 世俗主義	非宗教 自然主義
3	神聖なもの	創造神	自由・人権論	自然（地理、環境、動物など）
4	伝統か近代か （保守かリベラルか）	伝統主義	近代主義 （モダニズム）	脱近代主義 （ポスト・モダニズム）
		保守主義	リベラル	超リベラル
5	キリスト教的DNA ／宗教的DNA	濃厚	濃厚	濃厚

に耳を貸すとは思えない。

賛同できるのは、西欧文明はキリスト教的ＤＮＡからは脱却できないという№５の指摘です。何故そうなのかということですが、西欧文明は脱キリスト教により近代に突入したと思われていますが、結局のところキリスト教の掌の上（人間と自然の分離）での出来事であるということです。「人間中心主義」から「自然へのやさしさ」へ変化しているとの指摘ですが、そもそも西欧文明は「人間」と「自然」の分離を脱却できないことが問題なのです。

でも、一番賛同できないのは、旧文明、現在文明、新文明というのはあたかも西欧文明が普遍的な文明のように捉えている進歩思想です。世界には中国文明、イスラム文明など他の文明が存在しており、グローバリズムにより西欧文明が普遍化されない限りは意味のないことなのです。上野は「西欧文明が世界で普遍的な唯一の文明であり、中国文明、イスラム文明は西欧文明から１～２周遅れた文明である」という見解のようであるけれども、文明自体には優劣はなく西欧文明が一番進んだ文明ではなく、鈴木孝夫も言っていますが、私のように日本文明がこれからの世界の文明を主導する文明であると思っている者にとっては賛同できないのです。

でもこのように書くと上野が西欧文明の「啓蒙思想」を無批判に信じているように思われるかもしれませんが、実際は違うのです。読売新聞朝刊（2021.4.25）の記事では米国の分断についてのインタビューで次のように答えています。

キリスト教は仏教や神道と違って絶対的な善や悪へのこだわりが非常に強い。啓蒙思想はキリスト教の鋳型と宗教的な情熱をそのまま引継いでいます。一言でいうと、啓蒙思想は宗教です。米国では今「啓蒙思想教」という宗教とキリスト教という宗教とがバトルしています。

その通りなのです。共産主義は科学であると言う人がいますが、共産主義も同じで宗教なのです。どちらもキリスト教の掌の上にいるのです。米国の分断について『日本文明試論』流に解説しますと、米国の分断は啓蒙思想（リベラル）とキリスト教（保守主義＝ナショナリズム）のバトルであり、その分断の深さは相当なものなのです。ここで強調しておきたいことは、日本文明ではリベラルと保守主義は共同体の中で共存の関係にあったということです。それがグローバリズムを受け入れたことにより、その共同体が破壊されつつあり、その辺はCOLUMN 1で記述している小浜逸郎の憂いに通じるのです。

最後に拙著『深耕　日本文明試論』の「第3章　日本文明の弱点」で取り上げた大嶋仁《ひとし》の「日本の敗戦の原因について啓蒙思想が根付いていなかったからだ」とする次の文章を検討します。

近代日本がロマン主義であったという事は、福沢諭吉の啓蒙が功を奏さなかったということである。啓蒙がもたらすことのできた理知の批判的性格が、ついに根づかなかったのだ。ロマン主義は反啓蒙主義的なナルシズムであり、理知よりも情念を重んじ、社会よりも個人の感情を大切にする。しかもそれはナショナリズムと連携し、国家を自我の拡大形態と見なすのである。たしかに、ロマン主義的情念は個人の自我と国家の自我が混同され、ナショナリズムに歯止めがなくなることは、ロマン主義が急速な近代化を推しすすめた国々の特徴でもある。啓蒙の理性はそうした自我拡大を抑制する装置を備えているが、啓蒙の浸透しないところ、自我拡張を抑制できるものではない。近代日本はロマン主義であったがゆえに、最後は自棄的な暴力沙汰に突入してしまったのである。

ロマン主義（反啓蒙主義、ナショナリズム）が啓蒙主義の浸透（西欧近代化が根付かず）しなかった原因であるというのですが、『日本文明試論』流にいえば、日本文明の〝実践知〟〝暗黙知〟が西欧文明の〝形式知〟を受け入れなかったのが原因なのです。上野が〝啓蒙思想〟は宗教であると言っているのは正鵠を射ています。一神教の〝キリスト教〟が根付かなかったのは、日本人は意識していないだけで全員が〝日本教〟の信者だからです。〝日本教〟という言葉は山本七平が一神教に対比させるために作り出した言葉です。そもそも、西欧では主体と客体が別れたことにより〝神（＝一神教）〟を意識したのであり、主体と客体が一体である日本文明にはそもそも〝日本教〟という〝概念〟はなかったのです。西欧文明の〝形式知〟の宗教である〝キリスト教〟には言葉による「聖書」があるのですが、日本文明の〝実践知〟〝暗黙知〟の宗教である〝神道〟には言葉による「経典」がないため、そもそも〝日本教の教徒〟であるとの自覚がないのです。

「ロマン主義的情念は個人の自我と国家の自我が混同され、ナショナリズムに歯止めがなくなる」と書いているのは、西欧文明の〝形式知〟による考えであり日本文明の理解不足からくる乱暴な記述と言わざるを得ません。確かに西欧では「個人主義」が確立していて国家とは対立関係にあるのですが、それを受けて戦後の教育では「国のために死ぬのは犬死である」と教えているのです。

拙著『深耕　日本文明試論』のCOLUMN 5では、これについて以下のように書かせてもらいました。

大学生のとき友人に「戦争が起これば国のために戦う気持ちはあるのか？」と聞いたところ、「外国に亡命する」とのことでした。「外国に行き一人でも生きてゆくための技術を身につける目的で学んでいる」とのことでした。日本の戦後教育の成果は〝国家から自立した個人〟という名の個人主義（ミーイズム）にあったのです。

この友人とは名誉のために言っておきますが小浜ではありません。この教育は今の若者に対しても受け継がれているのです。今の若者が「日本が侵略を受けたら、日本のために戦う」と答えた割合は13％とのことです。日本からカナダやオーストラリアへ逃げ出すと言っているのです。これでは日本を助けに米軍はやってきません。戦わずして負けてしまうのです。これが戦後教育の偉大なる成果なのです。

こういうと一方的に若い人たちだけが国を守る気概が無いと批判しているようですが、国防意識については、現在の大人も同じなのです。日本経済新聞朝刊（2022.9.6）の記事を以下に紹介します。

近年は航空機や戦車などの装備品の稼働率が大幅に低下している。――足元で稼働するのは5割あまりだ。稼働していない5割弱は「整備中」だが、残りは修理に必要な部品や予算がない。――日本の2022年度の防衛予算のうち、維持整備費は1兆2000億円程占めている。「整備待ち」を解消するには「倍以上は必要」との意見がある。

――

弾薬の中でも深刻なのは、ミサイルを迎撃する地対空誘導弾パトリオットミサイル（PAC3）などに使う精密誘導弾の不足だ。自衛隊幹部は「西南諸島で有事があれば数日も持たない」と明かす。——弾薬は長期間保管しにくい。政府の内部資料によると、機銃や迫撃砲を含む弾薬全般の備蓄は「最大2ヵ月ほど」とされるが、既に1～2割は古くて使用できないと見られる。

自民党は防衛費の予算を現在のGDPの1％から5年かけて2％にする。その場合、国債に頼るのでなく財政的裏付けを必要とするというものです。私は賛成ですが、まずは現在必要な整備費や弾薬の不足分は赤字国債を発行してでも早急に対処すべきなのです。問題が分かっていながら国民に説明しないのは、自分の選挙を第一に考えており国を守る気概を持つ政治家がいないからです。それを許しているのが、現在の大人たちなのです。

COLUMN1

小浜逸郎著『人生のトリセツ』、池田晶子著『14歳からの哲学』

前回の拙著『終結　日本文明試論』は1000部発行し、電子書籍にもしています。いつもは電子書籍にせずに3000部刷っていたのですが全く売れず在庫を抱えて苦労したので、今回は出版社の意見に従ったのです。でも本屋に行ってみて失敗であったと実感しました。

従来は、本棚の前に10冊ほど平積みされていて、誰でも手に取って内容を確認できたのですが、今回は本棚に1冊あるのみです。在庫として本屋にあと2冊あることは、本屋の端末で検索すれば分かるのですが、新聞に広告を載せない限り拙著が新しく出版されたことは一般の人には誰も分からないのです。

一方、私と同様に若い人に読んでもらうことを目的として出版された新刊『人生のトリセツ』（小浜逸郎著）と『14歳からの哲学』（池田晶子著）の増刷版が同じ書棚の前に平積みされているのです（この2冊については各々新聞に広告が載っていました）。拙著も若い人たちに是非とも読んでもらいたいと思っているのですが、読んでもらえる訳がないと思い知らされました。何故なら拙著のタイトルは若い人にターゲットを絞り興味を持つようにはつけられておらず、かつ、手に取って内容を見てもらえるように平積みにもなっていないからです。

『人生のトリセツ』は西欧哲学を学んで、生き方にそれを生かすためのやさしい解説書といった内容ですが、私の考えでは、西欧哲学の限界を知ることの方がはるかに有用であり、それを教えてあげるべきであり、私には満足できない内容です。

その理由を説明します。

① **対象範囲が限定されている**

人生には「愛」や「国家」の他に、「芸術」や「経済」という人間が生きる上で避けて通る訳にはゆかない重要な課題があるのですが、「トリセツ」がすべてを対象としていないため肩透かしを食ったように感じるのです。そのことを下図で説明します。

② **人生は〝形式知〟だけでは生きてゆけない**

頭（＝〝形式知〟）と身体（＝〝実践知〟）と心（＝〝暗黙知〟）で「分かった」となるのであり、『人生のトリセツ』を読んで頭に西欧哲学の知識をいくら仕入れても生きてゆく上での手助けにはならないのです。

お馴染みのプレスリーの『Can't Help Falling in Love（好きにならずにいられない）』の歌詞を思い出してください。

Wise men say Only fools rush in
賢い者は言う　恋に急ぐのは愚かだと
But I can't help falling in love with you
でも僕は　君を愛さずにはいられない
Shall I stay? Would it be a sin

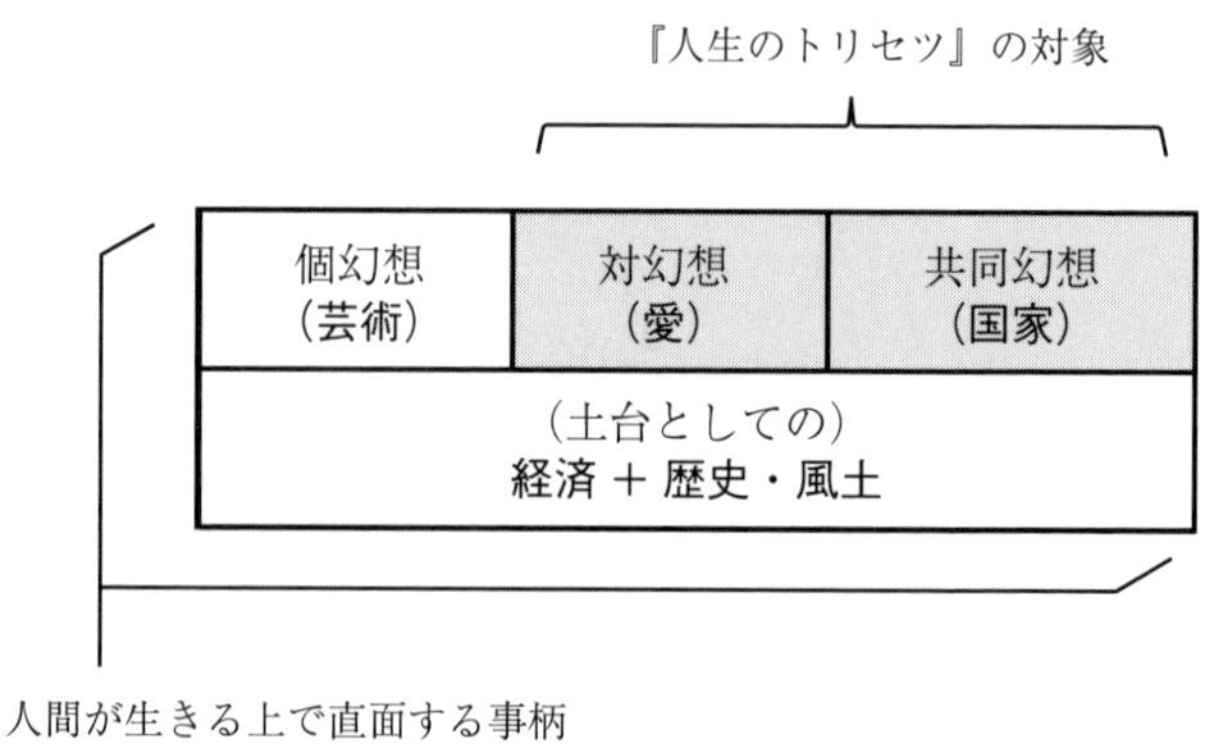

ここに留まるのは　罪深いことだろうか

『日本文明試論』流に解説すれば、「賢い者は言う」は〝形式知〟の内容であり、いくら言われても〝実践知〟〝暗黙知〟では納得できないのです。言い換えれば人間が生きてゆく上で避けては通れない、〝理性（＝トリセツの対象）〟ではどうにもならない〝感情〟の問題なのです。

ここで知ってもらいたいのは、経済基盤を重視するのが〝形式知〟であり、〝実践知〟〝暗黙知〟において経済的合理主義は問題にはならない。アメリカの分断は、〝形式知〟と〝実践知〟〝暗黙知〟による分断であり、個人レベルでいえば〝理性〟ではどうにもならない〝感情〟との分断と同じなのです。

若い人がいくら読んでも納得できないことでも、人生経験を経た年寄りの方が〝形式知〟レベルで問題点を整理するのには役立つかもしれません。そのような視点で『人生のトリセツ』を読むのは良いのかもしれません。それというのも「対幻想（愛）」については、恋愛、友情、家族愛について、「共同幻想（国家）」では、ホッブスによる「国家契約説」についてその概念を分かりやすく解説しているからです。

③「芸術」については言及されていない

西欧文明は〝形式知〟の文明であり、〝実践知〟〝暗黙知〟を重視する文明ではありません。そのため〝実践知〟〝暗黙知〟の「芸術」については十分に取り扱えないのです。これについては大いなる反論が予想されますが、ここでは簡単に説明します。詳細については「第4章　これからの芸術」を参照してください。

「芸術」は、「生きている人間の喜び」の表現であり生きる目的でもあるのです。しかしながら、キリスト教（一神教）の西欧文明では「芸術」は〝神〟を讃（たた）えるためにあり、人間のためにではなかったのです。宗教（＝一神教）と自己意識（＝主体）はコインの裏表の関係にあり、そのため必然的に西欧文明では主体と客体が分離した文明となり、ルネサンス以前、人間は〝神〟の目（＝聖書）を通して客体（自然）を見ていたのです。ルネサンスにより〝神〟から解放され人間が主役になり、人間は自分の目を通して自然を見るようになったのですが、主体と客体の関係は変わらないのです。西欧では絵画は「見えたもの」を描いていた。これは過去の止まった時間を描く静的な絵画でした。

西欧文明は主体と客体が分離した文明であるのに対し、明治維新により西欧の近代化を受け入れる以前の日本文明は主体と客体が一体となった文明であったのです。絵画は「見えるもの」を描いていた。これは流動する時間（現在）を描く動的な絵画になるのです。

浮世絵の表現が西洋の画家たちに影響を与えたのは、第一に西洋画を支配していた遠近法の呪縛からの解放（近景と遠景の自由な組み合わせや対象を俯瞰する自由な視点）、第二は色彩の解放（光と影の呪縛の三次元表現から純粋に色彩のみで画面を構成する二次元表現）、第三は絵画の対象からの解放（西欧絵画の対象であった宗教や歴史から自然の風景、庶民生活、日常の生活雑器など身近なものすべてを対象）です。でも一番重要なことは、「見えた」ものを描く西欧絵画から「見える」ものを描く画家クロード・モネ（1840〜1926）が現われたことです。『ルーアン大聖堂』、『積みわら』、『睡蓮』の一連の絵画で試みたのは光の変化の描写であり、一方ピカソ（1881〜1973）は視点の変化により時間の変化を表現したともいえる。でもどこまで行っても主体と客体が分離した関係は克服されていないのです。彼らの中でも日本文明に一番近づいた画家はヴァン・ゴッホ（1853〜1890）と考えていますが、これについても「第4章　これからの芸術」を参照してください。

④「経済」について言及していない

『日本文明試論』では、文明＝文化＋経済＋歴史・風土と定義しています。人間が生活してゆく上で「経済活動」は文明の土台を形成するものであり、それを「トリセツ」の対象にしなくてどうするのかと言いたいのです。

岸田政権は「新自由主義からの脱却」を目指して「新しい資本主義」をスローガンにしていますが、どの方向に持ってゆきたいのか具体的に説明していないのが問題です。これからの経済の方向として以下の四つが考えられます。

①リベラル能力主義（米国型）
②政治的資本主義（中国型）
③新しい社会主義（斎藤幸平著『人新世の資本論』）
④公益資本主義（新日本型資本主義）

①、③は西欧文明の〝形式知〟が生み出したものであり、私としては④の日本文明に基づく公益資本主義に未来を見ているのですが、また、②の中国が社会主義を目指しているのでこれも西欧文明の〝形式知〟が生み出したものとなるのです。岸田政権が目指している「新しい資本主義」は④の「公益資本主義」とは別のものであり、その詳細は「第3章　これからの哲学・経済学」を参照してください。
『現代経済学の直観的方法』（長沼伸一郎著、2020.4）では「経済学の系譜」を分かりやすく下図により説明しています。

経済学全体を見るとアダム・スミスの古典派経済学とケインズ経済学が二大潮流をなし、マルクス経済学が一人離れたところで短い流れを作っています。「トリセツ」では、西欧で生まれた自由主義哲学を分かりやすく解説し

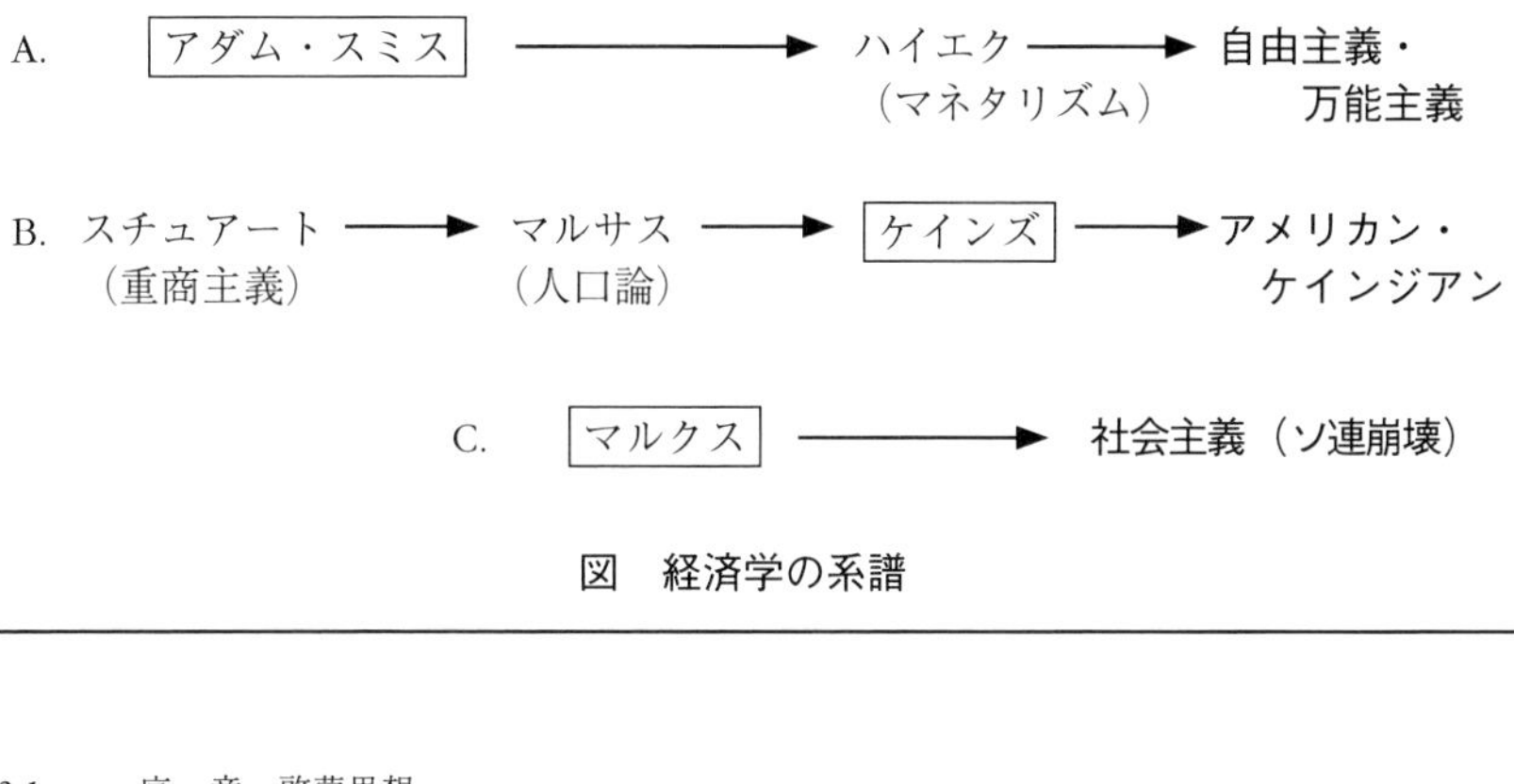

図　経済学の系譜

てくれていますが、同じ西欧で生まれた社会主義哲学については一切言及していないのです。社会主義は現在発展途上国で復活しつつあり、それを生み出した唯物論哲学を取り上げない理由だけでも言及すべきだと思います。斎藤幸平の「新しい社会主義」については「第3章　これからの哲学・経済学」で取り上げますが、結論から言わせてもらえば、A、B、C、のいずれも西欧文明の〝形式知〟が生み出したものであり、その西欧文明の〝形式知〟が行き詰まっており、〝実践知〟〝暗黙知〟の日本文明を基にした公益資本主義が今後の目指す方向です。岸田政権の「新しい資本主義」がアメリカン・ケイジアンの方向である限り、展望は開けないです。

⑤　**なぜ人を殺してはいけないのか**

この問いかけについての小浜の著書『なぜ人を殺してはいけないのか』（PHP文庫）に基づき、拙著『続日本文明試論』の中で以下のように書かせてもらいました。

「何故人を殺してはいけないのか？」という生徒からの質問に、教師が答えられないということが起りました。評論家の小浜逸郎氏は著書「なぜ人を殺してはいけないのか」（PHP文庫）の中で、「殺してはいけない理由はないが、人を殺せば裁判で死刑になるよ」と回答しています。私にはとても賛同できない回答でした。そうなるとジハードによる自爆テロや少年法に守られて死刑にならない人間あるいは人を殺しても逃げおおせるなら人を殺しても良いことになってしまいます。

小浜逸郎氏は西欧崇拝の進歩的知識人の一人なのです。確かに「形式知」により、色々な文献をみて「人を殺してはいけない理由」を調べてみても現代では納得できるものは一つもないことを証明しています。私の考えでは「形式知」でなく「実践知」「暗黙知」で「人を殺してはいけない」ことを心で感じさせるべきなのです。若い人にはそれを日本の自然から感じ取らせたいのです。「人を殺してはいけない」理由などないのですが、そのことを「実践知」「暗黙知」で感じ取れるならば、人を殺そうなどとは思わないのです。

今回の著書では、それを道徳の問題に置き換えていて、「人を殺してはいけない」という理由はどこにもないとだけ書いているのです。要するに相も変わらず〝形式知〟ではその理由が見つからないと言っているだけで、相変わらず〝形式知〟ですべてが理解できるとするスタンスからは一歩も抜け出していないのです。

⑥ 近親婚はなぜ禁止されているのか

一番賛同できないのは「家族」についての〝形式知〟による解釈です。以下の指摘に対して「なるほどその通りである」と思う人が果たしているのでしょうか。

家族関係とは何か、ともう一度考えてみると、それは、メンバーのお互いが、「あなたは私の母親」「お前は俺の次男」というように、認知し合う仕組みのことです。いわばそれは、ゆるぎなく存在する「互いの間の認知の観念」なのですね。それ以外に「家族」という集団を確固としたものにしている仕組み（構造）はありません。

下の図で、母と息子との間にできた子どもは、息子にとってどういう認知関係になるのでしょうか。

自分は父親になりますから「父子関係」ですね。ところが同時に同じ母親の子どもでもあるわけですから、「兄弟関係」にもなります。つまり子どもは息子であると同時に弟であるというヘンな関係になってしまうわけです。

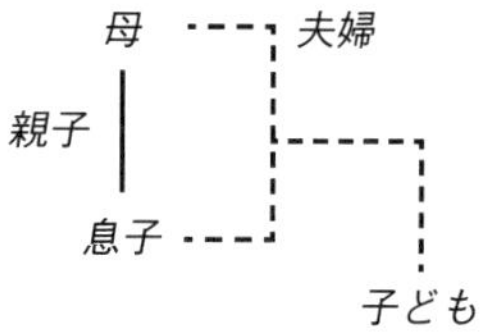

「家族とはお互いの関係を認知によって成り立つ確固たる観念である」というのは〝形式知〟ではそうなるのかもしれませんが〝実践知〟〝暗黙知〟では納得できない。「近親相関は遺伝子的には問題がない」といわれても、頭で理解できれば何でもありなのかということです。ここで考えて頂きたいのは、鳥でも動物でも親離れの時を迎えると親の生活テリトリー（今までの家族）から追い出されるのです。動物は〝形式知〟で判断しているのではなく、本能によっており、動物の仲間である人間には本能は備わっていないのか。本能は〝実践知〟〝暗黙知〟により生まれながらに備わっていると考えるべきでしょう。「人を殺してはいけない」も同じことなのですが、「家族」という観念を〝形式知〟で理解しようとする小浜の行為は西欧文明の〝形式知〟に囚われていると言わざるを得ないのです。

何を隠そう小浜とは横浜国立大学工学部建築学科の同期生であったのです。私自身を含め1968〜69年に大学生であった全共闘世代は、当時の価値観や権威に対しその偽善性を白日の下にさらし打ち壊したのですが、新しい価値観を生み出し次の世代を導くことができませんでした。その結果、シラケ（無関心）・冷淡主義を生み出し、現在活躍している全共闘世代の次の世代は、〝銭ゲバ教（拝金主義）〟の信者ばかりで、一般大衆をバカにし、「カネ儲けして何が悪い。悔しかったら自分もカネを儲けてみろ」とうそぶくような輩ばかりです（言い過ぎかな?:）。

小浜は絵も描きドラムも叩くなど多彩な才能の持ち主であり、中でも読書量は尋常ならざるものがあり、色々と教えてもらいました。次の世代を導く新しい価値観を生み出せるのは小浜しかいないと大いに期待していたのです。ですから小浜の著作『なぜ人を殺してはいけないのか』『日本の七大思想家』『13人の誤解された思想家』『日本語は哲学する言語である』『人生のトリセツ』など、これはと思う著作はできる限り読んでいます。でもいつも思うのは、分かりやすく解説することはとても上手なのですが、批判していることは本質を捉えておらず枝葉末節に留まってしまうのです。

小浜と私が違うと感じたのは、何の話であったかは忘れましたが私が「我々も大衆の一人ではないのか」と言ったことに対し「そんな訳はないだろう。大学で学んでいる我々はエリートであり大衆ではない」と言われたことです。これは左翼のいう「前衛と大衆」のことを言っているのではないことは分かりましたが、自分の考えとは違うなと感じました。これら一連の著作を読んで分かりましたが、小浜は「啓蒙思想」の信奉者だということです。その集大成が著書『福沢諭吉―しなやかな日本精神』による福沢諭吉の評価なのです。

福沢の有名な言葉である身分制度を否定した「天は人の上に人を造らず、人の下に人を造らず」ですが、これは（「人権」「平等」と同じように生まれながら天から与えられた）天賦のものとして誤解されていると言うのです。

実はこの文句のあとには、「――と云えり」とあるのですが、ほとんどの人がこれを見逃しています。「――と云えり」とは、「と言われている」という意味なので、「一般にはそういうことになっている」、ならば誰もが平等なはずだ、ということです。

また、『学問のすゝめ』の「学問」については、次のように定義していたとのことです。

世帯も学問なり、帳合も学問なり、時勢を察するも学問なり。何ぞ必ずしも和漢洋の書を読むのみをもって学問というの理あらんや

知識ばかり重視するのでなくて、知識を役立てなければならないと言っているのです。手前味噌になりますが、〝形式知〟だけでなく〝実践知〟〝暗黙知〟の重要性を言っているのであり、それが「しなやかな日本精神」の意味するところだと思われます。西欧文明の「啓蒙思想」を日本文明（〝実践知〟〝暗黙知〟）で咀嚼して実践することを主張しているのです。

「終章　いまこそ甦るべき福沢諭吉―現代日本の危機を超える視座」では「しなやかな日本精神」の啓蒙思想で現在の問題を整理すれば、次のようになるというのです。

・**現在の日本も直面している「亡国の危機」**

グローバリズムに対抗するのがナショナリズムです。福沢はナショナリストですが、日本を守り西洋に伍してゆくためにこそ、近代国家としての統一を呼びかけたのです。日本国民の能天気な意識や政治が現在のままでは、日本は遠からず亡びてしまうでしょう。

・**グローバリズム妄信の情けなさ**

グローバリズムの弊害は、貧富の格差、超富裕層への富の集中と中間層の没落、地域の伝統の破壊、異文化との文化摩擦、大国による小国の植民地化、国家主権と民主政体の破壊、移民による現地国民の生活破壊である。グローバリズムの進展を適正にコントロールできる主体が求められている。

・**自ら墓穴を掘る愚**

「自由」と聞けばそれだけで素敵なことであるかのようなイデオロギー的洗脳から目覚めて、公的な事業と私的な事業の役割分担の健全な常識感覚を取り戻したい。

・**悪循環ばかり招く財務省の緊縮財政路線**

財務省は、積極財政を禁じ手とし、歳入のパイが限られたものと前提して、その範囲内で歳入と歳出の帳尻を合わせるという間違った財政手法にひたすら固執している。

国債は円建てで、政府は通貨発行権を持っていますから、そもそも国債による財政破綻の危険などまったくない。

・世界との経済戦争に負ける手ばかり

1990年代のバブル崩壊後、デフレ脱却のために必要な積極的な財政政策をほとんど打たず、ひたすら歳入と歳出の帳尻を合わせることばかりに汲々としてきた。そのため、投資も消費も伸びず、実質賃金は下がり、基幹インフラは新しく整備されないまま、劣化の一途をたどっている。

・現代日本の「立憲主義」のおかしさ

野党は護憲を絶対の盾にして政権与党が日本の安全保障のために解釈改憲の手法で立法措置を講ずると、やれ「平和憲法を守れ」だの、やれ「戦争内閣を許さぬ」だのと騒ぎ立てる。日本のリベラル左派知識人は、自分たちの政治的イデオロギーに都合の良いように憲法解釈をし、「立憲主義」という言葉を、何やら高尚な知性の産物であるかのように錦の御旗とします。しかし彼らが実際にやっていることは、無責任な高みから、現実に政治に携わる者たちを批判するためにこの言葉を利用しているだけである。

・世界では健全なナショナリズムの流れが

米国でもEUにおいても、健全なナショナリズムが育ってきているのに、日本では相も変わらずグローバリズムを信奉し、経済的国力を低下させている。

（注）日本の経済学者は相変わらずグローバリズムを信奉していますが、私も国益という観点から健全なナショナリズムを考えねばならないと思います。しかしながら、私は米国でもEUでも健全なナショナリズムが育っているとは思っていません。

・福沢の「日本精神」をいかに受け継ぐか

日本国民は戦前・戦後とも外圧に対して「気概」を持って対処していたが、今日ではその「気概」を喪失してしまっている。

小浜が考えている「啓蒙思想」とは本家西欧文明の思想を福沢の「しなやかな日本精神」でつくり変えれば良いと言っていることが分かります。小浜は西欧文明の〝形式知〟を陵駕する知識を仕入れ「しなやかな日本精神」で咀嚼し、若い人たちを啓蒙するということを目指していたように思うのです。西欧文明が生み出したものが合理主義と啓蒙思想であり、その〝形式知〟の西欧文明が行き詰まっており、〝実践知〟〝暗黙知〟の日本文明の可能性を教えなくてはならないというのは私の考えでもあるのですが、でもどこまで行っても、エリートが大衆を導くというスタンスが変わらないのです。私が特に不満に感じるのは、共同体の一員としてともに学び実践するという姿勢が全く伺えないことです。

（注）新聞で小浜の訃報（2023.3.31死去）を知りました。学生の時は全く相手にしてもらえませんでしたが、漸く私としても対等に議論できると思っていた矢先のことで、残念でなりません。言いようのない喪失感に襲われています。心より冥福をお祈りします。

一方、『14歳からの哲学』については拙著『終結・日本文明試論』で取り上げましたが、以下のように書かせてもらいました。

その本の内容は西欧哲学について、若い人たちにやさしい言葉で解説したものです。結論から先に言えば、反面教師として「西欧哲学」を勉強するのなら良いのですが、そうでなければ読む必要はないということです。——

しかしながら、評価できないのは著者自身が現実の社会に働きかけた経験がなく、頭の中での思考しか行ってこなかった人だということ。要するにこの種の本を書く前提として、「西欧哲学」の問題点を何一つ理解していないのです。

西欧文明が行き詰まっているということは、西欧哲学を始めとする〝形式知〟の文明が行き詰まっているということなのです。拙著『日本文明試論』はそのことを説明した本であり、そのことを若い人に分かってもらうべく書いたものです。西欧哲学は西欧文明の〝形式知〟が作り出したものであり、その西欧哲学をやさしい言葉で解説することに果たしてどのような意味があるのでしょう。西欧の〝形式知〟による知識を身につけることよりも、その限界を理解させ、これからの方向を示す方が、はるかに意味があるのです。

第1章 分断

概要

私が建築の仕事を通して感じたことは、西欧の建築は石や煉瓦積みによる壁構造であるため、外部空間と内部空間が分断されているのに対し、日本の建築は木による軸組構造のため、建具を取り払うことで内部空間と外部空間が一体になることです。それは主体と客体が分離している西欧文明に対し、主体と客体が一体となった日本文明の違いによるのではと思い、定年退職を機に『日本文明試論』の執筆を思い至ったのです。西欧と日本文明の違いは、絵画、建築、都市、文学（含演劇・音楽）の考察を通しても同様であったのです。また、この違いを生み出しているのが経済ではないのかということで、マルクスの唯物論から「文明＝文化＋下部構造（経済）」という理論を踏襲したのです。でもこれは西欧文明の〝形式知（理性）〟が生み出した理論であり、〝実践知（感性）〟〝暗黙知（悟性）〟を取り込むと「文明＝文化＋下部構造（経済）＋歴史・風土」とすべきであったのです。

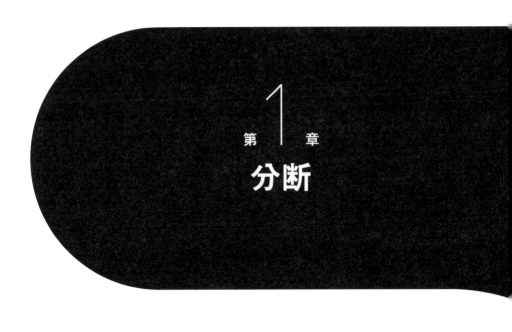

その後拙著『続　日本文明試論』『深耕　日本文明試論』『終結　日本文明試論』の執筆を通して問題意識が収斂してきました。それは「西欧文明は〝形式知〟の文明であるのに対し本来の日本文明は〝実践知〟〝暗黙知〟の文明であったのですが、明治維新以降〝形式知〟の文明に重心を移した」ということです。そして現在、西欧の〝形式知〟の文明が行き詰まり、〝形式知〟のリベラリズムに対して、〝実践知〟〝暗黙知〟のポピュリズムが台頭し、アメリカの分断や民主主義国家と強権主義国家との分断の様相を呈しているのです。そして、この分断を修復するには本来の日本の文明である〝実践知〟〝暗黙知〟の文明の復権が求められているということなのです。

前述の上野景文が共同通信社のネット版にアメリカの大統領選挙について一連の興味深い論説を書いています。世界のポピュリストが日本をうらやむ理由は日本が閉鎖性と内向き志向で世界の最先端にいるからだというのです。でも私は日本がポピュリズムの最先端に立っているとは考えていません。ポピュリズムやファシズムについて明確な定義がないことは以前から知ってはいましたが、ポピュリズムについて上野は次のように書いています。

自由主義や共産主義、イスラムなどと違い、体系性を持った理念、自律性のある思想ではない、というのが多くの政治学者が語るところである。「政治現象」としては存在しても、それ自体を定義づける思想はないのだ。

これに付け加えるとファシズムについても歴史的に発生から消滅までは分かっているものの、熱病のようなものであるとして定義はされていないのです。ポピュリズムとは〝実践知〟〝暗黙知〟により身体レベルで理解するものであり、〝形式知〟のように言語化できないので「**明確な政治理念**」がなくて当然なのです。では、ポピュリズムとはどのようなものか、その「**政治現象**」については次のように説明されていますが、これを見ても日本がポピュリズムの最先端に立っているとはいえない。要するに日本文明が独自の文明であることに対する理解不足からくるものであり、そのことを最後に説明します。

(1) 基本姿勢：反リベラル

①反移民・難民、反イスラム、反マイノリティー

②反グローバリズム、反市場主義

③反財政均衡、ばら撒き志向

④反エリート、反既存政治

⑤反EU、反国際機関、反環境重視

(2) 文化、宗教：伝統主義

⑥固有の文化的アイデンティティーへのこだわり

⑦家族、国家（国威発揚志向）、宗教を重視

⑧宗教的には保守的（反世俗主義、反LGBT）

(3) 政治手法：反民主主義的

⑨政治プロセス軽視（手続きを軽視し、短絡的に結論に飛びつく）

⑩「国民」を代弁できるのは、自分たちであり、反対者は「反国民」と決めつける（少数意見の軽視）

アメリカはグローバル化により中産階級が没落しており、貧富の差が拡大し、その結果生じた上層階級と下層階級の断絶は簡単には修復できないのです。

共和党の支持地盤は一般の中産階級と高等教育を受けていない白人であり民主党の支持地盤はリベラル派及び黒人、ヒスパニック、性的マイノリティーなどの少数派です。これらに宗教が複雑に絡み合っているのですが、20

20年の大統領選挙では、カソリックとプロテスタンの対立よりも、各々がリベラル派と保守派に分断されているということです。結果として民主党支持の富裕層と共和党支持の低所得者層（以前の富裕層は共和党支持）に分断されているのです。これに付け加える視点として、『真の格差は支配層の中に』（ジャナン・ガネシュ、2020.12.7 日本経済新聞朝刊）という興味深い論説を以下に引用します。

今注目される学者ピーター・ターチン氏はそうした鬱屈を定量化し他の要素との関係を調べ、現在の政治的対立が起こる理由はエリートの過剰生産だと結論づけた。誰でも高い地位につける訳ではないのに大卒者が急増した。その結果、自分より成功した仲間にやりきれぬ悔しさを覚える末端エリート集団が生まれる。生活が厳しい時代には、鼻を折られた末端エリートと本当にぎりぎりの生活を強いられている大衆の間に連帯が生まれる。

――（中　略）――

英国の欧州連合（EU）離脱もそうだ。さびれた英国の工業地域に住む労働者階級の白人だけで国民投票の過半を取ることはあり得なかった。EU離脱支持派が十分な票と旗振り役を集めるには、一見裕福な人々を多く取り込む必要があった。

要するに高学歴でないラストベルトの白人労働者に加えて、鼻を折られた末端エリートが共和党支持に加わるのです。アメリカ国民3億人の現状を強引にまとめてみました。

アメリカではリベラルのバイデンを支持する勢力とポピュリズムのトランプを支持する勢力に完全に二分（divided）されており、また、EUにおいてもポピュリズムの勢力が台頭して侮れない勢力になりつつあるのが現実なのです。

ここからは私の持論となるのですが、「ポピュリズムを大衆迎合主義と揶揄し、明確に定義づける思想がない」

・1億人 --------- リベラル → 民主党支持

進歩派、左派、個人主義で自由主義
無宗教、高学歴、都市部に居住
(注) ブラックコミュニティーは民主党支持

・1億人 --------- 中　道

中産階級の一般市民、クリスチャン
人種の構成もまちまち

・1億人 --------- プロテスタント福音派 → 共和党支持

保守反動、右派
没落し無視された白人労働者
(注) 福音派は共和党支持

というのがアメリカのリベラル派や西欧文明の崇拝者で日本の文明を全く評価しない人たちからの批判です。でもポピュリズムに対するそのような理解では何の力にもならず、それはつまるところ〝形式知〟を重視する西欧文明の限界なのです。思い出してもらいたいのは、2020年の大統領選挙でトランプは最初の頃泡沫候補といわれており、マスコミを始めリベラル派はまさかヒラリー・クリントンが負けるなどとは思っていなかったのです。グローバル化により職を奪われたラストベルトの白人労働者の気持ちなど全く分かっていませんでした。また香港の民主化運動に対し、香港市民の一人が「民主主義では飯が食えない」と吐き捨てるように言う気持ちなど分かる筈はない。また、アラブのジャスミン革命では、独裁政権を倒し民主化を図ったのに現在ではイスラム教に回帰してしまったのです。唯一民主化したチュニジアでは以前の独裁政権の時より失業率が上がって、「民主主義では飯が食えない」状況に陥ってしまったのです。その結果、現在では独裁政権に逆戻りしているのです。ソ連圏にあったポーランド、ハンガリー、スロベニアの東ヨーロッパはソ連崩壊により、民主化しEUに加わったのですが、現在これらの国々は独裁政権に移行しています。「民主主義では飯が食えない」のです。その典型例が中国であり、中国が民主主義を受け入れたら国が崩壊してしまい「国民が食べていけない」のです。それは他の発展途上国でも同様なのです。

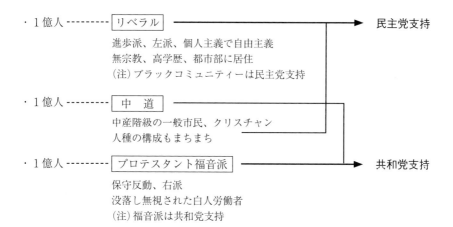

西欧文明の〝形式知〟では一般大衆の生活に根差した〝実践知〟〝暗黙知〟の世界など理解できないということです。それに付け加えれば、トランプがアメリカの〝分断〟を図ったといわれていますが、〝分断〟は昔から存在していたのであり、トランプはアメリカの〝分断〟を促進しただけで、決して〝分断〟を図ったのではない。バイデンが勝利したことでアメリカの〝分断〟が揺り戻されると考える人がいるようですが、私はコロナ禍がなければトランプは勝利したものと思っています。ここで言いたいことは、そのトランプは中国、ロシア、その他の独裁国家と仲が良かったことです。アメリカの〝分断〟は西欧文明の抱える根の深い問題に起因していて、世界の〝分断〟にもつながっているのです。

より詳細に述べると、西欧文明は主体と客体が分離している文明であり、デカルトの「我思う故に我あり」という主体が客体である「自然」を文字や数値で捉えることにより、「科学」を発展させたのです。しかしながら、その結果が現在の自然環境の破壊や人間社会の崩壊、学問の個別分断化につながったのです。

明治維新以前の日本文明では主体と客体は分離しておらず、一体となった文明であったのですが、明治以降日本の知識人は「近代的自我」の獲得により、主体と客体の分離を図り日本の近代化を成し遂げました。しかしながら、明治以前の日本文明は主体と客体が融合した〝実践知〟〝暗黙知〟を重視する文明であったのです。

商人になるには、寺子屋で読み・書き・算盤を習い、商家に丁稚奉公して〝実践知〟を身につけ一人前の商人になるのです。そのような〝実践知〟により「三方良し＝売り手良し、買い手良し、世間良し」の哲学を生み出し、米取引市場では世界で初めて先物市場を生み出したのです。

職人（大工）になるには徒弟制により親方に弟子入りし、〝実践知〟を通して技術を身につけ一人前になるのです。日本の五重の塔は芯柱を頂部から吊り下げることにより、地震力を軽減させる「ヤジロベエ」の原理による制振構造を生み出し、また宮島（厳島神社）の大鳥居は基礎もなく海に置くことにより地震力を打ち消す免震構造を生み出した（満ち潮の浮力に対しては最上部に石の錘《おもり》を乗せることにより浮力を打ち消す構造になっている）のです。これは〝実践知〟

により身につけた〝暗黙知（直観）〟によるものでもあったのです。西欧文明を世界に広げる際には西欧文明の〝形式知〟の特徴である「普遍性」が重要な役割を果たしたのですが、ポピュリズムは〝実践知〟〝暗黙知〟の世界であり、〝形式知〟を受け入れないのです。これは心と身体で理解し「異心伝心」により「熱病」のように伝わってゆく世界なのです。

拙著『終結　日本文明試論』は、その西欧文明の行き詰まりを打開するヒントを書いたものです。以下はその要点の抄録です。

⑴　政治について

今日の日本の政治は経済成長により資本主義を発展させようとしている「自由民主党」と「公明党」があり、一方議会制民主主義により新しい社会主義を実現しようとする「立憲民主党」と「日本共産党」があり、その間に何を目指しているのかよく分からない「日本維新の会」と「国民民主党」があるのです。個人的には新しい政治を切り開く可能性を感ずるのは「日本維新の会」なのですが目指すべき方向性を明確にしていないところが問題であると思われます。

私の考えではこれからの資本主義は株主資本主義から公益資本主義に移行するというのと、株主資本主義から（新しい?）社会主義に移行するという二つの方向があると思われるのですが、拙著『深耕　日本文明試論』で述べているのは、株主資本主義から公益資本主義に移行するというもので、それを可能にするのが日本文明です。

新しい社会主義について、最近出版された『人新世の「資本論」』（斎藤幸平著、集英社、2020.9.17）では晩年のマルクスは、資本論の生産力至上主義とヨーロッパ中心主義からの脱却を図り、行き着いたのが「脱成長コミュニズム」という思想であったということです。

この本で私が教えられたのは、「新しい社会主義」とは「脱成長コミュニズム」ということであると理解できたことです（でも現在の立憲民主党や日本共産党の考えと同じであるとは思われませんが――）。というのも、それを実現するには議会制民主主義では駄目であり、市民議会という社会運動による民主主義の刷新、及び経済成長しながら二酸化炭素を十分な速さで削減することは理論上不可能であり、そのため脱成長に切り替えなくてはならないというのです。

以上、色々と言われていますが、私は「新しい社会主義」には未来がないと思っています。そもそも社会主義は西欧文明の〝形式知〟が生み出したものであり、西欧文明の二元論が生み出した個人主義が共同体を破壊した文明だからです。時計の針を過去には戻せないのです。それには西欧文明を克服し、日本文明を再興しなくてはなりません。

(2) 哲学について

西欧哲学、東洋哲学があるのに日本哲学がないのは何故なのでしょう。ここで強調したいことは、宗教と自己意識（＝主体）はコインの裏表の関係にあるということです。人間は自己意識を獲得することの必然として宗教を生み出したのです。そうなると日本では何故西欧のように自己意識が発展しなかったのかということになりますが、そこには「何故日本には西欧のような〝哲学〟がないのか」と同じ理由があるのです。

日本の場合、言葉と思想（＝神道）は一体のものであるため、言葉で思想を表現できないのです。言葉で表現することでそれ以外のものが消えてなくなってしまうのです。それが、西欧では言葉は〝概念〟を表すのに、日本では言葉は〝実態〟を表すという意味なのです。ですから、西欧哲学（宗教であるキリスト教も含め）は〝形式知〟の文明が生み出した産物といえるのです。

西欧では身体と精神（心）は分離している二元論ですが、（日本以外の）東洋では心（精神）は身体の中にあり、その心は宇宙と一元的につながっているのです。一方、西欧でも東洋でも個を起点としているのに対し、日本人の心は仲間（日本人）の内に共有されているのです。レヴィ＝ストロース著『月の裏側―日本文化への視覚』（中央公論新社２０１４刊）の中で、東洋的思考と西洋的思考の主要な違いとともに、その双方とも異なる日本的思考について言及しており、それを私流に説明します。

主体と客体が分離している西欧では、客体を概念で捉えあらかじめ自分の思想として確定し、それを他者に伝達しようとするのです。一方、主体・客体が未分化の日本文明ではその時々で捉える状況が流動しており、他人との話し合いを通して共通の認識に至るのです。それが日本文明では「言葉は〝実態〟を表す」の意味です。神道の考えでは宇宙は発展し続けていて、我々はその発展の先頭で生命を燃焼しているのです。ですから、生きている今がすべてであり、それが「常若（とこわか）の思想」なのです。

（注）常に生き生きとしたみずみずしさを尊ぶ思想。

(3) 経済について

ノーベル賞の経済学の分野で日本人の受賞者が一人もいないのは何故なのでしょう。現在日本の経済学者は西欧文明の崇拝者ばかりであり、欧米の経済学の紹介・翻訳程度の仕事しかしていない学者ばかりなのです。また、欧米の経済学者は経済の成長しか考えていないのです。でもよく考えてみてください。地球上の人口は、現在80億人ですが２０５０年には１００億人になり、その人たちが先進国と同レベルの生活を求めるようになれば、地球の体力では１００億人もの人口を支えられないのです。毎年のように異常気象が世界各地に起こっているのですが、過去の文明が滅びた原因はその文明がその地域の森林を切り尽くしたからであるといわれています。ブラジルは経済成長のためにアマゾンの森林を切り開いており、それに追い打ちをかけて発生する山火事がアマゾンの森林の消滅に拍車をかけているのです。アマゾンの森林は現代の文明を支える人類共通の財産なのです。これからの経済学は鈴木孝夫も説く「下山の時代」にふさわしい経済学が求められているのです。経済成長を止めても発展途上国の人々を満足させる経済学が求められているのです。

現代の経済学では〝形式知〟しか数値化できず、〝実践知〟〝暗黙知〟は数値化できないため、数値化（＝貨幣価値）できないものを取り扱うことができないのです。

兵庫県の龍野を訪れた時、城下町の街並みの中の喫茶店に靴を脱いで上がり、そのご主人と話したのですが、「資金がないので、住んでいる住居を改造して喫茶店にした」とのことでした。確かに古い住居を壊して建て替えればＧＤＰは増えるものの、今までの文化がなくなり、人々の心が壊れてしまうのです。高度成長期の日本や現在の中国を見て分かることは、今までの文化を壊してＧＤＰを増やしているのです。

下図により、現在の資本主義を取り扱う経済学が如何に歪なものとなっているのかを説明したいと思います。


有形資産：貨幣価値に換算できる〝形式知〟の世界です。

その指標がＧＤＰですが、現代の経済学は有形資産しか取り扱うことができていないのです。

また、個人主義を基盤とする株主資本主義が経済学の対象なのです。

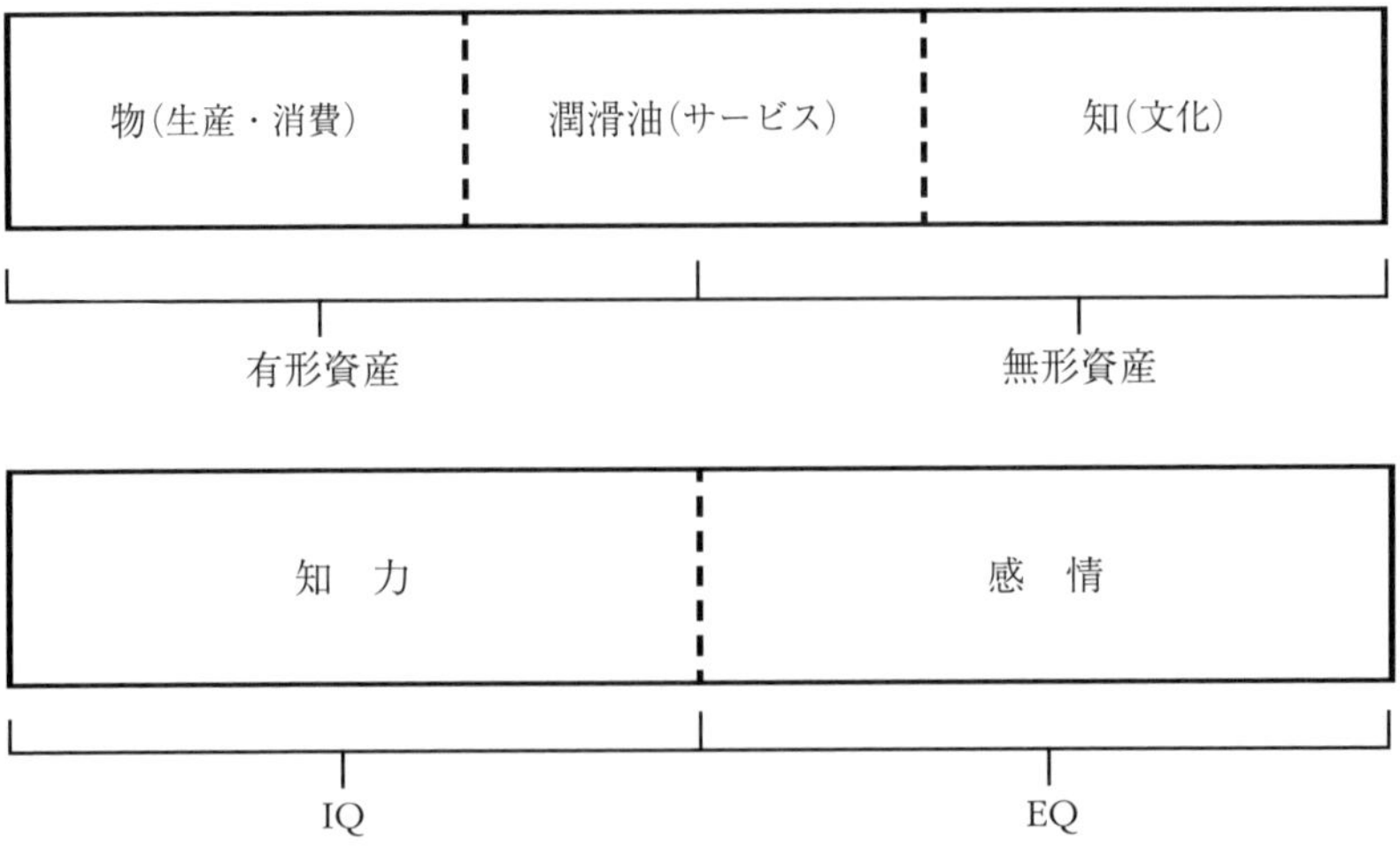

図　現在の経済学の限界

無形資産：貨幣価値に換算できない〝実践知〟〝暗黙知〟の世界です。それを評価できる新しい指標が求められています。それには共同体を基盤とする公益資本主義が経済学の対象となるのです。

これと同じような指数にＩＱ（知能指数）とＥＱ（感情指数）があるのです。

ＩＱ：IntelligenceQuotient

知力は〝形式知〟の世界であり、計測可能なのです。

ＥＱ：EmotionalIntelligenceQuotient

感情は〝実践知〟〝暗黙知〟の世界であり、計測不可能なのです。

絵画では、中川一政、棟方志功、建築では、岩本博行、安藤忠雄、実業では松下幸之助、本田宗一郎、政治では高橋是清、田中角栄の各氏は大学を出ていないのに立派な業績を残しています。大学では〝形式知〟しか教えていず、その能力をＩＱで評価しているのです。大学を出ていなくてもＥＱを評価すればこれらの人たちは相当に高い値を示したのではと思われます。

(4) 芸術について

現代の芸術は、西欧文明の影響により人間の個性を前面に押し出した芸術以外評価しないのです。しかしながら、あらゆる分野で西欧文明が行き詰まっており、それを突き破るのが芸術による〝意識革命〟であると思われます。西洋画と近代化以前の日本画は次ページの図のように別のものであったのです。

本来の日本画は主体と客体が融合していた日本の文化の中から生み出されたものであり、日本の近代化に伴い、主体と客体が分離し西欧絵画のあと追いをするようになった。西欧文明の「I」と日本文明の〈わたし〉の違いは、絵では西欧画と日本画の違いとなって表れていたのですが、明治以降の日本画は西欧画の「I」による表現を追い求めてきたのです。その結果、個性を表現しなくては絵ではないということになり、本来の日本画の〈わたし〉の表現は廃れてしまったのです。

文化を支える経済基盤が現在では株主資本主義（個人主義）であるため、必然的に西欧絵画が主流になるのです。そのため、意識の世界（意識が生み出す絵画）を変えるにはそれを支える土台まで変えなくては、一般の人たちの共感は得られないのです。現代の日本文明の土台は個人の利益を追求する株主資本主義だということです。でも漸くその流れに変化が起きてきたのです。２０２０年１月に開催されたダボス会議の日本経済新聞朝刊（2020.1.23）の記事を紹介します。

世界経済フォーラム（WEF）の年次総会（ダボス会議）は、資本主義の再定義が主題になった。株主への利益を最優先する従来のやり方は、格差の拡大や環境問題という副作用を生んだ。そんな問題意識から、経営者に従業員や社会、環境にも配慮した「ステイクホルダー（利害関係者）資本主義」を求める声が高まる。中国主導の「国家資本主義」に抗する新たな資本主義の模索が始まった。

それが経営者、従業員、関連業者、顧客、株主、地域、地球環境まで配慮し

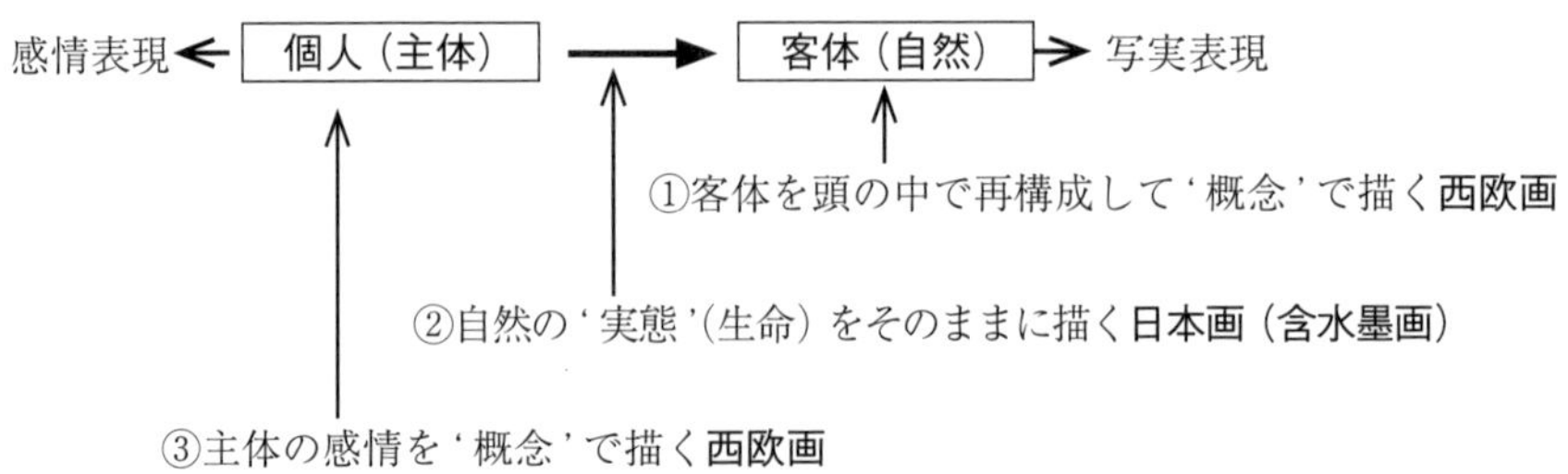
感情表現
個人（主体）
客体（自然）
写実表現
①客体を頭の中で再構成して‘概念’で描く西欧画
②自然の‘実態’(生命) をそのままに描く日本画（含水墨画）
③主体の感情を‘概念’で描く西欧画

図　西欧画と日本画

た利益の配分がステイクホルダー主義であるのに対し、公益資本主義とは利益の配分だけに留まらず新しい共同体を基盤としたものであり、要するにこれからは株主資本主義から公益資本主義への移行を図らねばならないということであり、それには江戸以前の日本文明が持っていた、人間と自然との融合が求められているのです。

この章の冒頭で記述したように、西欧の建築は石や煉瓦の組積造による壁構造であり、外部空間と内部空間が明確に分かれているのに対し、日本の建築は木の木軸構造であり、建具を取り外すことにより内部空間と外部空間が一体となるのです。これは主体と客体が分離している西欧文明と主体と客体が融合している日本文明に対応しているのです。

都市においても西欧の都市計画に基づき作られる都市に対し、日本では自然に寄り添って作られてきたのです。中国から輸入した条里制に基づき作られた平城京（奈良）・平安京（京都）でも時代を経るに従い、地形に合わせて改造されてゆくのです。

西欧のように〝形式知〟による計画された都市とは違い、日本の場合は〝実践知〟〝暗黙知〟により自然に寄り添うように都市は作られてきたのです。西欧の都市計画で作られる都市は道路により建物が分断されているのです。日本の地下街や道路をまたぐ建築はまさに建物同士を結びつけているのです。東京は西欧の建築家からはマンモスクラスター（巨大な無秩序）といわれていますが、21世紀の都市で東京ほど魅力的で住みやすい都市は存在しないのです。皇居を中心に副都心を山手線がつないでいる東京という都市は、地形に寄り添いながら経済活動の中で作り出された〝形式知〟では生み出すことのできない都市なのです。

〝分断〟について

現代世界は、〝形式知〟によるリベラリズム（民主主義）と〝実践知〟〝暗黙知〟によるポピュリズムがせめぎ合いをしていて、それが「文明の衝突」の根底にあるのです。フランシス・フクヤマ著『歴史の終わり』では、ソ連崩壊に伴い、アメリカ主導のグローバル化により、普遍的価値としての民主主義が世界に普及するというものでした。それに対してサミュエル・ハンチントンは、新たに文明の衝突が始まるというものです。以後の歴史を見ればハンチントンの説が正しいことが分かります。マルクスは「文明＝文化＋生産基盤」と考えていたのですがこれは〝形式知〟によるものであり、文明の衝突を考えるには、「文明＝文化＋生産基盤＋歴史・風土」と考えるべきであったのです。私が「歴史・風土」を視野に入れたのは西欧文明では捉えられない〝実践知〟〝暗黙知〟を視野に入れるためなのです。この歴史・風土の上に花咲く文化が言語、宗教、民族ですが、それらの古い文化がグローバル化（例えば〝形式知〟が生み出した民主主義）を受け入れず摩擦を起こしているのです。

グローバル化により、世界市場が実現し、民主主義と自由主義が世界に広がると思われていました。貿易量の拡大、人や資本の自由な移動により、多国籍企業（Maltinational Corporatin 略号：ＭＮＣ）が出現し、世界全体の生産量は拡大を続け、絶対的貧困の人たちも減少したのです。一方先進国では格差の拡大が起き民主主義を支えていた中間層が没落する。それに対してアメリカの自国中心主義やイギリスのＥＵ離脱（Brexit）などの〝分断〟が起こり、コロナ禍によりその動きが促進されたのです。世界では民主主義が後退し、強権・独裁・ポピュリズムがはびこるようになってきました。

私は歴史を動かすものは「経済」であると教えられてきました。でも、今度のコロナ禍により、歴史を動かすものは「感染症」も大きな役割を果たしていることを知りました。

7世紀前、モンゴル帝国がユーラシア市場を統一しペストが蔓延しました。

15世紀前のコレラの大流行により世界の中心がアジアから欧州に移り、そのコレラは誰にでも（含教皇）平等に感染するのです。それにより教会の権威が失墜し、西欧世界は中世から近世への移行ができたのです。そして産業革命が起こり西欧文明が開花するのです。

1世紀前にはスペイン風邪が流行し、世界の主役が欧州から米国に移り、技術革新、情報革命、流通革命により新しい産業が勃興したのです。

では、今回の新型コロナの流行は何をもたらすのでしょう。西欧文明の限界が明確になったのです。コロナは人間だけでなく動物にも平等に感染し、人間と動物を隔てるものなどないことが実感できたのです。これにより人間中心の西欧文明から日本文明への移行ができるのです。

これからの経済は今まで通りとは行かず、新しい経済が起こるのです。それはデジタルとグリーン復興であり、その地平を切り開くことができる最先端に位置しているのが「日本」です。この〝分断〟は各々の文明圏で自然環境に配慮した成長の余地がある限り文明圏の衝突は回避できると思われます。ただし、文明圏と〝分断〟との関係は必ずしも明確になってはいないのですが、それに関して文明論考家上野景文が興味深い論評を行っています。

ハンチントン教授は「西洋は一つの文明だ」との前提に立ち、西洋圏内で進行中の「文明の対立（衝突）」には関心を払わなかった。筆者は2006年から4年間バチカンに駐在し、西欧を観察して、教授の大きな見落としに気付いた。それは、「文明論的に言えば西欧は一つではない、二つある」ということだ。すなわち、西欧には世俗主義に立脚する文明と、伝統主義に立脚する文明のふたつがあって、対峙・対立しているのだ。この対立は西欧だけではなく、米国でも起きている。つまり、「文明論的に言えば、米国も二つある」。しかも、米国における文明衝突は、西欧より明瞭・顕著に起きている。フランスでもイタリアでも、大西洋を渡った米国でも、この文明衝突に着眼せずに、それぞれの国の現状を深く理解することはできない。

以上大変興味ある指摘とは思いますが、私は少し違和感を覚えるのです。それは西欧文明には近代以降世俗主義と伝統主義の文明に分断されていると言っているからです。私の考えでは世俗主義や伝統主義を含めて一つの西欧文明であり、現在いわれている〝分断〟ともハンチントンの言う文明の衝突とも違うということ。何故ならば、西欧文明は近代以降世俗主義文明と伝統主義文明の二つの文明？に〝分断〟されていたことになるからです。イスラム文明は現在世俗主義とイスラム原理主義が対立していますが、文明としては一つであるのです。それはインド文明でもヒンズー至上主義が台頭しており、中国ではイスラム教を始めとした宗教の台頭及び民主主義の台頭を恐れているのと同じ構造なのです。新しい歴史が始まる予兆があり、コロナ禍によりそれが明確になってきたのです。

ここで『深耕　日本文明試論』に掲載した次ページの表を現状に即して再度修正し引用します。（修正部分は明朝で表示）

第二次世界大戦は、西欧資本主義、ソ連型社会主義、ドイツファシズム、日本文明主義の戦いであり、ドイツファシズムと日本文明主義が敗れ、戦後にはソ連と米国とのイデオロギー対決の〝冷戦〟が始まり、1989年ソ連崩壊によりイデオロギー対立（冷戦）は解消し、世界は一つになり歴史は終わる筈であったのです。それに対してサミュエル・ハンチントンは、新たに文明の衝突が始まるというものです。以後の歴史を見ればハンチントンの説が正しいことが分かります。

私は、イデオロギーの対立はなくなったものの、新しく文明（含宗教）の対立が始まったと考えています。基本的には佐伯啓思氏と同じなのですが、私なりに補足を加えその概念を下図に示します。

1991年ソ連の崩壊により、世界は民主主義により一つになると思われたのですが、現実は文明圏ごとの〝分断〟が生じてしまったのです。今回、コロナ禍により世界の〝分断〟の構図がより明確になってきました。人類が産業革命により近代に突入したのと同じような変化が、現在コロナ禍によって脱炭素化革命が始まったと思われます。しかしながら各文明は新しい目標を見失っており、次ページの表のように過去の文明に回帰しているのです。これは私の持論ですが、日本が公益資本主義に移行することにより、世界の文明をリードしてゆくことが考えられるのです。

表　コロナ後の世界

地域・人口	中　世	近　世	1914	1945	1989	2020
西欧（米国・ヨーロッパ・ソ連）12億人	キリスト教	資本主義（帝政）（共和制）（王制）	社会主義 西欧資本主義 ファシズム			国家専制資本主義（ロシア正教） 株主資本主義（銭ゲバ教）（ステークホルダー資本主義）
日　本　1億人	神　道（日本教）		日本文明主義			公益資本主義（日本教）
中　東　10億人	イスラム教			世俗主義		イスラム原理主義
インド　13億人	ヒンズー教			社会主義		ヒンズー至上主義
中　国　14億人	儒　教		専制主義	共産主義		国家独占資本主義（儒教・反日教）

西欧文明では〝神からの解放〟に「啓蒙思想」が大きな役割を果たすことになりましたが、それは西欧文明の〝形式知〟の文明であり、それが世界に伝播して他の文明と衝突を起こしていると考えられます。

私が執筆を始めた頃、既に『現代日本文明論』（創英社）を出版していた上野景文氏に意見を聞いたことがあります。私の日本文明試論の基軸をなす「文明＝文化＋生産基盤＋歴史・風土である」の定義について、「それも含めて文化である」というものでした。それでは「文化と文明の違い」を聞いたところ、「文化の中で普遍性を持つ文化が文明である」ということ。あとで気が付いたのですが、この文明の定義はシュペングラーの文明の定義そのものなのです。次にシュペングラーの「文明」と「文化」の定義を紹介します。

シュペングラーは、「文化」と「文明」を対立させて捉えている。「文化（カルチャー）」は必ず一つの国と歴史と不可分です。カルチャーという語はcultivate（耕す）に由来していますから、カルチャーというのは一つの場所で時間をかけて耕すことによって生育してゆくものだ、と。それに対して「文明(civilization)」は、そういう特定の場所を超えて普遍化されてゆく、国境を超えてゆくものです。最初は「文化」として生育されてきたものも、ある程度完成品になると国境を超えて普遍化されていってしまう。シュペングラーはそれを「文明」だと捉えた訳です。(佐伯啓思著『20世紀とは何だったのか(PHP文庫)』)

この文明の定義に対して拙著『深耕　日本文明試論』の「第4章　文明の衝突」で以下のように書きました。

シュペングラーのような大学者に対して大変失礼だと思うのですが、私の考えとは違っています。文明とは「文化＋生産基盤＋歴史・風土」であり、現在はグローバル化により市場として世界は一つになりつつありますが文明は対立関係にあるのです。アメリカ文明は、イギリスが起こした産業革命を通して生み出された技術を基に、大量生産方式を開発し、経済活動に結び付けたのです。代表的な事例は、フォード生産方式でT型フォードを大量生産し、それまでヨーロッパでは貴族や一部の富裕層しか手が届かなかった車を一般庶民が買えるようにしたことです。そしてアメリカはグローバリズムにより市場を拡大し、アメリカ文明を輸出し、他と対立するようになったのです。これが〝文明の衝突〟の正体なのです。

では、上野が指摘している西欧文明の中での文明の衝突とはどういうことかということですが、私は西欧文明の中で(新しい生産基盤の上で花開いた)新しい文化Ⅰと(歴史・風土の上に花開いた)古い文化Ⅱの〝摩擦〟と考えており、また、「文化は共存できるが、文明は生産基盤を伴うので衝突する」と考えていたのですが、一つの国レベルでは文化のレベルでも衝突が起こることを教えられました。何故なら、イギリスにおける名誉革命、フランスにおけるフランス革命、アメリカにおける南北戦争、日本の(場合は明治維新における)戊辰戦争、ロシアにおけるロシア革命

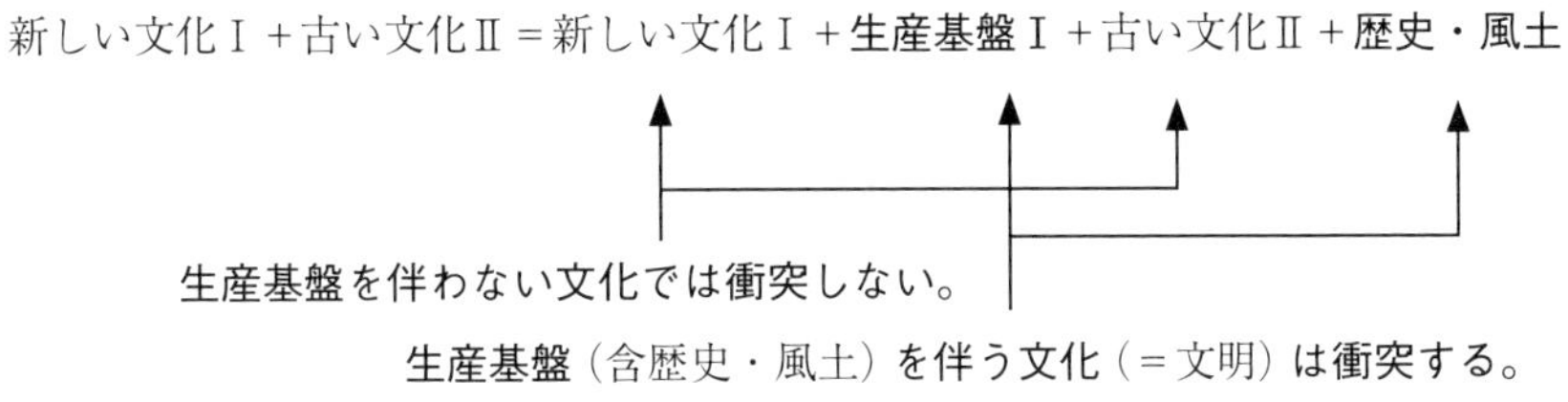
新しい文化Ⅰ＋古い文化Ⅱ＝新しい文化Ⅰ＋生産基盤Ⅰ＋古い文化Ⅱ＋歴史・風土
生産基盤を伴わない文化では衝突しない。
生産基盤（含歴史・風土）を伴う文化（＝文明）は衝突する。

図　文明の衝突

では古い生産基盤（封建制）の上で成り立っていた古い文化Ⅱと新しい生産基盤（近世資本主義）が生み出した新しい文化Ⅰの衝突と考えられるからです。この衝突について拙著『深耕　日本文明試論』の「第4章　文明の衝突」の図を引用して説明します（上図）。私はこの図を文明圏レベルで考えていたのですが同一国家レベルでも当てはまるのです。

　近代国家の成立時には国レベルで新しい文化Ⅰと古い文化Ⅱとの衝突（摩擦）があったのです。でも衝突が起こったのは文化のレベルではなく生産基盤レベルでの衝突（変革）が起こったからです。しかしながら、現在各国で起こっているのは新しい文化Ⅰと古い文化Ⅱの摩擦（衝突）は、従来と明らかに質が違ってきているため〝分断〟という表現になっていると思われます。それは以前と異なりグローバル化により生産工場が他国に移ったため仕事がなくなり、また移民による安い労働力（人種）が押し寄せ職場が奪われ、民主主義の担い手であった中産階級が没落したのです。職場が奪われ生活ができなくなった白人労働者が外国からの移民による労働者を排斥するという〝分断〟が発生して、従来の国内での対立とは明らかに質が違ってきたのです。従来なら議会制民主主義が機能していたのですが、グローバル化によりそれが機能しなくなり、〝分断〟が生じたのです。議会制民主主義は従来各国で起こった暴力革命に代わるものとしてイギリスを中心に生み出されたのですが、民主主義を支えていた基盤が変わったので民主主義ではその〝分断〟を解決できないかもしれないのです。次にその議会制民主主義について考えてみます。

　近代国家は国民・国権・国土で成り立っています。英国のトーマス・ホッブス（1588～1679）、ジョン・ロック（1637～1704）、フランスのジャン・ジャック・

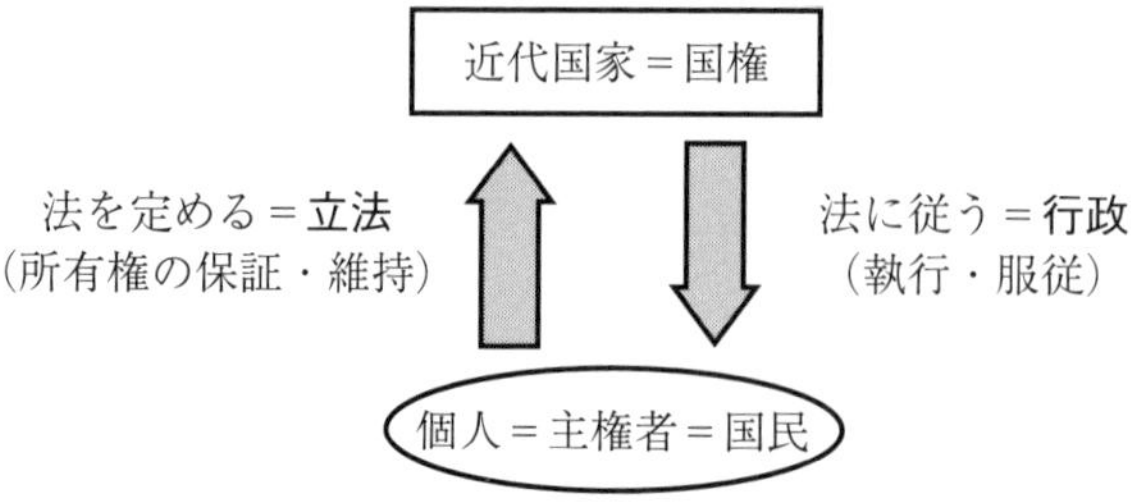

（注）この関係を持続させるのが**司法**の役割で、三権は独立しているのです。

ルソー（１７１２～１７７８）により近代市民社会における国家の成り立ちを説いたのが社会契約説です。個人の自由を野放しにすると争いが起こり収拾がつかなくなる。そこで社会契約（この場合社会とは近代国家であり契約とは法律である）により、個人の無制限な自由を縛ることで逆に各人の自由を保証することとなり、近代国家が成り立つのです。また、その社会契約を実現させる方法が議会制民主主義と三権分立なのです。

国際基督教大学特別招聘教授の岩井克人が２０２１年正月の日本経済新聞朝刊で『危機克服への道筋―真の「自由」の意味問い直せ』の論説で書かれていた下記の説明図に少々手を加えて、民主主義、ポピュリズム、強権国家について説明します。立法（法を定める）と行政（法に従う）のバランスが壊れているのが、ポピュリズムと強権国家なのです。ポピュリズムでは多数決で

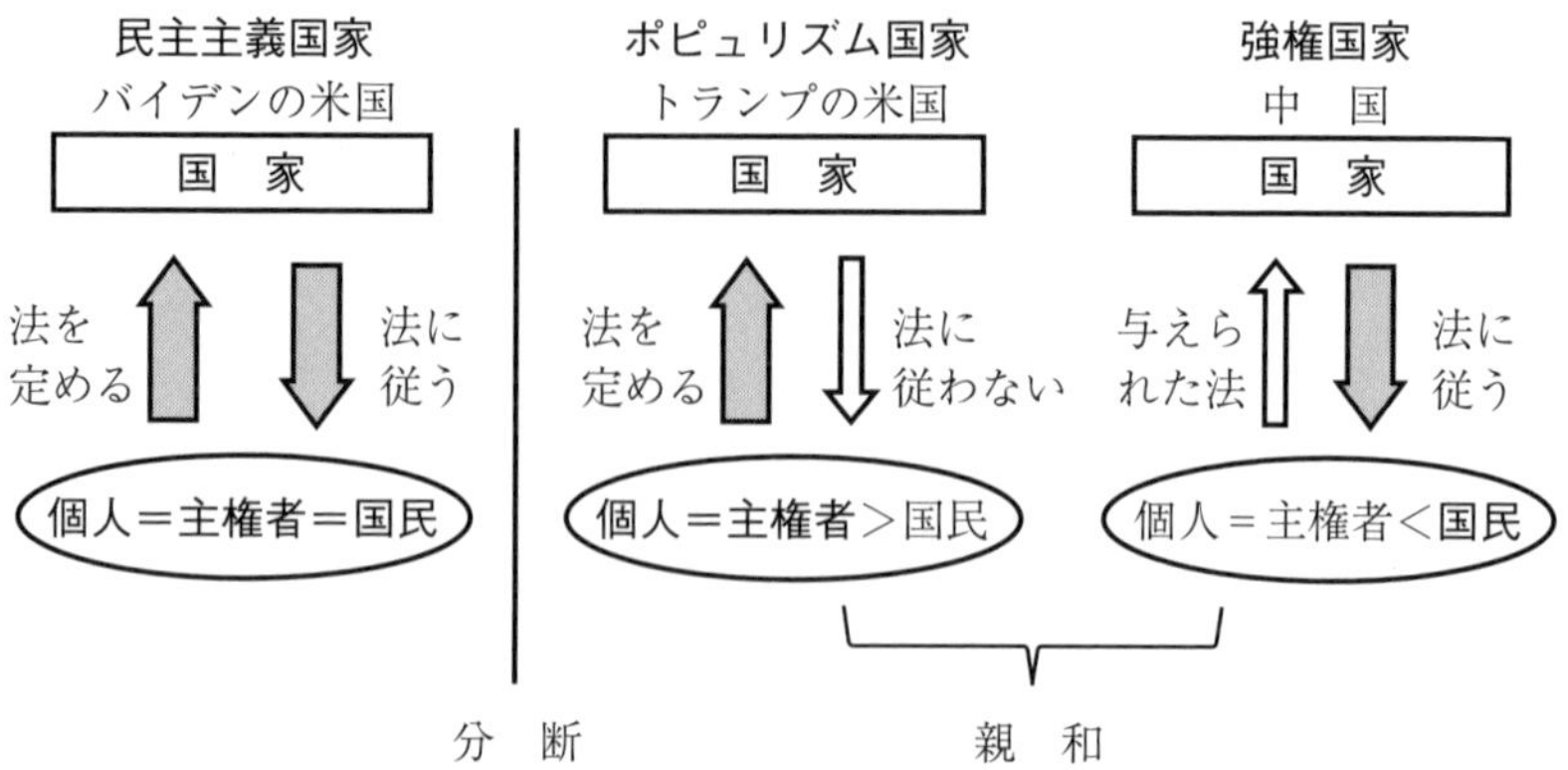

決まった法に従う意思がないのと、強権国家では国が定めた法に無批判に従うのです。

グローバル化により前ページの下図のような国民国家の枠が壊れ、〝分断〟が始まったのです。不思議なことに、ポピュリズム国家と強権国家とも法律を守ることで保証される自由が破綻しているのですが、親和性があるのです。この〝分断〟の意味することで新聞記事『米大統領就任1カ月　内政転換、分断が壁に』（日本経済新聞朝刊 2021.2.21）に注目すべきことが書かれていました。

——経済再生では共和党の協力が見通せず、分断解消の困難さが浮き彫りになっている（バイデン氏は史上2番目の不支持率）。

——壁は根深い分断だ。政治サイト、リアル・ポリティックスの各種世論調査の平均支持率は直近で54・3％と発足からほぼ変わらない。米ギャラップでは民主党支持層の支持率は98％に上ったが、共和党では11％。87ポイントの党派間の差は就任後初の調査としては過去最大である。

多数決で決まったことには従わないとするのが〝分断〟の意味することなのです。マイケル・サンデルが10年ぶりに発刊した著作『実力も運

表　米大統領の支持率

米大統領（敬称略）	支持	不支持
バイデン	57	37
トランプ	45	45
オバマ	68	12
ブッシュ（第43代）	57	25
クリントン	58	20
ブッシュ（第41代）	51	6
レーガン	51	13
カーター	66	8
ニクソン	59	5
ケネディ	72	6
アイゼンハワー	68	7

のうち　能力主義は正義か？』の中で〝分断〟について納得のゆく説明をしています。

教育水準の低い階級が、能力主義エリートに対してポピュリストの反乱を起こす。

ヒラリー・クリントンは、ドナルド・トランプ支持者の半分は「みじめな人たち」と語った（著者注：エリートは貧困者を見下している。成功した人たちは自分の実力ではなく才能を認めてくれる社会に生まれたのは運が良かったと謙虚になるべきであるが、実際はそうではない）。

こうした社会は、勝者の間におごりと不安を、敗者の間に屈辱と怒りを生み出すだろう（著者注：能力主義は貧しい人たちとエリートの間に〝分断〟を生む）。

ここからは私の持論になるのですが、西欧文明は〝形式知〟で個人主義の文明であり、当然の帰結として貧しい人たちと成功者の間に〝分断〟を生じさせるのです。その要因として納得できる説明を「学歴による分断」から引用します。

1940年代から70年代にかけて、大学を出ていない人々は、アメリカでは民主党、イギリスでは労働党、フランスでは様々な中道左派政党に、ぶれることなく投票した。1980年代から90年代には学歴によるギャップがかなり縮小し、2000年代から2010年代には、左派政党は大学教育を受けていない有権者の支持を失ってしまった。

アメリカでは、民主党が知的職業階級と同一視されるようになると、非大卒の白人有権者は民主党に背を向けた。この傾向はトランプの当選後も続いた。２０１８年の中間選挙では、非大卒の白人有権者の61％が共和党員を支持し、民主党員に投票したのは37％に過ぎなかった。学歴による分断が深まりつつある状況は、大卒比率が最も高い30の下院選挙区にも見て取れる。

この傾向はイギリスやフランスでも同じであり、イギリスのブレグジット（Brexit）における下記の記述を引用します。

――――続いて２０１６年、EU離脱をめぐる国民投票の際にもこの不信感が表面化した。所得の低い有権者は、所得の高い有権者よりもブレグジットを支持するケースが多かった。だが学歴による違いはさらに顕著だった。大卒でない有権者の70％以上がブレグジットに賛成したのに対し、大学院の学位を持つ有権者の70％以上が残留に賛成したのである。

私が漠然と感じていたことと符合するのです。ソ連の崩壊により労働組合が弱体化し、イデオロギー（＝〝形式知〟）主導の政党が弱体化したこと。グローバル化により、中間層が没落し貧富の差が拡大したことです。それに対しいわゆる富の再配分がいわれていますが、でも、マイケル・サンデルが指摘しているように、問題は人間の尊厳に関することなのです。それは①能力主義で選ばれたエリートが所得の少ない人たちに浴びせる「見下し」の眼差しに対する怒り、また②肉体労働に対する敬意の欠如なのです。エリート層に向けられた怒りがポピュリズムを生み出した。これは西欧文明が抱える問題であり、詳しくは「第3章　これからの哲学・経済学」で展開しています。

民主主義では意見の違いは多数決で決め、決まった方の意見に従うというものですが、それは多数決に従うこと

文明圏の縛り

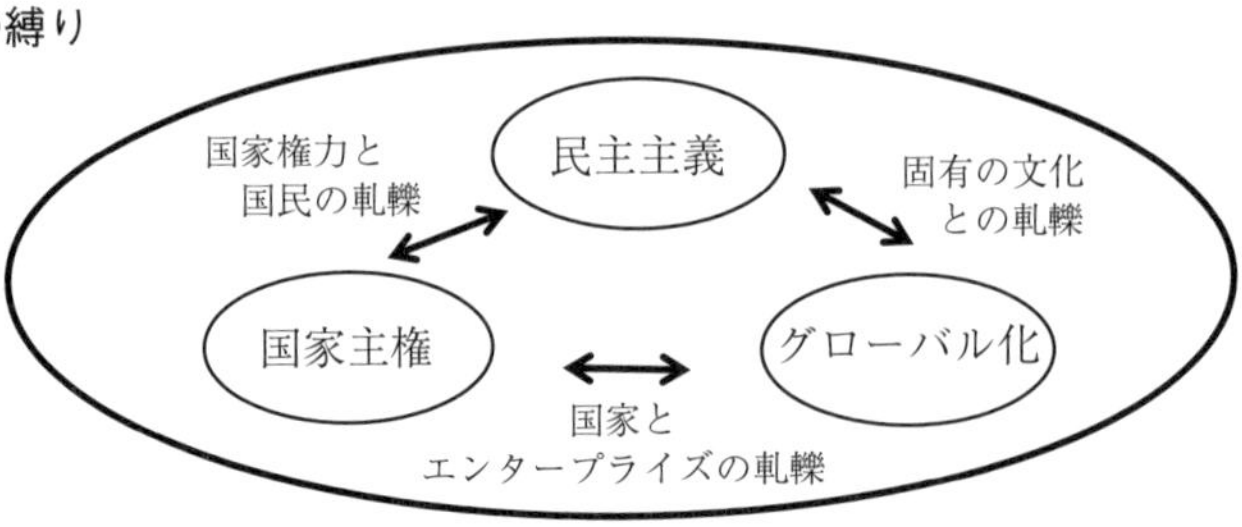

一方、中国は一帯一路による経済圏の縛りを目指しているのです。

強権国家（中国）

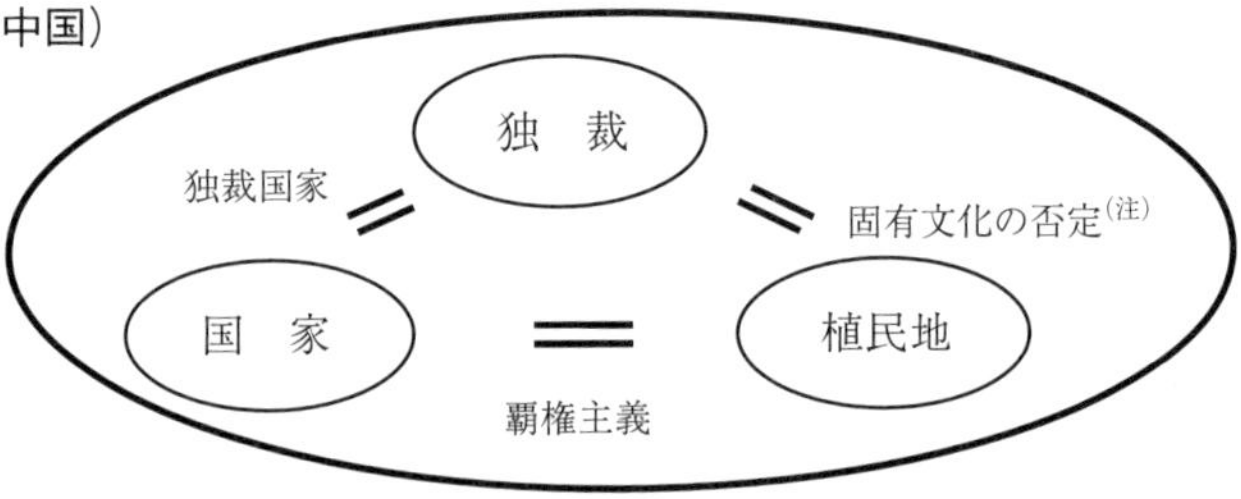

（注）ウイグル自治区の場合はイスラム教の否定、チベットの場合はチベット仏教の否定。
一帯一路に加わった国は債務により結局のところ、中国の植民地となる運命にあるのです。また、ロシアは中国に接近しており、確かに軍事力では対等ですが、経済で中国依存となり、結果として中国の属国（植民地）となる運命なのです。

で反対した人たちの自由をも保証されるからです。でも多数決には従わないという人たちが増えているのです。グローバル化により近代国家を支えていた基盤が成り立たなくなっている。グローバル化により国家の枠では収まらなくなってしまったのです。私は新しい枠が必要であり、それが文明圏の枠であると考えます。

その根拠となる考え方を説明します。ダニ・ロドリック（プリンストン高等研究所教授）は民主主義、国家主権、グローバリズムは並び立たないトリレンマの関係にあると言っています。そのトリレンマを解決するのが文明圏という新しい縛りなのです。本来、近代国家という縛りの中の市民社会で民主主義は成り立っていたのです。それがグローバル化により国家という縛りが崩壊しつつある。でも国家という縛りが崩れた時、世界連邦という新しい縛りに直線的に移行することはできず、そこには文明という壁が立ち塞がる。そこで考えられる新しい縛りが文明圏という縛りになるのですが、西欧文明崇拝者で日本文明を全く評価していない人たちやエンタープライズの経営者の考えはグローバル化により国家の枠を取り払い、世界を一つにするという考えなのです。

一方、それに反対する人たちがいて、生まれ育った土地やコミュニティーへの愛着による土着性を土台にした排他的な精神が、外から侵入者を許さないのです。

〝分断〟の「まとめ」

① 文明圏の確立

サミュエル・ハンチントンは著書『文明の衝突』の中で、現代世界には主要文明として中華文明、ヒンズー文明、イスラム文明、日本文明、東方正教会文明、西欧文明、ラテンアメリカ文明があるとしています。米国を中心にグローバル化（市場の統一化）が推し進められましたが、それぞれの文明と「衝突」を起こしているのです。私に言わせれば「文化」は〝形式知〟（＝観念）の世界であり理解の対象ですが、「文明」は〝実践知〟〝暗黙知〟（＝実態）を伴った世界であり避けて通る訳にはゆかない現実（観念ではない）の世界なのです。現在はグローバル化により市場として世界は一つになりつつありましたが、輸出された「文明＝文化＋生産基盤」が輸出先の歴史・風土により生み出された文化と衝突を起こすのです。

グローバル化により国という枠組みが壊されてしまったのです。近代国家とは国という単位で成り立っていたのであり、民主主義もその一つでした。私自身は文明圏ごとに国々が集まり、経済ブロックを形成するということが解決策であると思っています。世界には「経済基盤、歴史風土」の違いによる文明の違いがあり、その文明ごとに国々がまとまることにより、国家の暴走をおさえてゆく大道がありうると考えており、そして世界連邦は国単位ではなく文明圏単位としてつくるしかないと考えています。

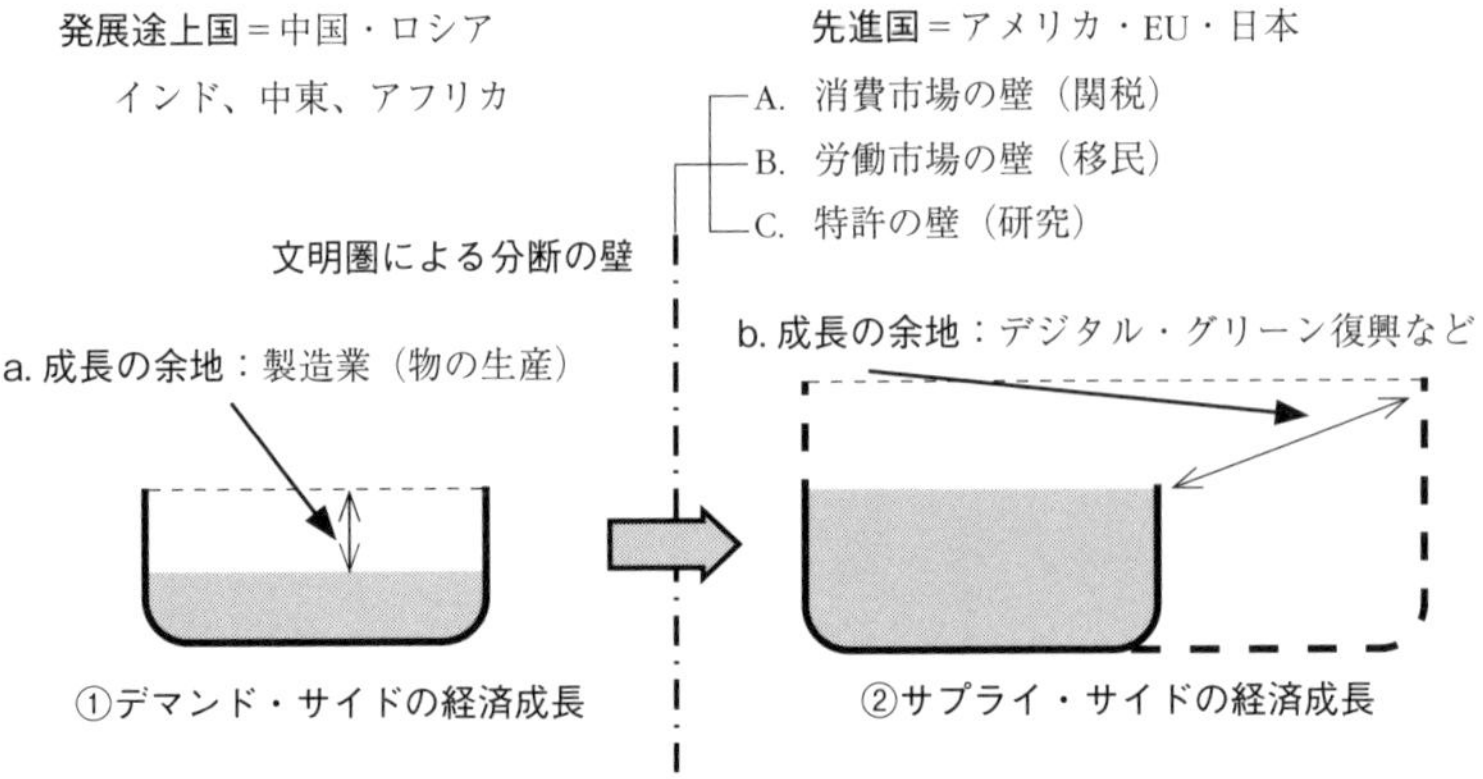

図　先進国と発展途上国の〝分断〟

現在の世界は国家レベルでは上手く動かないのです。それは国連、WTO、WHOが十分に機能していないことでも分かるのですが、これからは文明圏ごとのまとまりにより上手く機能できるのです。

②　中国文明圏との〝分断〟

これから進展する世界レベルでの〝分断〟とは、資本主義の文明圏（先進国）と独裁主義の文明圏（発展途上国）の〝分断〟です。それを支える経済基盤は上図のようになっていると思われます。

この図から読み取れることは、経済成長には需要を生み出すことでできるパラダイム持続型の**①デマンド・サイドの経済成長**を促すイノベーション、パラダイム破壊型の供給を大きくできる**②サプライ・サイドの経済成長**を促すイノベーションがあるのです。ですから世界に目を転じれば、発展途上国では経済成長できる余地は十分に残っているのです（a.参照）。一方、先進国では労働人口の減少率以上にイノベーションにより新しい市場を創り出せば経済は成長ができるという計算になります（b.参照）。

また、中国に代表される発展途上国のようなデマンド・サイドの国々では独裁体制の方が経済成長を促すのに都合が良く、一方、日本のような先進国のサプライ・サイドの国々では民主主義・自由主義でなくては新しいインベンションを生み出しそれによる新しい市場を生み出すことができないのです。

③ 個人主義と民主主義

もう一つの変化は、西欧文明の基盤を成り立たせている「個人」という概念です。そもそも古代より人間は共同体の一人として存在していたのであり、世界を見渡せば「個人主義」は一神教の文明圏以外ではインドや中国にも存在しています。しかしながら、インドではカースト制が色濃く残り、中国では封建制を経ずに近世に突入したために近代市民社会という基盤がなく西欧的民主主義は育たなかった。その意味で「民主主義」が成立する基盤を持っているのは（例外としての日本を含め）西欧文明圏だけです。ジャスミン革命で独裁政権を倒したアラブ諸国が民主主義国になると思われていたのですが、民主主義国の基盤となる「個人主義」による近代市民社会が存在しなかったため民主主義国にはなれなかったのです。

④ 近代国家の縛り

以上により〝分断〟の意味が少しずつ分かってきました。要するにグローバル化により近代国家という縛りが崩壊しつつあり、国家に代わる新しい縛りを生み出す「新しい文明圏」が確立していない現状に対し、生活に根差した心情から国家という縛りを必要とする「古い文化」の人たちとの間に〝分断〟が生じることになったのです。また、強権国家とポピュリズム国家に親和性があるのは両者とも国家という縛りを必要とするからです。

⑤ 人間の尊厳

『ハーバード白熱教室』で有名になったマイケル・サンデル教授のコミュニタリアニズム（communitarianism ＝共同体主義）は、他者のことを考えながら人間は生きてゆく存在であるというもので、ミーイズムを否定したのです。しかしながらそれを実現する道筋は討論を通じて意識変革を図るということのようですが、それではあくまで西欧文明の〝形式知〟の範囲に留まり、現状の打破につながらないのです。ＳＮＳで色々な「知識を仕入れる」ことはできるのですが「分かった」ことにはならないのと同じです。「知識を仕入れる」ことは〝形式知〟の世界であり、一方「分かる」というのは〝実践知〟〝暗黙知〟の世界です。頭（＝〝形式知〟）と身体（＝〝実践知〟）と心（＝〝暗黙知〟）

で「分かった」となるからであり、SNSでは頭に知識（＝〝形式知〟）を仕入れるだけなのです。

繰り返しになりますが、マイケル・サンデルが『実力も運のうち　能力主義は正義か？』で指摘しているように、問題は富の分配ではなく人間の尊厳に関することなのです。それはa．能力主義で選ばれたエリートが所得の少ない人たちに浴びせる「見下し」の眼差しに対する怒り、またb．肉体労働に対する敬意の欠如なのです。そのエリート層に向けられた怒りがポピュリズムを生み出した。でもこれは西欧の〝形式知〟の文明がたどる当然の帰結であり、それを乗り越えるには日本文明がその鍵を握っているのです。

a．エリートによる貧困者に対する蔑視について、能力主義で勝ち残ったエリートが高収入を得るのは当然であり、低所得者は能力主義で敗れたのであるからだと見下すのです。でもこのような考えになるのは西欧文明の個人主義に原因があるのです。人間は社会的存在であるので、社会によって現在の自分が生かされているのですからその考えは間違っている。日本の場合、エリートが西欧のように高収入を得ることなく満足しているのは個人の能力だけでなく周りの支援があって現在の自分があることを自覚しているからです。

b．労働に対する敬意について、日本のタクシーの運転手さんは不景気で生活保護の手当てよりも収入が少なくなった場合でもその多くが働くことはやめないらしいです。生活保護を受けることを拒否するのは、労働に対する尊厳を失いたくないからです。

西欧では労働は神から与えられた罰であり、労働は苦痛なのです。自然と一体となった日本文明では、労働は喜びなのです。職人が物を作る時には、嫌々ながら作ってはいません。工場の労働では西欧の分業による大量生産方式に喜びを感じることができなくなっていた時に、日本では多能工を養成し、複数の作業を一人で行うことにより労働の喜びを取り戻しました。

また、そのため、ブルジョア階級による労働者の〝搾取〟という概念が生み出されました。日本では企業は資本家が利益を生み出すためにあるのではなく、従業員の生活の保障のために企業を存続することが目的なのです。日本では労働を蔑視することはなく、職業に貴賤はないのです。

ここで注目したいことは、戦後の日本の企業は、1970年代までは年功序列・終身雇用を理念とした家族主義を基調にしていたのですが、1980年代あたりから日本がグローバル化の波に飲み込まれたことにより、海外の企業と同じ土俵（一神教）に立たされたという点です。その結果、年功序列・終身雇用の家族主義が、能力評価主義・リストラを伴う会社の利益第一主義に取って変わられてしまった。要するに、能力評価により役職が決まり、その上の役職にならなければ給与は上がらない仕組みになっていった。そうなると年齢に関係なく先輩も後輩も同じ土俵で戦うことになり、それにより会社という共同体に存在していた家族主義が崩壊してしまうことに。そのため株主資本主義から公益資本主義へ移行することで以前の共同体の復権が必要になるのです。

上野の「**世界のポピュリストが日本をうらやむ理由は日本が閉鎖性、内向き志向で世界の最先端にいるからだ**」という意味も分かってきます。要するに日本文明はグローバル化にさらされても、国家（＝日本）という縛りが壊れないということです。何故崩れないのか、日本とこれからの世界がどうなってゆくのか、それを知るためには「西欧文明」「東洋文明」「日本文明」についてより詳しく見てゆく必要があり、それらについては次章以下で展開してゆきたいと思います。

拙著『終結　日本文明試論』により私の日本文明試論は完了したのですが、さほど評価されていません。拙著に対する評価としてSNSに載っていたのは1件だけありその内容は以下のようなものです（現在では削除されている）。

日本文化至上主義ともいえる幻想的崇拝が、自己アイデンティティへの強過ぎる執着と相まって、日本以外を西洋とひとくくりにし、西欧人は銭ゲバ教、憲法9条は見直すべき、21世紀の都市は東京などとちょっと乱暴な

主張になっていて、結論は人と人とのつながりという語り尽くされた感のあるお話なのは、試論なのに既視感。日本文化の素晴らしさは共感。日本文化が今後の人類の鍵を握るというのは言い過ぎ。竹中工務店勤務の著者が、絵画、建築、都市を語るが、絵画は当然素人感。試みは面白いが、主観が行き過ぎ。残念な読後感。（kazehikanaiさん）

この人は世間一般（特に学者・評論家）の考えを一度も疑ったことがない人のようです。そのことが間違っていることを明らかにするのが一連の私の著作なのですが、このように自分の凝り固まった考えを変えようとしないに人には何を言っても伝わらないのは残念なことです。

一つ一つ反論をする気にもなれませんので、概略だけでも述べておきます。

「日本以外を西洋としてひとくくりにして」及び「21世紀の都市は東京などとちょっと乱暴」という指摘については、確かに第一巻『日本文明試論』では十分に展開していなかったことを自覚しております。書き足りないことを反省し、その後『続　日本文明試論』『深耕　日本文明試論』『終結　日本文明試論』と展開しているのですが、それらについてのコメントがないのはどういうことでしょう。恐らくこの程度（会社を定年退職し趣味で「日本文化至上主義ともいえる幻想的崇拝」の本を出版する程度）の著者がその後続編を3冊も上梓するなど思いも及ばなかったのでしょう。

「憲法9条は見直すべき」については、拙著が出版された2014年当時憲法改正について世間一般は否定的でしたが、今では与党に日本維新の会と国民民主党を加えれば衆参両院において、それぞれ総議員の2／3以上の議席を有するので憲法改正を発議できるのであり、また、国民の半分以上が改正に賛成しているのです。

「日本文化が今後の人類の鍵を握ると言うのは言い過ぎ」について、日本文明の素晴らしさを認めている数少ない（日本の進歩的知識人といわれる）人たちに共通するのは「日本文明は所詮世界の周辺に位置する文明であり世界の中心にはなれない」ということです。しかしながら、故梅原猛は著作である『人類哲学序説』（岩波書店２０１３）で、世界で唯一日本の「森の思想（縄文文明）」が世界共通の哲学になるべきだと言っているのです。

「**絵画は当然素人感**」と一刀両断にされていますが、私が建築・都市については専門なのでうかつなことは言えないが絵画については素人だと判断したようです。でも私が一番自信を持って評論できるのは絵画についてであることを申し上げておきます。明治維新以降、日本の絵画は日本画・西洋画とも西欧絵画のあと追いになり、岩絵の具で描くのが日本画、油絵の具で描くのが西洋画といわれるほどに成り下がってしまったのです。西欧文明は主体と客体が分離した文明であるのに対し、日本文明は主体と客体が一体となった文明であったのです。現在のように主体が客体を概念化して描く日本画は本来の日本画ではないのです。ところで『続　日本文明試論』では「文学」「経済」について論じているのですが、そうなると専門家を自認する人以外「文学」「経済」を論じてはいけないことになり、私はそのことを問題にしているのです。

「**結論は人と人とのつながりという試論なのに既視感**」についてですが、西欧文明（含中国・中東・インド）は個人主義の文明であり、本来（明治維新の前）の日本文明は共同体を基本にした人と人及び自然とのつながりを大切にする文明であったのです。「**既視感**」についてですが「自分は他人から聞いたことがある」ということであり、〝形式知（知識）〟として知っているだけで〝実践知〟〝暗黙知〟レベルで理解できていなければ「分かった」ことにはならないのです。要するに西欧文明を崇拝し日本文明を理解しない教師による教育を受け、自分が洗脳されていることも分からない人物なのです。

でも、見方を変えれば拙著に対するこのような評価が世間一般の最大公約数であり、このような評価（価値観）を覆してゆくには頭の柔らかい若い人たちに対する教育が必要であると考えています。

〝教育〟について

Voice2023年2月号の巻頭論文『「第二のジャポニズム」を到来させよ』（山際壽一、総合地球環境学研究所所長）に注目すべきことが書かれています。

「二元論」や「排中律」などの概念に基づく西洋近代は、いまや限界を迎えている。様々な地球的課題を解決するうえで、日本が世界に訴えるべき価値観とは。そして、我々はその「日本の知」をいかに発信するべきなのか。ヒントは西田幾多郎などの言葉から漫画やアニメーションにまで求められる――

西田幾多郎の言葉とは「形なきものの形を見、声なきものの聲を聞く。」「我々の心は此《か》の如《く》きものを求めて已《や》まない」という日本人の情緒（心情）を言っているのです。

漫画やアニメーションとは、「『間《あいだ》』あるいは複数の世界を一緒に捉える『見立て』という考え方に通じている」とのことです。鳥獣戯画、人形浄瑠璃、アニメーションが日本文明の「見立て」の産物なのです。西欧文明ではリアリズムで対象に肉薄することになるのですが、主体と客体が分離していない日本文明では「見立て」により、より真実に肉薄できるのです。鳥獣戯画は人間の営みを鳥獣により、人形浄瑠璃は人形に人間を演じさせることにより、アニメーションは漫画により、より真実に近づく表現ができるのです。

以上、私の言いたいことが書かれているのですが、残念ながら指摘されている事例は表面的な内容に留まり、何故そうなるのかまで掘り下げられてはいないのです。

『日本文明試論』では、西欧文明は〝形式知〟の文明であり、日本文明は〝実践知〟〝暗黙知〟の文明であったと指摘しました。その違いは物の見方に端的に現れていたのです。

西欧画

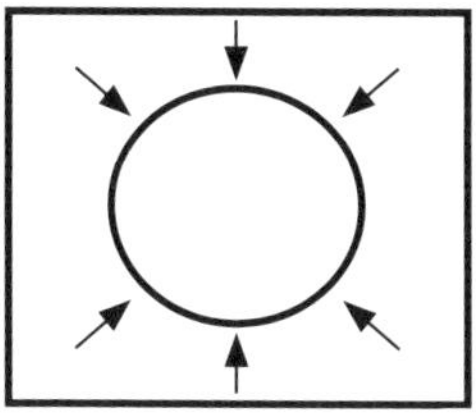

日本画

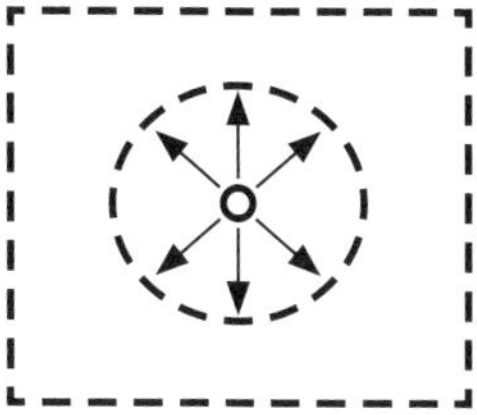

デカルトの「自分」を中心に世界を見る見方は、〝形式知〟が生み出した一点透視図法（＝遠近法）であり、写真機のレンズを通して風景を写し取る方法と同じです。

一方、人間が物を見る時は風景を左右の目で見た各々の情報を脳で統合しているのです。

人間の目で見える範囲は写真機で捉えるより、はるかに広い範囲を見ているのであり、〝実践知〟〝暗黙知〟の文明が生み出した日本画は人間が見たままの景色を描いていたのです。

私の考えている西欧画と日本画の描き方の違いは外側から描くのか内側から描くのかということです。西欧では客体（自然）を外側から見ているので、キャンバスで決められた大きさの中に構図を決め、外側から描いてゆくのですが、日本では自然と融合していたので自然を内側から見て描くのです。その結果できた絵を納める用紙の大きさはあとから自由に決めれば良いのです。

色についても写真機で焼きつけられた色より、肉眼でははるかに豊かな色を見ています。日本の浮世

『東海道五十三次
岡崎　矢矧之橋』
制作1858
歌川広重（1797～1858）
遠近法では捉えられない範囲の風景が描かれているのです。

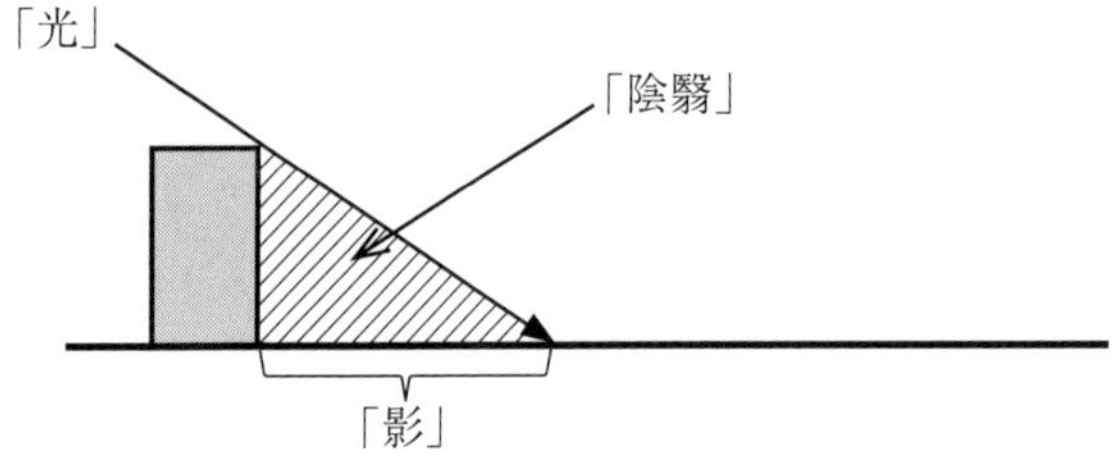

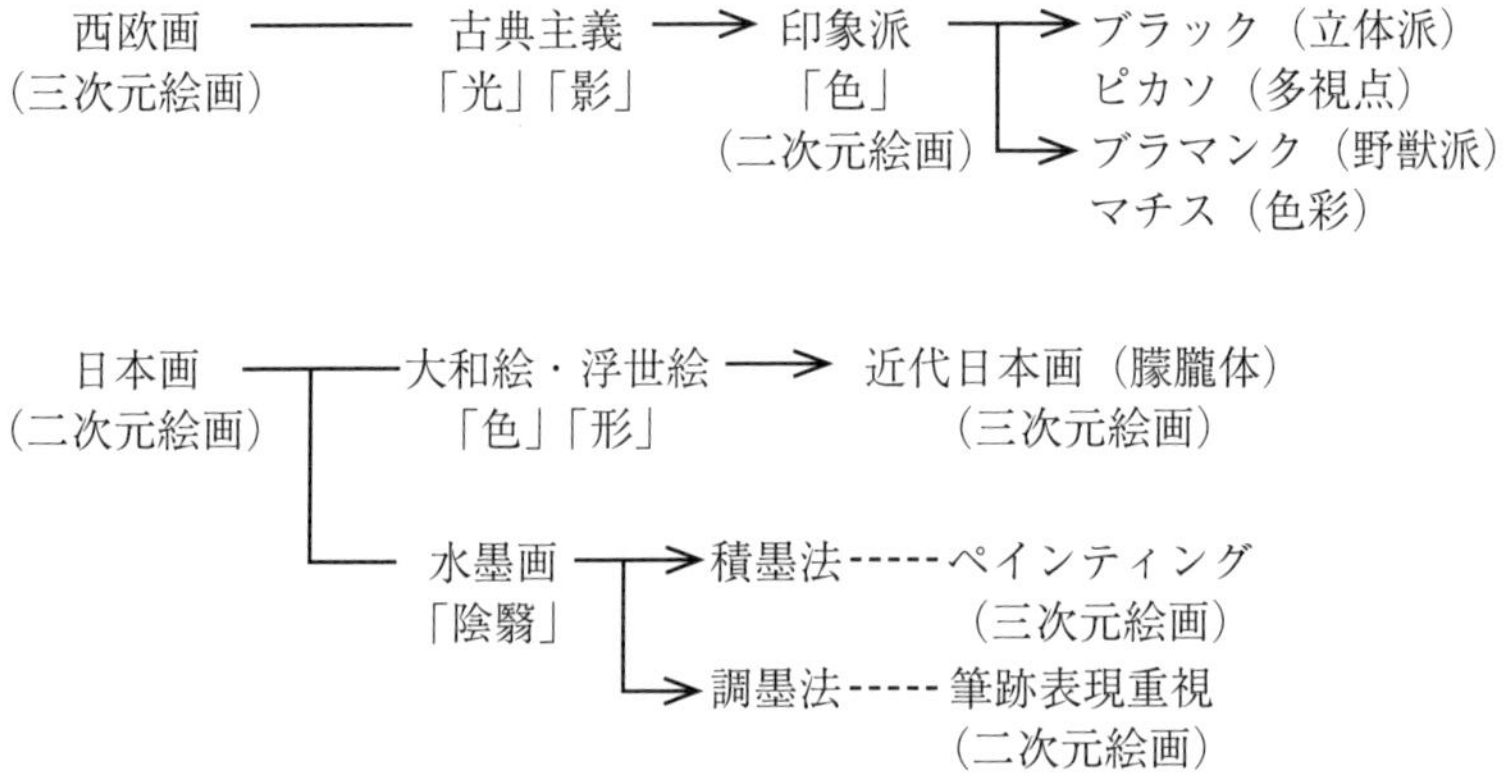

絵が西欧絵画に与えた影響がここにあったのです。19世紀、カメラの登場で写真的な絵画は見捨てられ、代わりにカメラで捉えられない風景を描く印象派が生まれたのです。写真では捉えられない視点の変化はのちにキュビズムを生み出し、写真では捉えられない色彩の解放はのちにマチスのような絵画を生み出すのですが、それらのヒントは全て浮世絵から得たのです。

音楽についても同じことが言えます。西欧音楽では〝形式知〞による音程とリズムが決まっていてそこから外れることは許されないのですが、日本の民謡や歌謡曲が音程・リズムから外れるのは当たり前のことであり、それにより人間の感情（心情）とシンクロし直接につながることができるのです。

西欧は三次元空間の中で物体を「光」と「影」で捉えるのに対し、主体と客体が一体であった日本では、「光」と「影」の二項対立ではなく「陰翳」の中に包まれて「陰翳」を体験するということになるのです。その「陰翳」を墨の濃淡で描き出すのが「水墨画」です。

西欧画は三次元の絵画でしたが、日本画は二次元の絵画であり、そのため日本画では「影」を表現しないのです。西欧画は浮世絵の影響を受け、「色」と「形」による表現に移行してゆくのです。一方、日本画は朦朧体による三次元絵画を生み出し、水墨画も積墨法による西欧画のように墨を塗り重ねる（ペインティング）表現が主流になってゆくのです。

関東大震災後に関西に移り住んで10年後に発表した谷崎潤一郎の随筆『陰翳礼賛』（1933年）は、日本の文化に開眼した谷崎の集大成であったのです。まだ電灯がなかった時代の今日と違った日本の美の感覚、つまり生活と自然とが一体化した日本人の感性について、その中でも西欧にはない「陰翳」について論じているのです。

蛇足ですが、西欧の洋服はそれを着る人の体形に合わせて作られるのに対し、日本の着物は着る人の着こなしにより誰の体形にも合わせられるのです。

西欧の部屋は用途に応じて寝室や食堂が作られていますが、日本の和室は布団を敷けば寝室に、箱膳を持ってくれば食堂になるのです。

近代化以前の西洋画と日本画は下図のように完全に別のものでした。

ここで重要なことは、西欧では対象を〝概念〟として捉えるのであり、日本の場合は対象をあるがままに捉えるのです。本来の日本画は主体と客体が融合していた日本文化の中から生み出された絵画であり、日本の近代化に伴い、主体と客体が分離し西欧絵画の描き方のあと追いをするようになったのです。一度憶えた

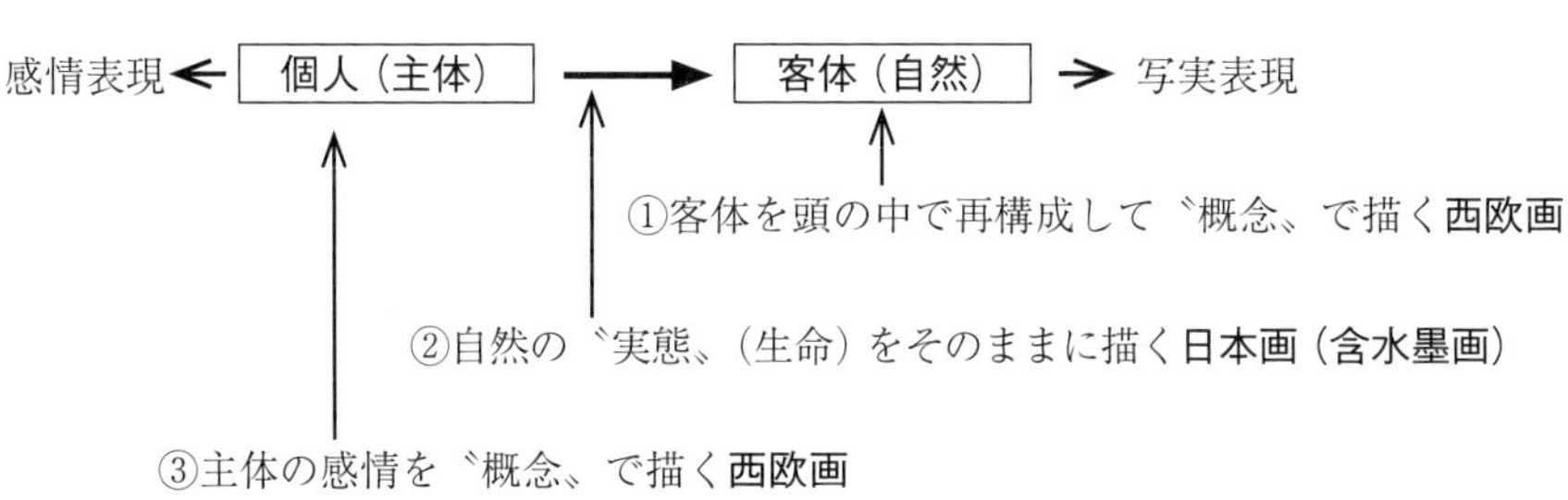

感情表現
個人（主体）
客体（自然）
写実表現
①客体を頭の中で再構成して〝概念〟で描く西欧画
②自然の〝実態〟（生命）をそのままに描く日本画（含水墨画）
③主体の感情を〝概念〟で描く西欧画

図　西欧画と日本画

自転車の乗り方を忘れないのと同じで、その結果近代以前のような物の見方で絵を描けなくなったのです。

ここで、冒頭の「第二のジャポニズム」について考えてみます。「第一のジャポニズム」は浮世絵に代表されるような芸術の面で大きな成果を上げたのですが、「第二のジャポニズム」は哲学・経済の分野であると考えています。具体的には株主資本主義から公益資本主義への転換であり、それは個人主義ではない共同体を基盤とした公益資本主義への転換が望まれているのです。

私は〝教育〟が一番大切な問題だと考えています。世間ではそのように主張する評論家はいるのですが、何を教えるべきかを示していないのです。日本文明は〝実践知〟〝暗黙知〟の文明のため、日本文明を言語化して世界に広めることは難しかったのです。それには鈴木孝夫が力説している通り、日本文明を体現している日本語の本質（西欧語は〝概念〟を表し、日本語は〝実態〟を表す）を教えるべきであり、手前味噌ですが『日本文明試論』にはそれについて書かれているのです。それはさておき、それを教えられる教師を養成する必要があり、要するにこれからは西欧文明の見方しかできない教師では駄目だということです。

「第3章これからの哲学・経済学」、「第4章これからの芸術」が私の考えている教育の内容です。今までの西欧文明の〝形式知〟の学問に日本文明の〝実践知〟〝暗黙知〟の内容を付け加えたいのです。でもそこには大きな壁があります。日本文明は〝実践知〟により習得する〝暗黙知（＝直観）〟のようなものであり、言葉で伝えることが難しく、日本文明が世界に広まらない原因なのです。そのため、昔の徒弟制のような教育を行えないのなら、西欧文明の〝形式知〟による学問にならい、〝実践知〟〝暗黙知〟の内容をできるだけ言葉に置き換えて教えなければならないのです。その壁を乗り越えるべく私は「日本文明」の本質について、言葉による説明を試みてきたのです。

第2章
西欧の科学史

概要

西欧文明は主体と客体が分離している文明であり、明治維新以前の日本文明は主体と客体が融合していた文明であったのです。拙著『日本文明試論』では絵画・建築・都市・文学については考察してきましたが、哲学・音楽・科学について十分に扱えなかったのです。その理由についてですが、これらは主体と客体が一体である日本文明では扱えないからで、その理由を簡単に説明します。

哲学については、西欧哲学、東洋哲学があるのに日本哲学がないのは何故なのでしょう。ここで強調したいことは、宗教と自己意識（＝主体）はコインの裏表の関係にあるということです。人間は自己意識を獲得することの必然として宗教を生み出したのです。〝神〟に代わって人間が自ら判断することに不安を感じるため精神の拠りどころとして〝神〟を必要としたのです。そうなると日本では何故西欧のように自己意識が発展しなかったのかということになりますが、そこには「何故日本には西欧のような〝日本哲学〟が生まれなかったのか」と同じ理由があるのです。日本の場合、ことばと思想は一体（＝神道）のものであるため、ことばで思想（＝概念）を表現できないのです。ことばで表現することでそれ以外のものが消えてなくなってしまう。それが、「西欧ではことばは〝概念〟を表すのに、日本ではことばは〝実態〟を表す」という意味なのです。ですから、西欧哲学（宗教であるキリスト教を含め）は〝形式知〟の西欧文明が生み出した産物であり日本文明では生み出せなかったのです（哲学については『終結・日本文明試論』の「第1章　哲学の復権」を参照ください）。

西欧文明のすごいところは音楽を音符で表現できることを発見したことです。ピタゴラス（BC．570〜496）は「万物の根源は数なり」と考えており、鍛冶屋の槌音に心地よく響き合う音があることに気付き、弦の長さの比が3対2だと美しい和音になることを発見しました。これがドとソであり、次にこの弦を2倍にしたのがレであり、このように弦の長さを3対2とすることを繰り返す音階の作り方が「ピタゴラス音階」です。その後音階は様々な変遷を経て、1オクターブを12等分した音律「12平均律」にたどり着きました。数学者メルセンヌ（1588〜1648）によって1636年にほぼ完璧な平均律の計算式が完成され、それが「$y = a \times 2^{x}$」という指数関数で表されるのです。これにより調性とリズムを基本とした西洋近代音楽が生み出されたのです（西欧音楽については『続　日本文明試論』のP224「音楽」を参照してください）。

日本文明に「科学」という〝概念〟がもたらされたのは西欧文明を受け入れた明治維新以降のことです。日本は明治維新により西欧文明を受け入れ「近代的自我」を確立することにより、「近代科学」を手に入れたのです。主体と客体が融合していたそれまでの日本文明では、西欧文明の「科学」が成立する基盤がなかったのです。西欧ではルネサンスにより、〝神〟からの解放を果たし、それまでは〝神〟の目を通して見ていた自然を人間の目で見ることができるようになった。また、デカルト（1596〜1650）は主体の追求〝我思う故に我あり〟から自然（＝客体）を追求する主体を確立し『方法序説』を著わすのです。それにより対象（自然）を細かく分析して集合するという科学の方法論を確立したのです（科学についての詳細は『続　日本文明試論』のP244「科学」を参照してください）。

以上は日本文明が西欧文明のような哲学・音楽・科学を生み出せなかった理由です。

1. 西欧科学の歴史

日本人が西欧人ほど歴史を重要視しないのは文明の違いによるのではないのかと考えています。主体と客体が分離している西欧では客体（＝自然）を外側から見ているのに対し、主体と客体が融合している日本文明では客体（＝自然）を内側から見ていたからです。そのため、西欧では物事を歴史から見るのが普通に行われています。そこで、人類の自然に対する認識の発展としての西欧科学の発展を歴史的に見てみたいと思います。

① 古代ギリシャ

古代ギリシャは森林地帯の国であり、森林文明による多神教でありました。また、日本文明と異なるのは奴隷制による経済であり、市民はアゴラという広場に集まり、日がな一日自由な議論をしていたのです。

その中で注目されるのは、ゼノン（ＢＣ．４９０頃～４３０頃）の詭弁「アキレスと亀」「飛ぶ矢は飛ばず」という命題です。アキレスの前方に亀がいてアキレスが亀のいた位置に追いついてもその時点で亀は既にアキレスの前にいるので永久に追いつけないというものです。これは「時間」という概念を導入すれば簡単に説明できるのですが、ゼノンと同じ土俵に立って説明したのはヘラクレイトス（ＢＣ．５４０頃～４８０頃）の「流れる水は元の水に非ず」というものです。これは止まることなく動く「万物は流転する」という概念。この話は数学の「点」と「線」の定義の問題につながっていて、「点」は定義できても「点」と「点」を結んでできる「線」については、「点」を幾つ集めても「線」にならないので今日でも定義できていないのです。

ここで強調しておきたいのは、ギリシャ哲学の集大成であるプラトン（ＢＣ．４２７～３４７）の「イデア」論はキリスト教の『創世記』の焼き直しであること。ソフィストのゼノンは詭弁を弄してイチャモンをつけているだけのように思われるのですが、私には〝概念〟を重視するギリシャ哲学（物はイデアが真実である）に対してゼノンが〝実態〟を重視する哲学（目に見えるものが真実である）を展開したのだと思えてなりません。この対立は、ダーウィンの「進化論」に受け継がれてゆくのです。

ピタゴラス（BC．582〜496）は鍛冶屋の槌音に心地よく響き合う音があることに気付き、弦の長さの比が3対2だと美しい和音になることを発見した「ピタゴラス音階」については既に説明した通りです。「音楽」を音符で表現したのは西欧文明の功績です。西欧文明は〝形式知〟の文明であり、日本文明は〝実践知〟〝暗黙知〟の文明であり、芸術において最も〝概念〟に近い芸術が「音楽」であり、最も〝実態〟に近い芸術が「絵画」です。

そのため、私は西欧文明の賜物は「音楽」であり、日本文明の賜物は「絵画」であると思っているのです。

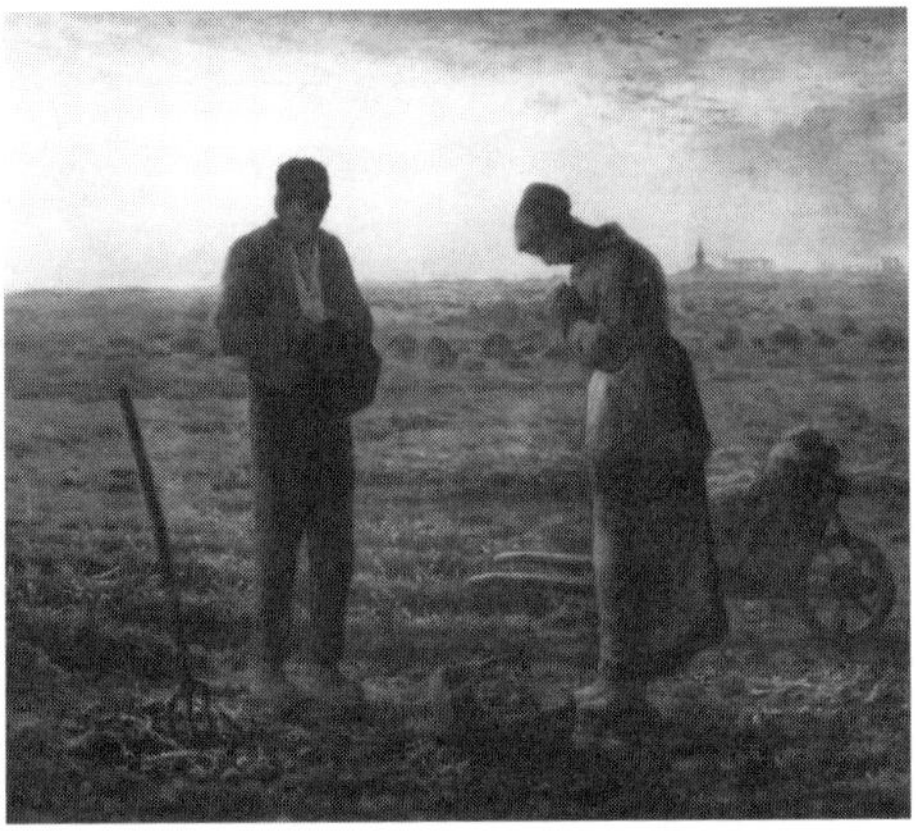
「晩　鐘」 555×660 ミレー 1857年

② 中世ヨーロッパ

ローマ時代、キリスト教が国教となり、ヨーロッパ全体が〝神〟中心の世界になりましたが、社会としては現在考えられているような暗黒の時代などではなく、見方を変えれば〝神〟を中心とした精神的には落ち着いた世界（精神的安定）であったといえます。イメージとしてはミレーの「晩鐘」が表す世界そのものでした。

西欧文明は主体と客体が分離した文明であり、中世までは〝神〟の目を通して自然を見ていたのですが、ルネサンス以降は人間が中心となり、〝神〟に変わって直接自然を見るようになりました。

要するに人間が〝神〟の立場に入れ替わっただけで、主体と客体の関係（分離）は変わっていないのです。キリスト教の『創世記』では〝神〟

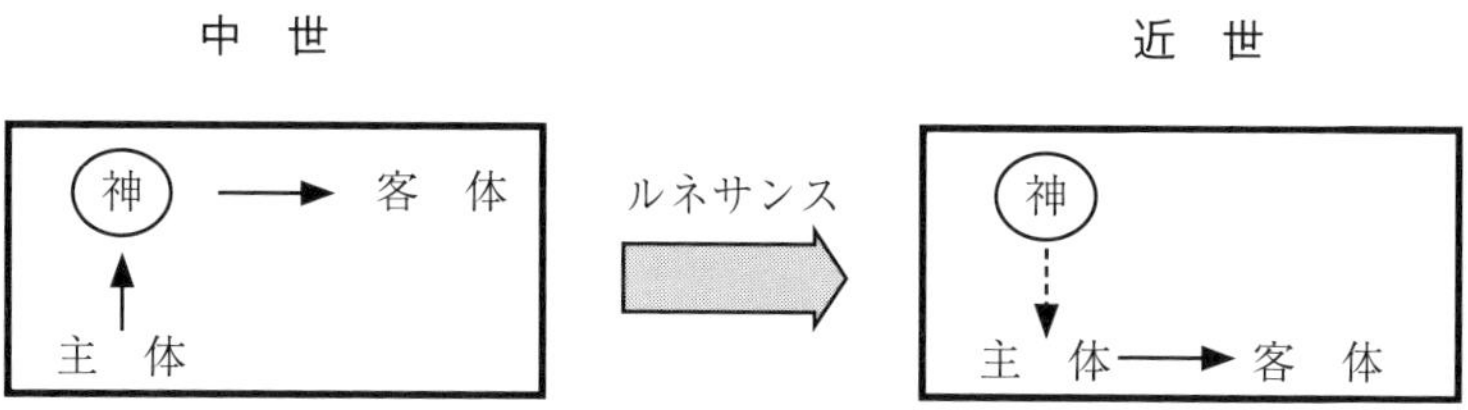

が自然（含む生物）を創ったと書かれています。そして始めは〝神〟が創られた世界を明らかにしようとして西欧人は自然科学を発展させてきたのです。その延長線上で自然を支配する〝神〟の立場に立つこととなり、それが現在の自然環境の破壊・人間社会の崩壊・学問の崩壊につながっているのです。私は人類が〝神〟に挑戦して建てようとしたバベルの塔が〝神〟の怒りを買い、〝神〟は人間同士の言葉を通じなくすることにより、人間関係を崩壊させ、塔が崩壊する話を思い出し、西欧文明の宿命のようなものを感じてしまうのです。

③ ルネサンス

中世は共同体ごとで完結した経済であったものが、生産力の発展に伴い、この頃には共同体ごとで商品の交換が行われるようになり、共同体の境界に商品の交換場所として都市が作られ商人が活躍するようになるのです。13世紀になるとブルージュの都市国家が中心勢力となり、その後ヴェネツィア、アントワープ、フィレンチェ、ジェノバと移り、そこに誕生した「都市の自由」が人間にとっての新しい「認識」の段階を切り開きました。

イタリアのフィレンツェで咲き誇る「ルネサンス（人間復興）」は、都市の出現により都市の市民が獲得した「自由」により生み出されたものなのです。

ここで押さえておきたいのは、「コペルニクス的転回」により人間が〝神〟中心の世界から解放される糸口を得たことです。しかしながら、科学者は〝神〟の創られた世界の完全なる姿を明らかにしようとしたのであり、〝神〟中心の世界を否定することを目的としたのではありません。

そのような〝神〟中心の社会にあって、コペルニクス（１４７３～１５４３）の地動説（太陽中心説）が発表されたのです。コペルニクスの地動説は正確性に欠けることもあり、すぐには受け入れられず、ケプラー（１５７１～１６３０）の「ケプラーの法則」、ニュートン（１６４３～１７２７）の「万有引力」の発表により１５０年もしてから完全なものとなった次第です。

西欧文明のすごいところは、ニュートンが微分積分を生み出したことです。ニュートンは地動説を唱えたことで有名なガリレオ（１５６４～１６４２）が亡くなった翌年に生まれたのです。物理学が明らかにしたかったのは、時間と距離の関係で物の位置を確定することでした。

ａ．速度が一定の場合：速度ｖ＝距離ｌ÷時間ｔ

a. 速度が一定の場合：速度ｖ＝距離１÷時間ｔ

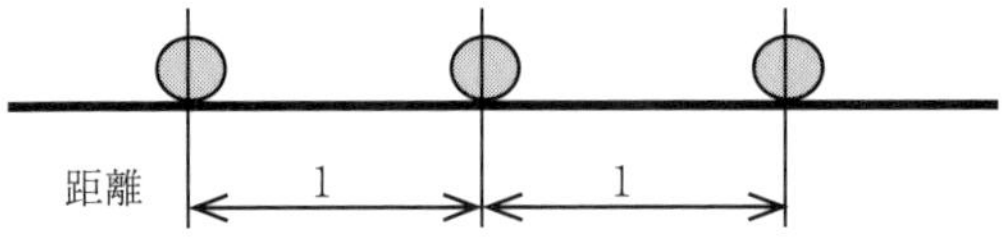

b. 加速度が一定の場合：加速度＝速度ｖ÷時間

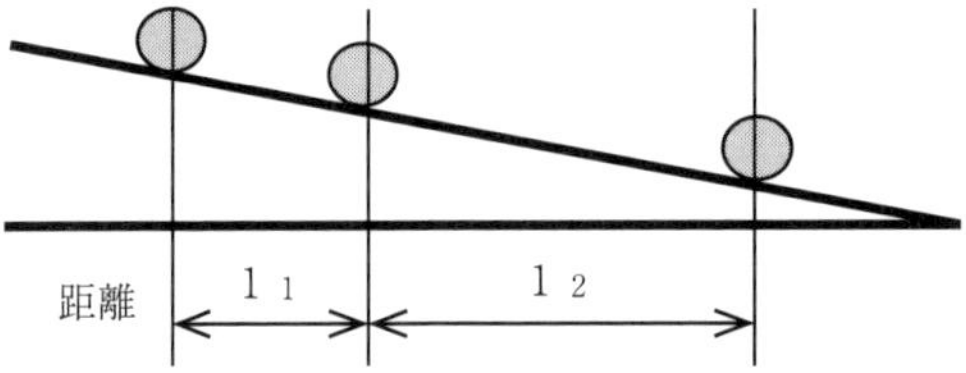

ｂ．加速度が一定の場合：加速度＝速度ｖ÷時間

上図を見れば、時間は同じなのに進む距離が違うのです（速度が時間によって変化している）。でもガリレオは同じ時間で進む距離が違うことを示しただけで「加速度」という概念を生み出せなかったのです。速度が変化することを数式で表せなかったのです。

ｃ．加速度が変化する場合：微分・積分

速度は一定よりも実際には速度が変化する方が一般的です。でも、「時間ｔの時の速度ｖ」とはどの範囲での測定かということになります。ニュートンは無限大の小さな区間にした際の加速度を積分して割り出したのです。

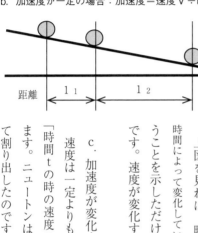

また、ニュートンは引力（F）を数式F（引力）＝g（重力）×m_1（質量1）×m_2（質量2）／r^2（距離の二乗）で表したのです。ガリレオはピサの斜塔から重さ（質量）の違う二つの物を落としても、同時に落ちることを実験で示しただけです。ここで、話は飛びますが、帰納法と演繹法について指摘しておきたいのです。

吉野源三郎（1899〜1981）著『君たちはどう生きるか』がその漫画本と合わせ驚異的なロングセラーになっているのです。吉野源三郎は東京帝国大学で哲学を修め、戦前・戦後を通じて編集者として活躍した人物です。この本は1937年8月に『日本国民文庫全16巻』の第5巻として発刊されたものの復刻版で、吉野源三郎著『君たちはどう生きるか』は、今日に至るもよく取り上げられており、昭和・平成を通してのロングセラーといってもいい恐るべき著書なのですが、しかしながら、現代を生きる私からすれば違和感を覚える箇所が少なからずあります。

ニュートンが身近な物の観察を発展させて（林檎と地面の距離を宇宙にまで延ばす）自然科学の法則を導き出すという帰納法で万有引力を発見したという説明になっているのです。日本の文明は〝実態〟を尊ぶ文明であり帰納法を得意としているのですが、西欧の文明は〝概念〟を尊ぶ文明であり演繹法を得意としているのです。私に言わせればニュートンは天体の運動を引き起こしている力について考えていたところに林檎が落ちたのです。そこで閃いたのは林檎を落とす重力と天体を動かしている力は同じもの（万有引力）だと気が付いたのです。その結果、物体を地面に落とす加速度gを発見したのです。

④ ダーウィンの「進化論」

ダーウィン（1809〜1882）の著書『種の起源』の中で唱えた「進化論」が西欧文化に与えた衝撃の大きさを説明しましょう。ダーウィンは自然の観察を通して、生物が進化することを発見。しかしながら、キリスト教の教えではこの世のすべてのもの（＝自然）は〝神〟が創ったといわれています。〝神〟中心の世界では人間は、

〝神〟の目を通して自然を観察していたのですが、ダーウィンの「進化論」は漸く人間の目を通して直接自然を観察できるようになった成果なのです。私が特に重要と思うのは「進化」という概念により「人間は〝神〟が創ったものではなく、生物学的進化の一部である」と唱えたこと。爬虫類から鳥類に進化した証拠としてその中間に位置する始祖鳥の化石があります。「進化論」に対する反論として「始祖鳥という生物がいただけであり、爬虫類が始祖鳥になり鳥類に進化する過程を誰一人として見ていない」という声もあります。しかし、ここで思い出して頂きたいのは、ゼノンの「アキレスと亀」の命題です。アキレスが亀を追い越す瞬間は「運動」という概念を導入することで説明できるのですが、それと同様に、生物の進化も「進化」という概念を導入することで納得できるようになったのです。

⑤ マルクスの『資本論』とフロイトの精神分析

西欧の文明は主体と客体が分離した文明です。〝神〟から解放されたこの時代以降、主体・客体に対して別々に追求が行われ、客体の追求でカール・マルクス（1818〜1883）、主体の追求ではフロイト（1856〜1939）が大きな業績を上げました。

マルクスの業績は、「宗教は痛みをやわらげる麻薬である」として、宗教を否定したこと。人間は〝神〟がお創りになったのでなく「人間は歴史的社会的総体である」として、歴史的社会的に変化するものとしたのです。要するに生物科学の「人間は進化の産物である」と同じように、社会科学では「人間は歴史的社会的変化の産物である」としたこと。また、歴史・社会を動かすのは、人間でなく下部構造としての経済であるとしました。これが、客体を主とする唯物論です。

フロイトは、精神分析により「意志決定が無意識に大きく影響されていること」を発見。主体を主とするパスカル（1623〜1662）の「人間は考える葦である」やデカルトの「我思う故に我あり」では、人間の自由な意志が強調されていますが、その意志は無意識の影響を受けたものであることを発見したのです。

⑥　アインシュタインの相対性理論

アインシュタイン（1879～1955）は、相対性理論により現代物理学の父といわれています。相対性理論は特殊相対性理論と一般相対性理論から成り、ニュートン力学とマクスウェルの方程式を基礎とした当時の物理学の体系を根本から再構成しました。地球上で成り立つニュートン力学は宇宙では成り立たないというものであり、空間には歪みがあり、時間は伸び縮みするというものです。質量・長さ・同時性といった概念は、観測者のいる慣性系により異なる相対的なものであり、唯一普遍なのは光速度のみというもの。あの有名な物質の質量はエネルギーに変換できるＥ（エネルギー）＝ｍ（質量）×C^2（光速度の２乗）の式を導き出したのです。

（注）物質の質量がエネルギーに変換できることを分かりやすく解説した本として『Ｅ＝ｍC^2のからくり』（山田克哉著、講談社）があります。興味があればお読みください。

⑦　量子論

現代物理学の大きな柱は相対性理論と量子論です。量子論は微視的（例えば原子や分子の構造）もしくは純粋な系（例えば、超電導やレーザー光）において顕著な成果を上げています。様々な物質の化学的及び物理的性質（色、磁性、電気伝導性など）のように日常的なことも量子論によってしか説明できないことが多々あります。

量子論には量子力学と量子場理論と呼ばれる二つの物理学上の領域が含まれています。唯一の欠点は、現状の知識状態では一般相対性理論と整合させることができていないことです。

⑧　超弦理論

現在の物理学では「量子力学」は現状の知識状態では「一般相対性理論」と整合させることができないのです。そこで生み出されたのが「超弦理論」であったのですが、宇宙の姿やその誕生のメカニズムを解き明かし、同時に原子、素粒子、クォークといった微小な物のさらにその先の世界を説明する理論の候補として世界の先端物理学で活発に研究されている理論です。しかし実験による裏付けがほぼ無い状態であるため「優れた理論」止まりということなのです。

実験に裏付けがなければ認めないとするのは、西欧文明の枠内で存在する西欧科学の限界なのです。「一般相対性理論」は重力場方程式によれば、太陽の重力によって空間の歪みが生ずることから、太陽の近傍で観測される恒星の位置がずれて見える筈であり、そして、イギリスの日食観測隊の観測結果（＝〝実態〟）を分析した結果、「一般相対性理論」の予測通りだったことが確認されたのです。ここで思い出してもらいたいのは、ヘラクレイトスの「万物は流転する」やダーウィンの「進化論」です。どちらも「流転」や「進化」という〝概念〟を受け入れることで理解できることであり、〝実態〟を通しては見ることができないのです。それと同様に、「超弦理論」も〝概念〟として受け入れ（理解）てしまえば良いだけのことだと思われます。

⑨ 遺伝子工学

１９７０年以降、生命の設計図であるＤＮＡを操作する技術が次々に発見され、遺伝子工学という分野が生まれました。ＤＮＡとは一般にはＤＮＡに書き込まれた塩基配列の情報のことで、様々な生物種のすべての核酸・塩基配列を解読するゲノムプロジェクトが進行中です。ゲノムとはある生物の持つ「すべての核酸上の遺伝情報」のことで、ゲノム編集により人間を含めたあらゆる生物を作り出すという〝神〟の領域に人間は足を踏み入れたともいえます。

2. 日本文明における科学

西欧文明は主体と客体が分離した文明であり、自然を外側から見ているのです。それに引き換え明治維新までの日本文明は主体と客体が未分化の文明であり、自然を内側から見ていたのです。そのため、日本の場合西欧の科学のように自然を死んだものとして扱うのではなく自然を生きたものとして扱うことができるのです。そのため、日本では西欧文明では生み出せなかった自然に寄り添う新しい科学の成果を次々と生み出せたのです。

今西錦司はダーウィンの自然淘汰・適者生存の進化論に対し、生物の棲み分け論を提唱しました。自然の観察を通し「生物は誰も住んでいない新しい場所や食べ物を獲得するために進化していく」というものです。これにより生物は共存を図っている。そうでないと、新しく進化した生物が今までの生物を征服してゆくことになり、現在のような生物の多様性は見られなくなってしまいます。現在問題になっている外来種が在来種を駆逐し繁茂するのは、棲み分けができているところに強引に割り込むことにより、在来種を駆逐することでしか生き残れないからだと思われます。山中伸弥氏がヒト受精卵から作られるES細胞ではなく生命を傷つけない皮膚からiPS細胞を発見できたのもその背景に日本の自然・風土があるように思われます。

これと同じような事例が他にもあるのです。ファイザー社が製造しているコロナ（COVIT-19）のワクチンは、ウイルスを弱毒化したものではなく、mRNA（メッセンジャーRNA）を脂質の膜で包んだものでコロナとは全く別物なのです。しかしながら、このワクチンの量産化に成功したのがファイザー社であり、このワクチンの礎を作った（発見した）のは日本人（新潟薬科大・古市泰宏客員教授）なのです。遺伝情報を収めたDNAからmRNAに情報が伝わり、たんぱく質ができるまでの詳細なメカニズムは謎であったのです。古市氏は、mRNAの端に「メチル基」と呼ばれる化学物質がくっついた特殊な構造があることを解明したのです。

日本犬と洋犬の違いにも文化の違いを感じます。日本犬は大型化した秋田犬と小型化した柴犬を見ても、本来の犬の形からそんなに外れていません。それに比較し洋犬の場合、ブルドック、パグ、ミニチュアダックスフンド、プードル等色々な犬種があり、まさに人間の都合で狩猟用、牧羊用、愛玩用などに改良しており、特に愛玩犬に至っては見方を変えれば奇形といっても良いでしょう。自然に寄り添うのでなく自然を征服するという文化の成せる業と思われます。

（注）中国の宮廷で愛されたというシーズーは中国でつくられた愛玩犬です。中国も自然を征服する文明なのです。

『日本語の科学が世界を変える』（松尾義之著、筑摩選書、2015.1刊）という大変面白い本があります。著者は科学ジャーナリストであり、科学論文の翻訳を通して日本語が〝科学〟の研究に適した言語であり、自国語のみで科学の最先端まで勉強できることが、ノーベル賞学者を輩出している理由であることを証明した内容です。また日本が生み出した画期的な発明・発見について以下のように述べています。その詳細については拙著『続　日本文明試論』のP２４４「科学」で紹介しておりますので参照してください。

ノーベル賞は西欧文明の中での評価であり、西欧文明の限界を超えるようなことに対しては、正しい評価はできないのです。松尾義之氏はノーベル賞の範疇をはるかに凌駕している日本人による発明・発見について、左記をあげています。

くりこみ群（統計力学、場の量子論）、棲み分け論（進化論）、すだれコリメーター（X線天文学）、ミウラ折り（宇宙工学）、iPS細胞、青色LED etc.

・木村資生《もとお》博士（1924~1994）の「分子進化の中立説」
・堀越弘毅博士（1932~）のアルカリ酵素を発見
・西澤潤一博士（1926~）による素晴らしい業績
Pinダイオード、静電誘導トランジスター、静電誘導サイリスタ、半導体レーザー、APD（アバランシェ・フォトダイオード）、グレーディッドインデックス型光ファイバー、完全結晶技術、テラヘルツ発信器、高輝度LED etc.

西欧文明の崇拝者には思いもよらないでしょうが、ノーベル賞といっても神様が決めているのではなく、西欧文明の人間が政治的に決めているケースが多々あるのです。今こそ日本の社会は、ノーベル賞の本質を過大評価も過小評価もしないで冷静に見つめるべき時にきているのです。

COLUMN2

『現代経済学の直観的方法』（長沼伸一郎著、講談社、2020.4刊）及び『世界史の構造的理解』（長沼伸一郎著、ＰＨＰ研究所、2022.7刊）

標記二冊は私が最近読んだ本の中で、一番素晴らしい内容だと思いました。常日頃私も経済というものを誰でも分かるように書きたいと思い、拙著『終結　日本文明試論』で「第2章　経済学の刷新」を書いたのですが、このように経済学をやさしく解説した本があるなら書く必要はなかったのかもしれません。特に感心したのは、『現代経済学の直観的方法』の第8章「仮想通貨とブロックチェーン」です。「仮想通貨」についてこれ以上分かりやすく書かれた本を知りません。でも、一番すごいと思ったのは同第9章「資本主義の将来はどこへ向かうのか」です。

この章の内容をより詳しく嚙み砕いて書いた本が最近発刊された『世界史の構造的理解』です。著者は理工系の人間で、理系の視点を入れて過去の世界史が数学や物理の思想からどのように理解できるかを解説した内容です。私がこの本を読んで今まで疑問に思っていたことが、目からウロコのように一瞬にして氷解したのです。その事例を以下に箇条書きします。

①　物理学の「縮退」という概念

物理学でいう「縮退」とは、エネルギー保存の法則の観点からいえば、むしろこれが不可逆的過程だからこそ富を引き出すことができるのであるとのこと。水力発電は水の位置エネルギーを電気エネルギーとして取り出し、また、森林を切り倒し（自然破壊して）農園（プランテーション）にすることでおカネという富を生み出しているのです。

巨大企業が、中小企業を絶滅させてその縄張りを吸収することで、巨額の富を得る。駅前の商店街が郊外にショッピングセンターができたため、閉店に追い込まれる。それまであった地域共同体が潰れることでそれが

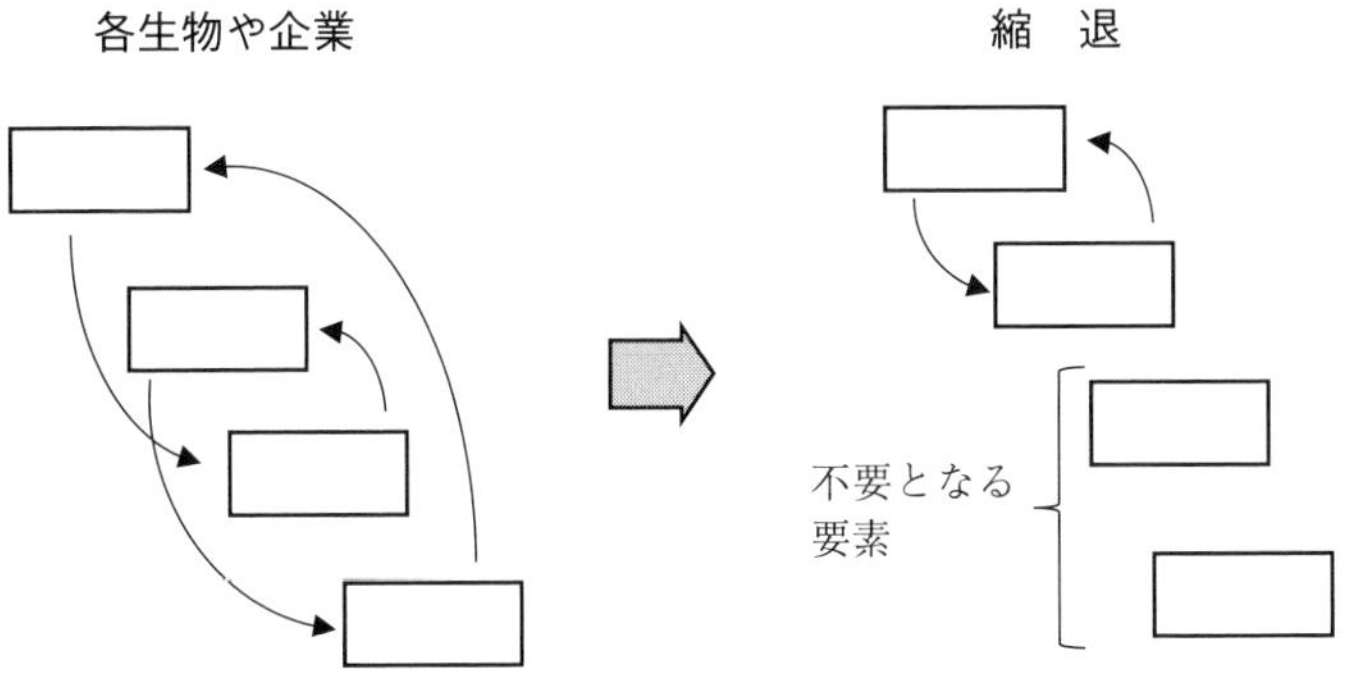

物事が多数の要素を大きく回って一巡する。

流れがショートカットされて少数の要素だけを回る。

生み出していた富を奪い取るのである。一度起こった「縮退」は元には戻らないのです。生産性を上げるのに製造システムの合理化を図り、切り捨てられた人たちは、職を失うのです。でもアメリカのようにＩＴ産業や情報産業を起こし、そのような人たちの受け皿を作り出す活力（技術革新）を失わない限り、ＧＤＰは伸びてゆくのです。

私が学生の頃、チーク材の内装でＢＧＭにクラシック音楽を流している純喫茶が沢山ありましたが、今あるのはスターバックスやタリーズです。一人当たりのＧＤＰははるかに豊かになっているのに、本当の豊かさとは一体何なのかと思ってしまいます。古い家を壊して新しい家に建て替えるのと同様でＧＤＰは増えるのですがおカネには置き換えられないストックとしての豊かさは失われるのです。

バブル崩壊後、日本はグローバル化の波に洗われ、企業は正規社員の早期退職を促し、退職した正社員の代わりに給料の安い非正規社員を雇うことで人件費を節約し利益を生み出したのです。格差は縮退の結果なのです。でも、今となっては非正規社員を正規社員にしようとしても企業利益が下がるのでできないのです。

②　天体力学の「三体問題」

天体力学の世界では、数学史上の難問の「三体問題」があるとのことです。その内容を次ページに引用します。

――短期的願望の力と長期的願望の力に大きな差があることが全く考慮されていないのである。つまりこれは不適切な物理モデルの応用なのだが、ただそのように物理の話をヒントにするのはジョン・ロック以来の近代啓蒙思想の習慣で、それらの多くがニュートンの体系に大きな影響を受けて作られており、特にその際に最も決定的な影響を及ぼしたのは天体力学である。

西欧文明は「部分の総和は全体に一致する」「各人が自由におカネ儲けをすれば、神の見えざる手に導かれ社会は最適な状態が達成される」「人間には上下の区別なく、すべての個人は平等かつ能力的に同一に生まれる」という教義を基礎にしており、啓蒙思想は、天体力学が生み出した「調和的宇宙＝ハーモニック・コスモス」という一種の錯覚によって生み出されたのである。

簡潔に説明すると米国の文明の指導的原理は「人々の短期的願望は無数に集めれば長期的願望に一致する」というもの。人々の個々の願望の長期・短期を問わず最大限解放して多く集めることが自由で良い社会につながるというものです。ニュートンの天体力学では各惑星が質量に大きな差がある場合であり、地球にせよ木星にせよ、太陽に比べればその質量は数千分の一に過ぎず、各惑星同士の引力は全体から見れば小さなものとして、殆ど無視することができるのです。ニュートンの万有引力の式は$F = g \times m_1 \times m_2 / r^2$であり、ガリレオはピサの斜塔から重さ（質量）の違う二つの物を落としても同時に落ちることを実験で示したのは地球の重さ（質量）に比べれば落とした物の重さ（質量）の違いは無視できるからです。

各天体が同程度の質量の場合、たった三個の天体があるだけでその問題が全く解けなくなり、天体の未来位置を予測できなくなってしまうのです。ということは、西欧文明は本来「普遍的原理」ではないものを「普遍的原理」と錯覚していたのです。

フランスの政治思想家・法律家であるアレクシ・ド・トクヴィル（1805〜1859）は新興の民主主義国家であるアメリカ合衆国を旅して1835年に第1巻、1840年に第2巻の『アメリカの民主政治（アメリカのデモクラシー）』を著しました。アメリカは近代社会の最先端を突き進んでいると見なし、新時代の先駆的役割を担うことになるであろうと考えましたが、同時にその先には経済と世論の腐敗した混乱の時代が待ち受けているとも予言しています。今日のアメリカの民主主義の混乱を見るにつけても、西欧文明の「普遍的原理」ではないものを「普遍的原理」と錯覚したことによる限界を予言したのです。

私が常日頃違和感を覚えていたのは、〝男女平等〟は「男と女には本来違いはない」という間違った前提があるのです。コロナワクチンの注射は男女とも同じ分量ですが、私と家内の体重は倍ほど違うのです。〝公平〟とは「本来違いがある」ことを前提にしたものならば、字で表せば〝衡平〟と書くべきだということです。

③　コラプサー状態

コラプサーとは、天体の末期的な状態を表す用語であり、人々の短期的願望が無制限に増殖する（長期的願望が短期的願望に駆逐される）状態を、または、回復手段を失ったまま半永久的にそれが続くようになってしまった状態をいうのです。

長期的願望と短期的願望は本来同じではないのです。フランスの思想家ジャン＝ジャック・ルソー（1712〜1778）が著した『社会契約論』では、「一般的意志」と「全体的意志」の概念に分け、前者は「長期的欲望（理想）」であり後者は「短期的欲望（欲望）」のことであると考えられます。

日本の場合、グローバル化の波を受け、1994年財界人が集まった舞浜会議により、企業の目的は社員の生活を守るためであったのが、株主資本主義に移行し「株主のために利益を生み出すことにある」に変化したのです。これはアメリカから押し付けられたグローバル化を受け入れた結果ですが、日本はこれ以降今日まで経済の低成長に陥るのです。質的な縮退によりおカネを生み出すのですが、技術革新による成長はできなかった結果です。アメリカと競争して経済を発展させるため個人の短期的欲望を最大限追求するようになり、アメリカのように技術革新のできない日本はコラプサー状態に陥っているのです。

④　イスラム教について

ユダヤ教（BC200年）からキリスト教（AD1年）が出て、そのキリスト教からイスラム教（AD700年）が出たのであり、これら三つの宗教は共通の神を信仰する兄弟の関係にあるのです。でも、私がどうしても分からないのは、AD700年に何故イスラム教が生まれる必要があったのかということです。

砂漠という過酷な環境からユダヤ民族は一神教であるユダヤ教を生み出し、それをキリスト教に脱皮させ、世界宗教としてキリスト教が世界に広がるのです。この本では私が知らなかったイスラム教が生まれた理由を見事に説明しています。

> たとえばその誕生の経緯に関しても、しばしば「砂漠に生きるベドウィン（アラブ系遊牧民）が、砂漠の日没の雄大な光景に畏敬の念を覚えて、祈りを捧げることから始まったのだ」というイメージで語られることがある。しかしこれほど大きな誤りはない。イスラム教はむしろ商業都市の中で生まれたのであり、そのときのメッカの町は、むしろ現在の米国の西海岸に似て、金さえあれば世界のどんなものでも手に入れられる拝金主義の町だったのである。そしてイスラム教は都会のなかで、高度に発達した商業がもたらす退廃に対して、その一種の〝ワクチン〟として発達したのであり、先ほどのベドウィンのイメージとは真逆なのである。

私にとっては正に目からウロコの指摘であったのです。日本文明試論では以下のように考えており、その説明を訂正します。

「真正・日本文明論 Part.1」正誤表

本書には下記の通り訂正がございます。謹んでお詫び申し上げます。

箇所	誤	正
p156	（図版中段） 関口俊吾	（図版中段） 関口俊吾 神戸市立小磯記念美術館蔵
p165	（図版中段） 葛飾応為	（図版中段） 『吉原格子先之図』 葛飾応為 太田記念美術館蔵
p165	（図版下段） 高橋由一	（図版下段） 『鮭図』1878年頃　油彩・キャンヴァス 高橋由一 山形美術館寄託
p169	（図版下段） 京都市京セラ美術館蔵	（図版下段） 京都市美術館蔵
p172	（図版下段） 白髪一雄	（図版下段） 白髪一雄 ©The Estate of Kazuo Shiraga 尼崎市所蔵
p173	（図版上段） 『Marilyn』(1962)	（図版上段） 『Shot Sage Blue Marilyn』(1964) ©2023 The Andy Warhol Foundation for the Visual Arts,Inc./ARS,NY&JASPAR,Tokyo E5330
p181	（図版左） 長沢芦雪	（図版左） 長沢芦雪 兵庫県立美術館頴川コレクション蔵

株式会社幻冬舎メディアコンサルティング

「文明＝文化＋生産基盤＋歴史・風土」で定義され、生産基盤は〝形式知〟を生み出す世界であり、歴史・風土は〝実践知〟〝暗黙知〟を生み出す世界である。この歴史・風土が生み出した文化が言語、宗教、民族なのです。それらの古い文化が新しい文化と摩擦を起こすのはその上に花咲く文化を支える水面下にある土台が摩擦を起こしているのです。

私はそれらの関係を氷山に見立てて下記のように考えています。

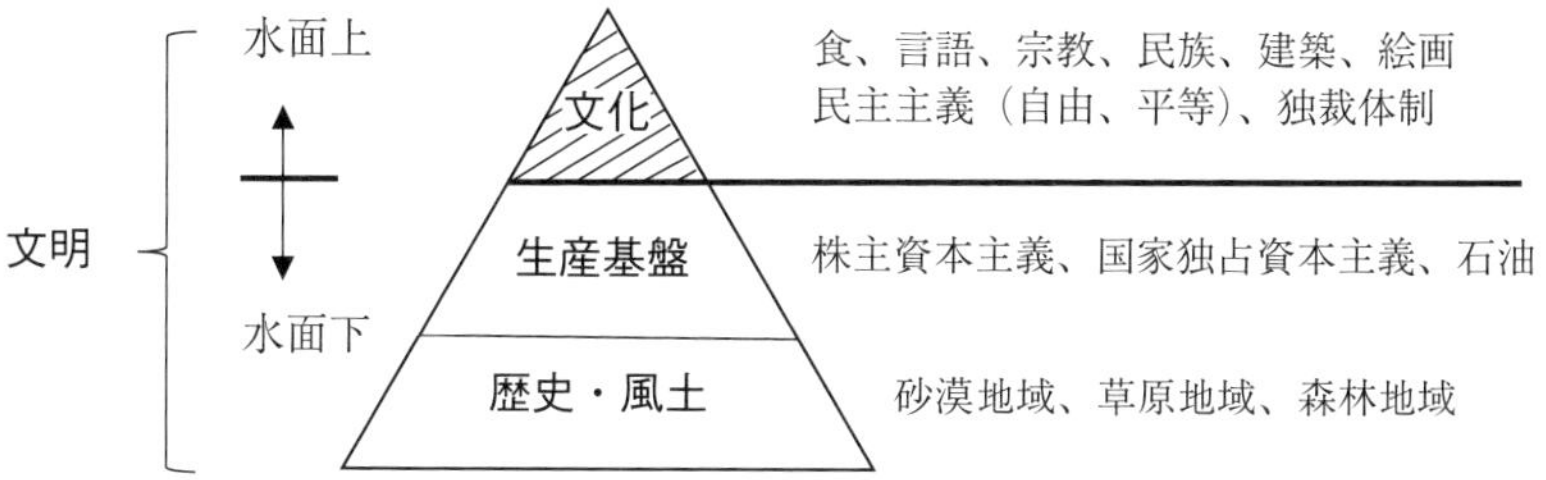

私はイスラム教について全くの誤解をしていたのです。宗教は「歴史・風土」が生み出す〝実践知〟〝暗黙知〟のものと思っていたのですが、生産基盤から生み出される〝形式知〟の宗教もあるのです。イスラム教は経済の拝金主義から人々を救い出す目的の宗教ということです。アメリカにおける経済の指導原理である「短期的願望を寄せ集めると長期的願望になる」というのは間違いです。そのためアメリカ人は短期的願望である個人の利益追求に突き進み拝金主義に陥るのです。アメリカが進めるグローバリズムが摩擦を起こすのは、拝金主義という指導原理が世界で摩擦を起こしていたのです。私はマルクス主義の呪縛から解放されたと感じたのです。吉本隆明著『共同幻想論』（河出書房新社、角川書店）で下部構造に規定されない上部構造の独自性について頭では理解していたのに、実際は何も分かっていなかったと思い知らされたということです。

イスラム文明は代数学などでは高いレベルを誇っていましたが、西欧文明が生み出した画期的な新兵器である「微積分学」を受け入れることができなかった。この新兵器は、それを使えば天体であれ、砲弾であれ、空気の分子であれ、ともかくこの世の「動く物体」についてその未来位置について正確に予測して対応することができ、言葉を換えれば森羅万象の動きを全てコントロールする能力を与えたのです。

まとめ

私は長沼伸一郎の著作を読み、現在の世界の状況を整理できると考えています。その詳細は次章に譲るとして、その概要は左記の通りです。

西欧文明の行き詰まりの原因は米国の「人々の短期的願望を無数に集めれば長期的願望になる」という間違った指導的原理にあるということ。そこが、権威主義国家が米国の民主主義を攻撃する要因にもなっているのです。また、米国の〝分断〟は長期的願望（＝リベラリズム）と短期的願望（＝ポピュリズム）の対立にあるのです。

米国、中国、中東は三すくみの状態であり、この対立を解きほぐす力があるのが日本文明であるというのが、私の結論なのです。そもそも、ニュートン力学は地球上では成り立ちますが、宇宙全体や量子の世界では成り立たないことが分かっています。そのためのヒントとして第3章「これからの哲学・経済学」をお読みください。哲学と経済学を分けることなく一体に論じた方が分かりやすいのです。

第3章 これからの哲学・経済学

概要

西欧文明は〝形式知〟の文明であり、その行き着いた先が西欧文明の近代合理主義による個別分断化、専門化であり、それが行き詰まっているのです。人は自分の見方が正しいと信じていて、要するに現代では人は自分の見方でしか物事を見ることができない宿命にあるのです。『日本文明試論』では次のように書きました。

西欧文明では「ことばは〝神〟と〝個人〟との契約のためにあり、〝概念=形式知〟を表す」のに対して、本来の日本文明では「ことばは〝人〟と〝人〟との感動の共有のためにあり、ことばは〝実態=実践知・暗黙知〟を表す」のです。

誤解を恐れずに言えば、西欧文明では人と人のことばは通じないのです。何を馬鹿なことをと思われるでしょうが、生身の人間と人間がぶつかり合う〝実践知〟〝暗黙知〟の世界を理解できないからです。ＳＮＳで知識（＝〝形式知〟）を仕入れても分かったことにはならない。分かったとは〝形式知（＝頭）〟、〝実践知（＝身体）〟、〝暗黙知（＝心）〟で分からなければ本当に分かったことにはならないのです。

この件に関した面白い事例を二つ紹介します。岩波文庫の『読書について』（ショウペンハウエル著、斎藤忍随訳）では以下のように書かれているのです。

読書は、他人にものを考えてもらうことである。本を読む我々は、他人が考えた過程を反復的にたどるに過ぎない。習字の練習をする生徒が、先生の鉛筆書きの線をペンでたどるようなものである。だから読書の際には、ものを考える苦労はほとんどない。自分で思索する仕事をやめて読書に移る時、ほっとした気持ちになるのも、そのためである。だが読書にいそしむかぎり、実は我々の頭は他人の思想の運動場に過ぎない。

私はどんな本を読んでも、同意できない箇所が少なからずあり、そこで思索を重ねるのです。それは他人とことばで会話するのと同じです。でも西欧ではことばは他人に自分の考えを伝達する手段であり、人と人とが考えを共有するためではないということのようです。

『動物は「心」を理解しているか』（『Ｖｏｉｃｅ』2022.1 長谷川真理子〈総合研究大学院大学学長〉）の中で意図していないと思うのですが、日本語の言語論を展開しているので紹介します。

言語は単なる記号ではない。言語のもとには、互いの心の共有という現象が横たわっている。つまり「私には心があり、その心で思っていること、考えていることがある」という認識があり、「あなたにも私と同じような心があり、その心で思っていること、考えていることがあるのでしょう」という認識がある。では、他の動物はどうかということ、たぶん「私には心がある」とは思っていない。自意識があるかどうかも定かでない。自分と

いうものを少し上からメタに認識していない。「私には心がある、あなたも同じような心がある」ということは「私が知っている」ということを、「あなたは知っている」ということは「私は知っている」という入れ子構造の理解なのだ。

言語の起源を考える前に、ヒトの心がどうなっているのかを知らねばならない。心に浮かんでいる様々な事柄（これを表象と呼ぶ）の表現なので、言語という手段の進化を論ずる前に、ヒトの心がどのように表象を形成するのか、他者の心の表象をどのように推測するのか、という理解が必要だということになっているのである。ヒトは言語を使って心の共有を確かめ合う。最後には見事な共同作業を実現し、文明が築かれるのだ。同じ感情の共有、同じ疑問の共有、同じ目的の共有となり、最後は見事な共同作業が実現し、文明が築かれるのだ。

動物に心がない。人間に心があるのはことばにより心を通じ合えるからだと言っているのです。ここで、もう一歩踏み込んで「日本文明試論」により解説します。

西欧では「ことばは他人に自分の考え（＝〝神〟の言葉）を伝えるため」にあり、日本では「ことばは他人と考えを共有するためにある」のです。それにより、「西欧ではことばは〝概念〟を表し、日本ではことばは〝実態〟を表す」ということになるのです。極端なことを言えば日本人はことばにより心と心を通じ合わせることができるのですが、西欧人はことばにより〝概念〟を理解するだけなのです。長谷川は意識せずに日本文明の観点による「日本語論」を展開しているのですが、西欧の言語論との違いについては特に意識していないようです。

1991年ソ連が崩壊し、民主主義により世界は一つになると思われたのですが、今日では文明圏ごとの〝分断〟が明らかになっているのです。

資本主義が発展するには新しいフロンティア（人口の増加、市場の拡大など）の余地を必要とするのですが1990

表　世界の分断状況

地域・人口	中　世	近　世	1914	1945	1989	2020
西欧（米国・ヨーロッパ・ソ連） 12億人	キリスト教	資本主義 （帝政） （共和制） （王制）	社会主義 西欧資本主義 ファシズム			国家専制資本主義 （ロシア正教） 株主資本主義 （銭ゲバ教） （ステークホルダー資本主義）
日　本 1億人	神　道 （日本教）		日本文明主義			公益資本主義 （日本教）
中　東 10億人	イスラム教			世俗主義		イスラム原理主義
インド 14億人	ヒンズー教			社会主義		ヒンズー至上主義
中　国 14億人	儒　教		専制主義	共産主義		国家独占資本主義 （儒教・マルクス主義）

年頃を境にフロンティアが消滅し、それまでのように発展途上国はアメリカが推し進めたグローバリズムによる株主資本主義を受け入れることができなくなり、結局は文明圏ごとの土着の文明が復活するのです。その結果、先進諸国は既存の社会を破壊し、〝縮退〟を起こすことにより富を生み出すことになるのです。その〝縮退〟を乗り越え経済成長するには、技術革新による生産力向上と市場の拡大ですが、それができない文明圏は過去の宗教に回帰し、アメリカの拝金主義に対抗することになるのです。

上表は世界の分断の状況を以前示した表に手を加えたものですが、各文化圏がアメリカの拝金主義に対抗するために古い宗教に回帰している姿が明確になってきたのです。その中で、新しい資本主義を目指すには、日本の新しい共同体を基盤とした公益資本主義が希望の光となるのですが、公益資本主義についてはこの章の「(4) 公益資本主義（新日本型資本主義）」で明確にしてゆくつもりです。

EU文明圏からはイギリスが分離（Brexit）し、ロシアは当初のエリツィンは資本主義を目指していたのですが、プーチンになってからは強権国家になり、宗教としてロシア正教が復活するのです。中南米、東アジアは独自の文化圏を

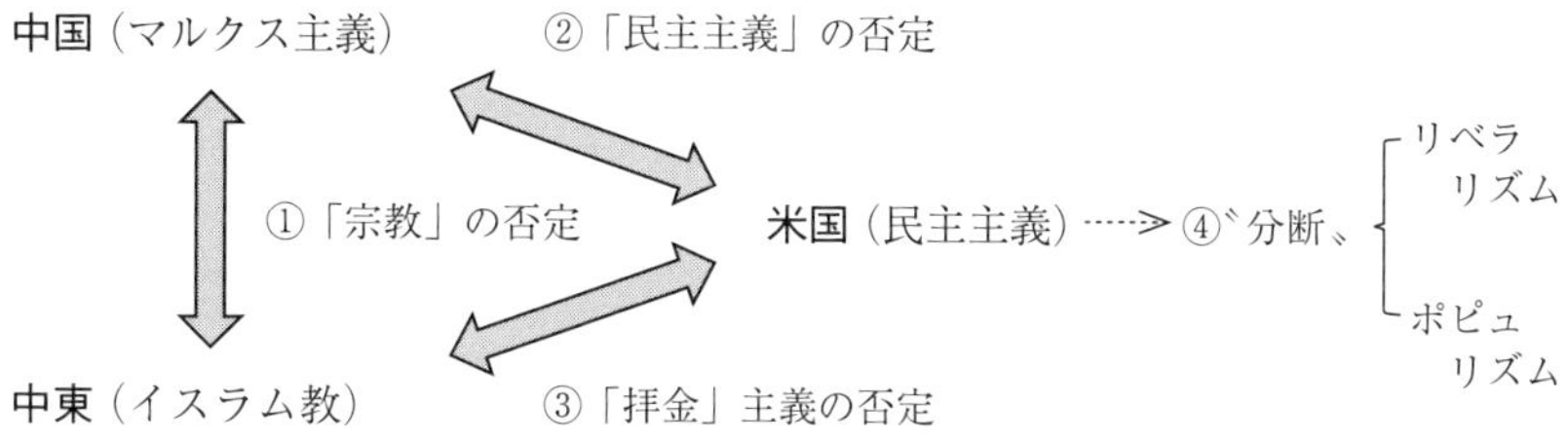

図　対立の構図

模索しています。

人は自分の見方でしか物が見えないのと同じで、各文明圏は自分の文明圏の見方でしかものが見えないのです。ですから文明の衝突が起こるのです。

私は長沼伸一郎の著作『世界史の構造的理解』（2022・7）を読み、現在の世界の対立状況は上図のように整理できると考えています。

西欧文明の行き詰まりの原因は米国の「人々の短期的願望を無数に集めれば長期的願望になる」という誤った指導的原理にあるのです。米国はその指導的原理を普遍的な原理として世界に広めようとしたのです。上図は現在の世界の対立の構図を明らかにしたものです。

各文明圏は自分たちだけが正しいと錯覚していて、これが三すくみの状態を作り出しているのです。でも各々の文明にはそれぞれに弱点があり、それらを明らかにします。

①　「宗教」の否定

中国は習近平の演説からも分かるようにマルクス主義を標榜していて、そのためあらゆる宗教を否定し、イスラム教徒のウイグル族やチベットの仏教徒を弾圧しているのです。

マルクス主義は西欧文明が生み出したものであり、西欧文明の限界は、「人々の短期的願望を無数に集めれば長期的願望になる」という間違った基本原理にあるのです。ニュートン力学（天体力学）は地球上では成り立ちますが、宇宙や量子の世界では成り立たないのに、ニュートン力学が普遍的真理であるとして、それを社会科学に持ち込んでマルクス主義が生まれたのです。マルクス主義（唯物論）では「人間は意志を持たない分子」として扱うのですが、これも西欧文明の自然科学の方法論を適用した結果なのです。

これが「マルクス主義は科学でなく宗教である」といわれる理由なのですが、その理由は追って明らかにします。ですから見方を変えれば、中国と中東の対立は無神論とイスラム教の対立ではなく、純粋な宗教対立であるともいえるのです。

② 「民主主義」の否定

中国は民主主義より権威（強権）主義の方が優れていると主張しています。私の考えでは発展途上国の経済成長には権威主義による計画経済の方が都合は良いのです。一方、先進国では自由を制限すると技術革新・科学的発見が行われず経済成長が阻害されるのです。

また、中国の国民は昔から「流砂の民」といわれており、封建制を経ずして近代に突入したため、そもそも始めから民主主義の成り立つ基盤が存在していないのです。

一方、米国が中国の非民主化を非難すれば、中国はそれなら自国（米国）の〝分断〟を解決してみろと反論するのです。米国の「人々の短期的願望を無数に集めれば長期的願望になる」という間違った基本原理に依拠している限り、米国には〝分断〟を克服することはできないのを知っているからです。

③ 「拝金主義」の否定

イスラム教は砂漠という風土で生まれた宗教ではなく、隊商の通過する商業都市で生まれた宗教であり、経済の拝金主義から人々を救い出すための宗教ということです。今日では資本主義は自然破壊・社会崩壊により、〝縮退〟を起こしおカネという富を生み出すシステムになってしまったのです。また、生産（＝労働）以外の金融で「おカネがおカネを生み出す」世界は、本来おかしいという感覚をなくしているのです。私は2001年9月11日のテロは、アメリカのグローバリズムが中東の経済基盤と摩擦を起こした結果だと考えていたのですが、（それは西欧文明の唯物論的な見方であり）実際はもっと深刻な問題であったということのようです。戦争は経済が原因で引き起こすというのが西欧文明の「唯物論」の見方ですが、根本の原因は「人々の短期的願望を無数に集めれば長期的願望になる」という間違った基本原理により生み出された「拝金主義」とイスラム教の対立にあるのです。

長沼伸一郎著『現代経済学の直観的方法』の「第9章　資本主義の将来はどこへ向かうのか」の中で、以下のように書いています。

そして過去の歴史においては、そうしたコラプサー化からの脱却に関しては、これまでの議論で何度も見たように、人類は結局「宗教」というものに頼らざるを得なかったのである。

中東の経済基盤である石油がグローバリズムにより西欧文明に取り込まれ、イスラム教が世俗主義になってゆくのですが、民主主義が育つ土壌がないので「拝金主義」に陥り、それに対抗するために「イスラム原理主義」が勢力を持つのです。

宗教は「信じる者が救われる」世界ですから、宗教対立では本来（民主主義による）話し合いは成立しないのです。

④〝分断〟（＝民主主義の衰退）

米国の民主主義は長期的願望（＝リベラリズム）と短期的願望（＝ポピュリズム）の〝分断〟状態にあるのです。「個人の欲望を最大限に発揮すれば上手くゆく」という考え方そのものを生み出したのがポピュリズムです。アメリカ文明は既に〝縮退〟を起こしています。これからも技術革新ができる限りコラプサー（＝衰退）化は免れるのですが、〝分断〟は益々深まってゆくのです。

アメリカのこのような状況に警鐘を鳴らしているマイケル・サンデル教授を紹介します。拙著『深耕　日本文明試論』では、次のように書きました。

第五として、「ハーバード白熱教室」で有名になったマイケル・サンデル教授のコミュニタリアニズム（communitarianism＝共同体主義）は、他者のことを考えながら人間は生きてゆく存在であるというもので、ミーイズムを否定したものです。しかしながらそれを実現する道筋は何も示していないのです。要するに西欧文明の延長上にはその道筋は存在していないことだけは確かです。

個人主義が共同体を破壊したと言っており、人間は本来共同体の中での存在であると指摘しているのは賛同できますが、何故そうなったかについて言及していないのです。これは米国の「人々の短期的願望を無数に集めれば長期的願望になる」という基本原理のフィクションが「個人主義」を生み出したからなのです。

日本の立ち位置

私の持論なのですが、この対立を解きほぐす力があるのが日本文明であることを「日本文明試論」から明らかにしていきたいと思います。

まず言いたいことは、日本は世界の先頭を走っている国であるということを自覚してもらいたい。日本は１９６０年代に公害問題に直面し、１９７０年代の石油ショックを省エネ技術の開発で乗り越え、１９８０年代はＩＴと半導体で世界の先頭を走っていたのです。

ところが、日本が先頭を走り続けることを許さなかったアメリカはＩＴ・半導体で経済摩擦を引き起こし、安全保障をアメリカに依存している日本は№１の座をアメリカに譲らざるを得なかったのです。

日本は江戸時代まで自然と人間が一体の文明であったのですが、明治維新後は西欧文明を受け入れ自然と人間の分離を図ったのです。でも重要なことは、戦後は「個人主義」を受け入れ、人間から個人を完全に分離させたのです。その後日本は世界で初めて〝縮退〟を経験し、現在では世界の国々も日本のあとを追って〝縮退〟に陥っているのです。

戦前・戦後の日本は発展途上国であり成長する資本主義のエネルギーを持ち合わせていましたが、１９９０年代になると日本は世界で初めて〝縮退〟に陥るのです。グローバル化の波を受け、１９９４年財界人が集まった舞浜会議により、「企業は株主にどれだけ報いるかであり、雇用や国のあり方まで経営者が考える必要はない」とする株主資本主義に移行したのです。企業の目的は利益を上げ、株主に利益を還元するためにあるというものです。そのため、経営のトップは利益優先となり、それまでの技術系から文科系に変わり、技術革新が行われなくなってしまったのです。これはアメリカから押し付けられたグローバル化を受け入れた結果ですが、日本はこれ以降今日まで経済の低成長に陥るのです。〝縮退〟により利益は生み出せたのですが、技術革新による成長ができなかった結果です。経営幹部の給与が上がり一般社員との格差が拡大し、一般社員も正規と非正規に分けられ給与格差が拡大したのです。グローバル化による同一市場の基でアメリカと競争して経済を発展させるために、個人の短期的欲望を最大限追求するようになり、アメリカのように技術革新のできない日本はコラプサー状態に陥っているのです。

〝縮退〟とは自然の破壊による生態系の希少性の大から小への移行や、社会の崩壊による共同体の質の劣化によって富（＝おカネ）を生み出すのです。人口の減少も〝縮退〟の結果です。キャリア・ウーマン（働いている女性）が子どもを産もう（将来の人口増＝労働力増加）としても、キャリアを諦めざるを得ないため産むことを諦めているのが現状です。運よく職場に復帰できても給与は減ってしまうのです。子どもを産んでも職場に復帰し給与が変

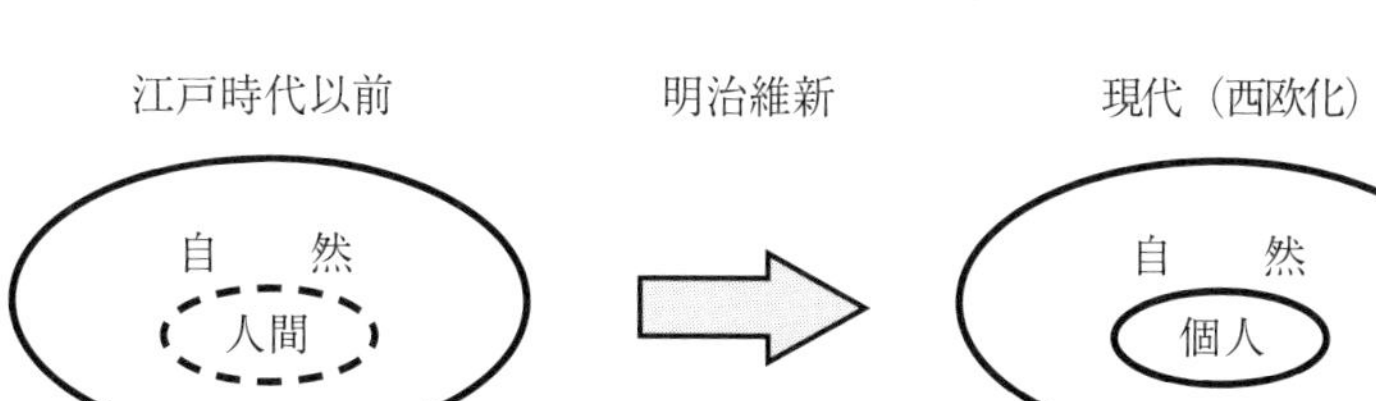

図　自然と人間との分離

わらないようにならなければ、〝縮退〟を克服できないのです。このような状態から日本はどのように抜け出せば良いのかを展開する前に、現代世界の三すくみの状態に日本がどのように関与すべきかから始めてみます。

① 中国への対処

中国は世界の中心であるという中華思想の帝国主観による国家観があり、国民をまとめるための思想として昔は「儒教」があったのですが、今は「マルクス主義」なのです。強権国家の方便として人民をまとめるために「マルクス主義」を利用しているのです。発展途上国が消費のための生産を拡大するのには、確かに強権国家の方が都合は良いのです。でも、中進国を脱するにはイノベーション（技術革新）でなくインベンション（発明）を目指さなくてはならないのですが、それには強権国家から民主主義国家に変身しなくてはならない。でも、今の中国にはその基盤がありません。中進国から先進国に脱皮するには日本の助けが必要になるのです。

② 中東への対処

イスラム教との付き合い方を日本は苦手としていますが、長沼伸一郎は『世界史の構造的理解』の中で興味深いことを書いています。

・イスラム世界において立法権（正確には法の解釈権）を握っていたのはウラマーと呼ばれる法学者であった。彼らは高度なレベルのエリート集団であったが、西欧が生み出した「微積分学」を受け入れることができず、その結果イスラム世界は西欧の後塵を拝した。

・日本は、イスラム文明を「資本主義のコラプサー化に対するワクチン」と捉え直し、イスラム世界に現代的なテクノロジーを教える役割を引き受けてその融合に寄与するならば、それは結果的に中国に対する強力なカードとなり得ることを期待できる。

私にとっては目からウロコの指摘です。中国と中東は宗教では対立関係にあるのに、西欧諸国はそこに十分対処していないのです。中東（イスラム文明）と手を組むことの重要性を先述の上野景文は明確に指摘しているのです。ウイグル人弾圧については、国連の場で人権侵害として非難声明に参加しているのは西側の民主主義諸国であり、第三世界の諸国は中国寄りが殆どなのです。そのため、ウイグル人全体の宗教・言語・文化（文化的アイデンティティー）を抹殺する取り組みが進行していて中国は「テロ対策が主眼だ」と説明しているのです。重要なことは第三世界を巻き込み、対中批判のグローバル化を図るべきだというのです。対中批判声明の取りまとめ役を第三世界、とりわけイスラム諸国に委ねよと言っています。

でも私は、日本がもっと前面に出て良いと思います。米国、カナダ、豪州は先住民に対して同じような弾圧をしてきた過去があり、また、西欧はイスラム教を毛嫌いし十字軍を送り込んだ歴史があるのです。そのような観点からも、日本が適任者だと思います。

③　アメリカへの対処

長沼伸一郎は『世界史の構造的理解』の中で次のように書いています。

・欧米の文明を支配するドグマは「部分の総和は全体に一致する」「人間の短期的願望（欲望）を合計したものが、人間社会の長期的願望（理想）に一致する」。日本の活路はこのドグマの弱点を突くことである。理数系武士団には、そのためのビジョンを示すことが期待される。

「理数系」というのは長沼が作り出した〝概念〟であり、明治維新で活躍したのは下級武士団のことであり、蘭学をはじめとした西欧文明を積極的に取り入れ明治維新の原動力になったのです。今日では日本のコラプサー化からの脱却に力を発揮することが期待されるとのことです。

アメリカの〝分断〟の原因には、「個人の欲望を最大限に発揮すれば上手くゆく」という誤った基本原理にあるのです。〝分断〟の解消には株主資本主義から公益資本主義への移行にあるのですが、それを推進する「理数系武士団」の出現がなければ、移行はできないのであり、その「理数系武士団」は日本からしか出てこないのです。「日本文明試論」の観点から、〝分断〟について明確にしておきます。啓蒙主義は宗教であり、それから生まれたリベラリズムも本来普遍性など持ち合わせていない宗教なのです。ですから、アメリカのリベラリズムとポピュリズムの〝分断〟は宗教対立であり、そのため民主主義による話し合いが成立しないのです。

ついでに申し上げたいのは、〝民主主義〟自体は普遍的な理念ですが、アメリカの〝民主主義〟は宗教であり〝分断〟を解消する力を持っていないのです。ですからアメリカが株主資本主義の〝民主主義〟という価値観を第三世界に押し付けることに本来無理があったのです（それができるのは公益資本主義に移行した日本だけなのですが――）。

主体・客体の整理

最初に、文明圏ごとに主体と客体の関係を下表に整理

表　主体：客体の整理

文　明	説　明
①西　欧 主体 → 客体	・主体が客体を〝概念〟として捉える。 (唯物論では客体が主となり、→は逆になる。そうなると、主体の意志が、なくなってしまうのです)
②中　東 神 → 客体 ↑ 主体	・神の目を通して客体を〝概念〟として捉えている。 ・政治体制は政教分離ができない。
③中国・インド 客体（主体）	・主体が中心であり、客体は〝実態〟でなく幻である。 ・究極の個人主義となる。
④日　本 客体（主体）	・主体と客体は一体である。主体は客体を映す場である。 ・客体を〝概念〟ではなく〝実態〟として捉えている。

します。

問題は、各文明はそれぞれの見方でしか相手（他の文明）を見ることができないということです。そのため、各文明間では話が成立しないということです。

でも各文明がこのようなステレオ・タイプで統一されている訳ではなく、各文明内でも別の見方が存在し、〝分断〟が発生するのです（マルクス主義の唯物論は西欧文明の中から生まれたものです）。

① 西　欧（アメリカ・ヨーロッパ）

西欧ではルネサンス以前は〝神〟の目を通して自然を見ていたのですが、ルネサンスにより〝神〟から解放されると人間の目で自然を見るようになったのです。

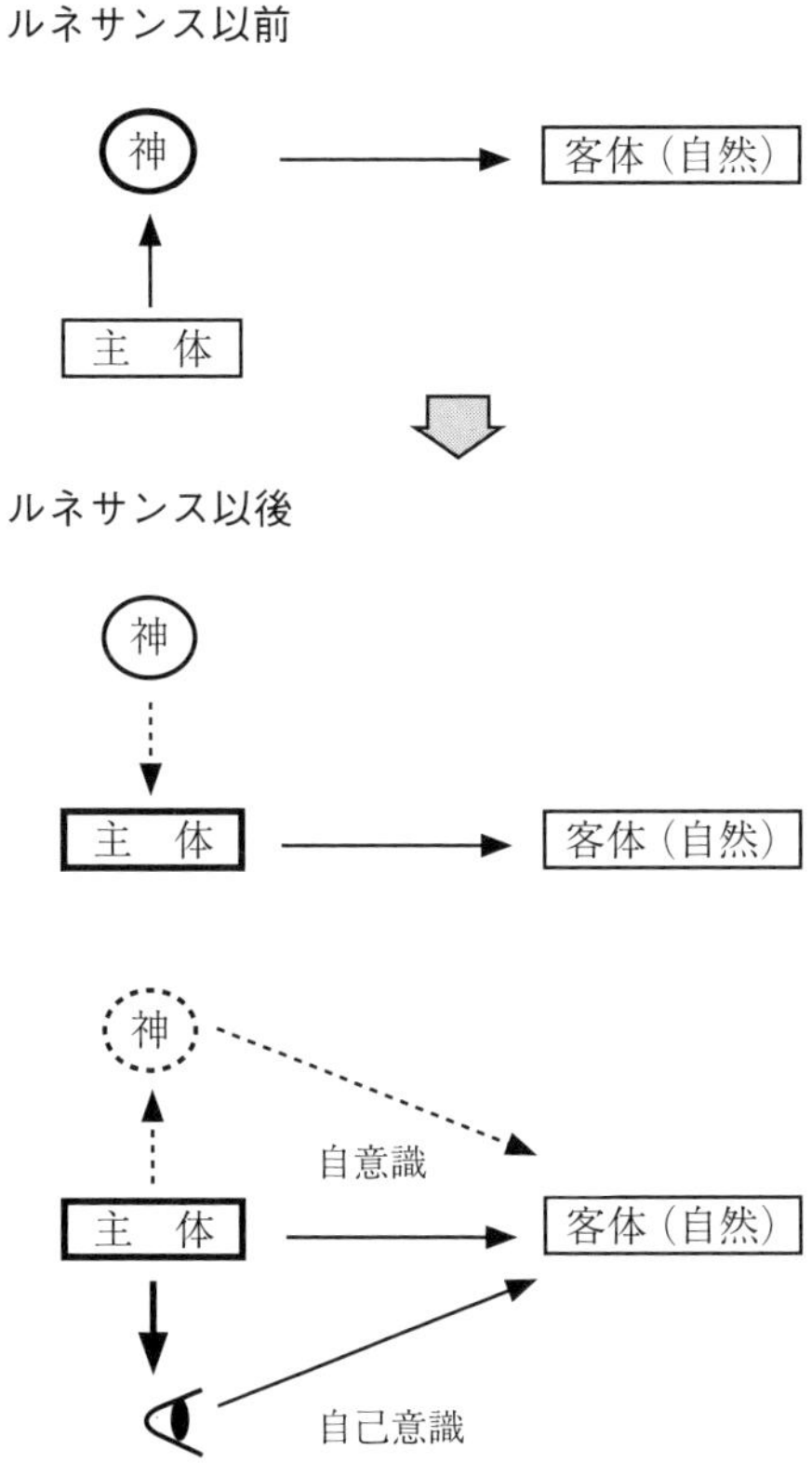

ここで注目しなければならないのは、〝神〟の目に替わる「自己意識」が存在していることです。神から解放されても〝神〟に替わる存在としての自己意識があると考えられるのです。デカルトの主体の確立「我思う（＝自意識）故に我有り（＝自己意識）」という構造になっているのです。

マルクス主義について

マルクスは、主体→客体の関係をひっくり返し、客体→主体とし、かつ主体は客体に含まれるとして一元化を図ったのが唯物論です。マルクス主義が宗教であるということを明確にしたいと思います。マルクス主義は西欧文明が生み出した鬼子であり、その変遷を説明します。

ルネサンス以降、〝神〟から独立したが主体と客体とが分離したままなのが西欧文明であり、それが自然科学を生み出し発展させた土壌なのです。

マルクスは主体が自然を捉える科学の方法を自然の代わりに対象を人間社会に広げ、社会科学を生み出したのです。科学的方法で主体が社会を分析し把握するのですが、経済（＝社会）が人間（＝主体）を作り出すというのが唯物論に帰結するのです。

・マルクス主義では自然科学の影響から、人間を「意志を持たない分子の一つ」として扱うのです。

・人間を「人間は社会的・歴史的総体である」と定義し、人間を社会（客体）の方に取り込んだのです。唯物論としてはそうなるのですが、その結果人間が意志を持って社会・歴史に働き掛ける主体性が失われるのです。

・１９６０～70年代、新左翼は「人間は自然（社会）に働き掛けると同時に自然（社会）から影響を受ける」というマルクス主義の人間観を編み出したのです。そこに私は西欧の二元論を乗り越える契機があると思ったのです。でも取り込んだ自然を人間化できたとしても取り込めなかった自然はそのまま残り、単なる言葉遊びに過ぎず相変わらず二元論は克服できていないのです。

また、自然の人間化は〝縮退〟を起こしおカネを生み出すものの、自然の生態系を

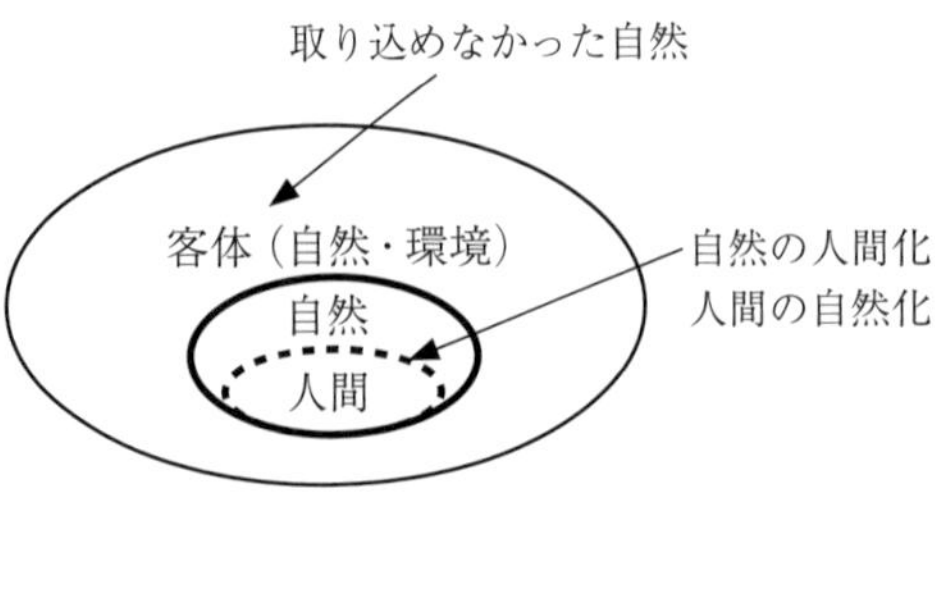

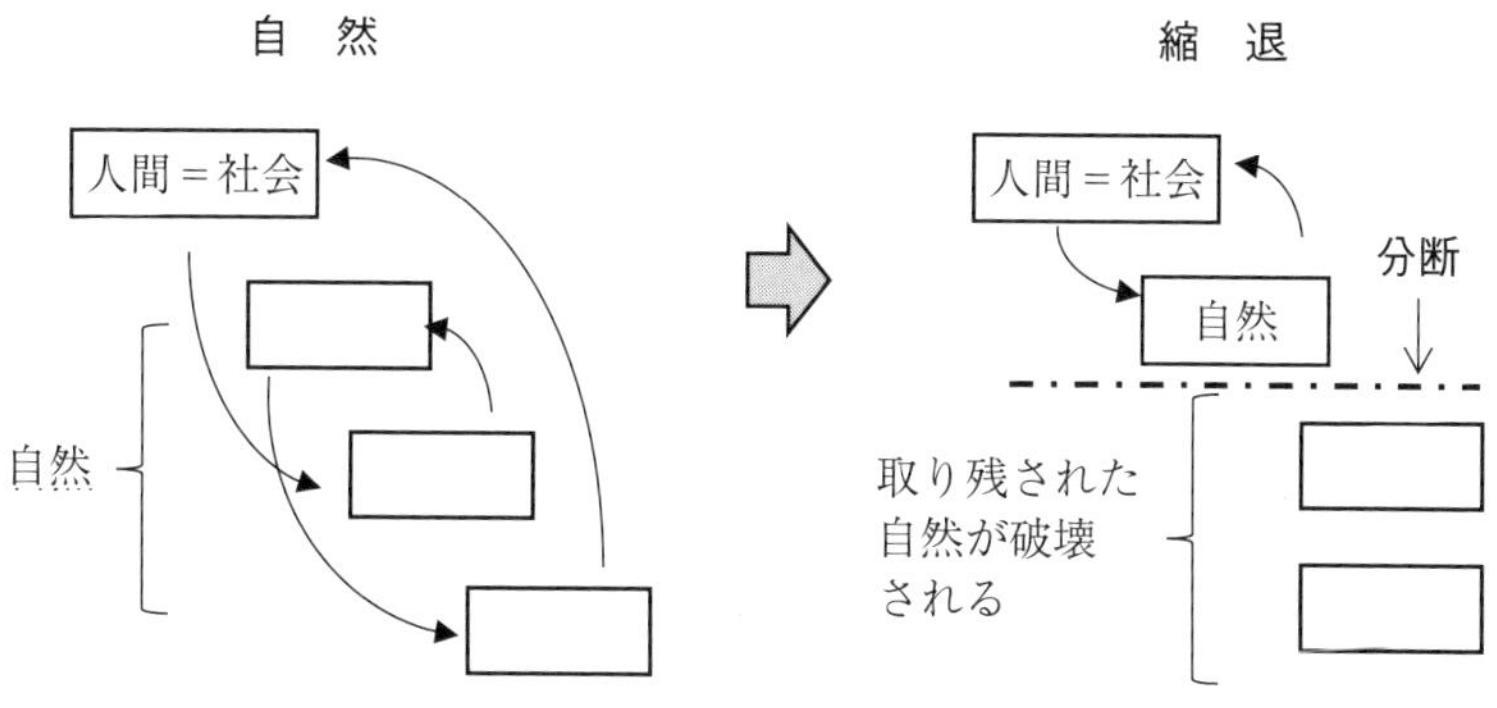

人間（＝社会）と自然が
生命のネットワークを作る。

ショートカットされ、自然が
分断される。

劣化させるのです。

・最新のマルクス理論書としてジェイソン・W・ムーア著『生命の網の中の資本主義』（東洋経済新報社 2021.10）が出版されており、その「巻頭解説」で斎藤幸平は人間と自然の関係を以下のように表現しています。

資本の価値増殖の観点から、どのようにしても社会と自然が生命の網のネットワークを通じて共―生産される歴史的なダイナミクスを分析する必要があるとムーアは考えるのだ。

「社会と自然が生命の網のネットワーク」という表現に惑わされてはいけないのです。どのように表現しても、資本主義のシステムでは自然を人間化して取り込む（＝「価値増殖」）を通して〝縮退〟を起こすのです。

　以上から分かることは、「天体力学」から編み出された西欧科学が生み出したのがマルクス主義であり、それが「マルクス主義は科学である」といわれている所以です。

　既にお分かりのように「天体力学」は三体問題を解決できないので、普遍的ではないのです。**「人間の短期的願望（欲望）を合計したものが、人間社会の長期的願望（理想）に一致する」**という西欧の基本原理は間違っているのです。ですから「マルクス主義は科学である」としても、それに普遍性があるとするのは宗教に他ならないのです。

② 中　東（イスラム諸国）

西欧では〝神〟の目を通して自然を見ていたのですが、ルネサンスにより〝神〟から解放されると人間の目で自然を見るようになったのです。それにより、科学を生み出し自然を征服できたのですが、神から独立できていないイスラム世界は西欧近代から取り残されるのです。現代のイスラム社会では石油という生産基盤の上に成り立つイスラム世俗主義と従来のイスラム原理主義に分かれている（＝分断）のです。

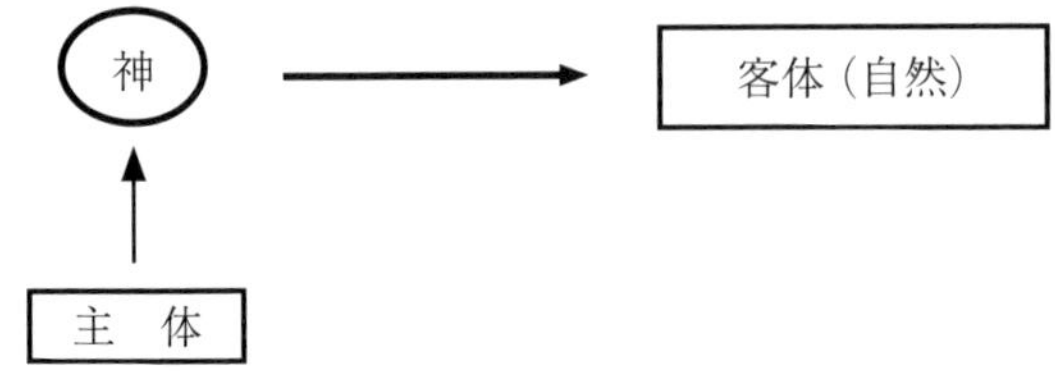

中東

インド・中国（東アジア）

〝中東は未だに〝神〟の目を通して客体（自然）を見ているので、科学が発展しないのです。また、〝神〟からの独立ができないために、「政教分離」ができないのです。

③ インド・中国（東アジア）

インドのヒンズー教（多神教）と中国の儒教・道教は全くの別ものでありながら、どちらも現世利益を重んじる個人主義を基盤としているのです。主体が中心であり、客体は〝実態〟でなく幻であると捉えるのです。その主体は共同体からも独立した個を確立しているのです。ですから、インド人も中国人も個人の利益が最優先であり、それが上手くゆくように経済成長を促す国家である限り、国家権力には反抗しないのです。

客体を〝実態〟として捉えていないのは絵画を見ればよく分かりま

す。インドでは図案のような絵画を描いていますし、中国画は対象に肉薄することなく、対象を観念的に捉えて技量の上手さに重点を置いて描いています。

a．インドの物の見方は以下の通りです。

・ヒンズー教は多神教の宗教であり、現在はヒンズー世俗主義とヒンズー原理主義に分かれています。ヒンズー世俗主義が生まれたのは、新しい産業が生まれたからなのです。インドはカースト制度により職業が決まっている社会でしたが、そのような前近代的な制度（＝生産基盤）を残したまま、近年目覚ましい経済成長を成し遂げています。今までなかった情報産業が生まれ、それに伴いカースト制度の職業にはない新しい職業が生まれ、カーストに関係なく優秀な人材が集まるのです。いくら法律で禁止しても変わらないカースト制度が新しい生産基盤ができることにより変わり、ヒンズー原理主義がヒンズー世俗主義に変化するのです。

・主体の中に仏性を持ち、それを「悟る」ことにより自然（＝宇宙）を心の中に取り込むのです。

・宇宙の中心に心を置くことにより、宇宙を内側から見ているのです。

b．中国の物の見方はそれとは違います。

・中国はいつの時代でも利益を重んずる世俗主義で、かつ個人主義です。

・強権で押さえつけておかなければ、バラバラになってしまいます。その縛りつける強権は昔は中華帝国（儒教・道教）であり、今は共産党（マルクス主義）です。

④ 日本

次ページの上図のように人類の初めは自然と一体な存在であったのですが、地球上で自然と共存できる地域は日本以外あまりなく、自然を征服してゆく存在へと変化してゆくのです。日本は温暖な気候と豊かな海と山の幸に恵まれ、主体と客体が一体となった文明が作られたのです。西欧文明に対抗すべく日本は明治維新により西欧文明を取り入れ主体と客体との分離を図り西欧科学を発展させるのですが、主体＝個という西欧文明とは異なり主体＝人間であり、共同体からの独立は果たせなかったのです。でも、これが日本文明の特色であったのですが、今日では株主資本主義に移行することにより、その共同体が崩壊しつつあるのです。

　自然と人間が一体となった日本文明が生み出した宗教が〝神道（＝日本教）〟です。梅原猛の遺言である著書『人類哲学序説』から日本の将来の指針について、拙著『深耕日本文明試論』より以下を引用します。

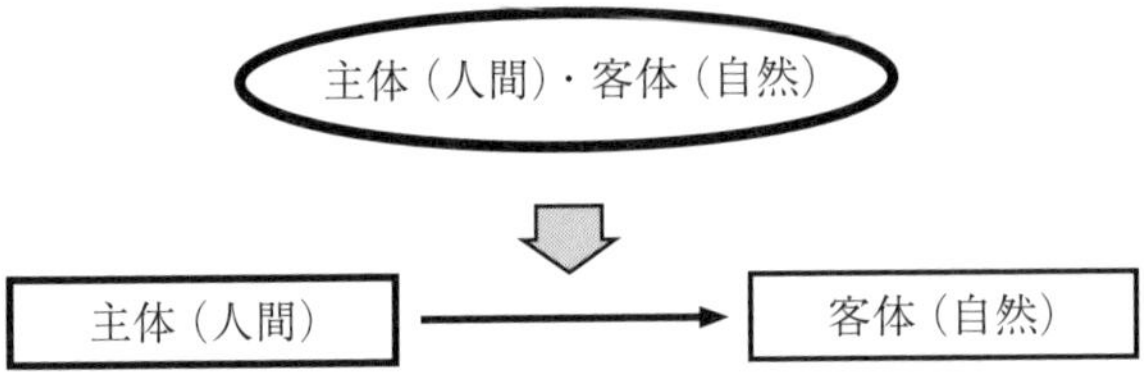

図　日本文明の特色

第六として、梅原猛著「人類哲学序説」によれば、日本の「森の思想（縄文文明）」が人類共通の哲学になるべきだというものです。私は、梅原氏の説に一番親近感を持ちますが、生産基盤（経済）に対する考察がなければ、単なる教養のレベルを出ないのです。私の考えは日本が公益資本主義に移行することであり、その詳細は「第二章　日本経済の将来像」のところで述べた通りです。

　日本の縄文文明である「自然と人間が一体であった本来の文明に世界全体が戻れ」と言っています。それを現代の資本主義の中で実現するのが公益資本主義なのですが、その実現には哲学と経済学を一体にして実現しなくてはならないのです。

　ここで注意しておきたいのは、「森の思想」とは、多神教のアニミズムではないということです。自然と人間が一体となった日本文明が生み出した宗教が〝神道「＝日本教」〟ですが、注意しておきたいのは〝神道〟はアニミズムではありません。拙著『終結　日本文明試論』では以下のように説明しています。

古代における日本の神道では、神の憑代である磐座（いわくら）の前で参拝して、自然（宇宙）のエネルギーを我がものとする（生まれ変わる）のです。そこには一神教のような教義も必要はなく、後世整備された社や拝殿も必要なく、要するに〝カミ〟（＝自然）と一体化するにはそのようなものは邪魔でしかなく、直接自然と対峙することが大切なのです。私は古神道の〝カミ〟とは宇宙のエネルギーではないのかと考えています。

日本文明はビックバンで拡大する宇宙の先頭にいることにより、「今生きている」ことを実感する文明です。また、日本文明は「今を大切にする」文明でもあり、絶えず宇宙のエネルギーを体に取り入れ新しく生まれ変わるのが「常若の思想」なのです。西欧文明のように、古いものに価値を置く文明ではないのです。

日本の物の見方と西欧文明との違いを明らかにします。

・時間は刻一刻と変わるので、現在から見る過去と現在から見る未来も変わるのです。
・西欧は動かない視点（＝〝神〟の目）で宇宙を外側から見ているのです。
・西欧は「長期計画」を作るのに適した文明であり、未来は計画できると信じている。

また、「歴史観」は過去から未来を見ているのです。「過去」から「未来」

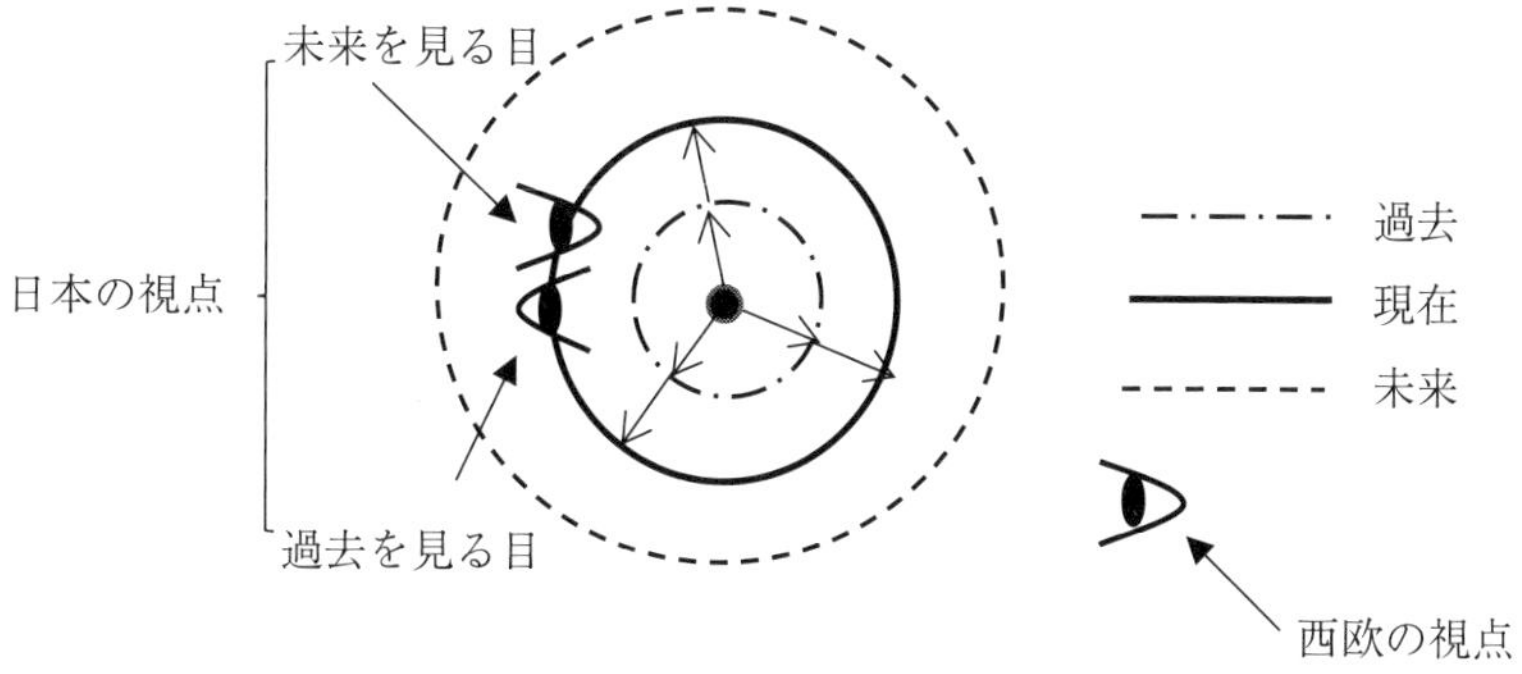

を見るということは、言い換えれば「未来」は「過去」を見ることになるのです。そこに西欧文明の歴史観である「過去」と「未来」は一直線でつながっているという誤った見方が成立するのです。

・一方西欧文明が生み出した自然科学は、時代観や思想を示すことなく、狭い専門の枠に縛られ過去のエビデンスを示すことに終始しているのです。

見方を変えれば、日本の見方は当事者目線、西欧の見方は評論家目線ということもできます。ロシアのウクライナ侵攻について、橋下徹はTV番組の中で、被害を少なくするため領土の一部を割譲してでも停戦を模索すべきであり、戦える男性（18～60歳）の国外への脱出を禁止するのは民主主義国家のやることではないと批判しています。

ウクライナとロシアで２０１４年に結んだ第一次ミンスク合意は３ヵ月しかもたなかった。その後２０１５年に第2次ミンスク合意を結んだけれどこれも7年しかもたなく、またロシアが攻めてきた。だから今回停戦合意して「一部占領されているけど我慢してくれ」とロシアとの間で停戦合意を結んでも数年は停戦できるかもしれないが、結局プーチンはその数年を戦力再建する期間としか思わない可能性が非常に高いのです。そのため、ウクライナ国民は停戦に応じ一次的に平和がもたらされても、ロシアが再び攻めてくることを頭でなく体で理解しているのです。クリミア半島奪還まで、停戦に応じるべきではないと93％の国民は思っているのです（朝日新聞夕刊、2023.2.14）。評論家は頭で考えるだけで、「現実を生きている人たちの心情」を理解する感覚は持ち合わせていないようです。

中国は１９４９年、ロシアは１９９１年に誕生した新しい国であり、50年先のことは分かりませんが、当面の10年間が問題で、その間に核兵器を使わせないようにしなければなりません。中国もロシアも強権国家の矛盾が明らかになり、将来は強権国家の価値観が崩壊し、小さな国家に分裂すると予想されますが、それは50年も先のことでしょう。

私が危惧するのは、これらの国に果たして核兵器の使用を思い留まらせる文明力があるのかということです。左翼の杜撰な思想では資本主義国の文明はブルジョアの文明でありそれを滅ぼした先に労働者の生み出す素晴らしい文明が生まれるというのです。ですから、核兵器を使用しブルジョア文明を滅ぼすことに何の躊躇も感じないのです。タリバンは仏教遺跡である敦煌の石仏を何の躊躇もなく爆破しました。それと同じ価値観（宗教）を持つ中国やロシアは核兵器の使用を思い留まらせる文明力を持ち合わせていないのです。

マルクス主義では下部構造の経済の上に文化が花咲くという理論（宗教）ですが、拙著『日本文明試論』では歴史・風土の上に花咲く文化（食、芸術、言語 etc.）の素晴らしさを強調してきました。

森元首相が「ロシアは負ける訳がないのでロシアとのパイプがある日本が仲介し話し合うべきだ」との発言に、マスコミから総攻撃を受けましたが、私は直観として正しいと感じました。ウクライナはクリミアを取り返すまでは停戦に応じないし、ロシアは侵攻したウクライナ東部を自国領にするまでは停戦に応じないのです。ロシアは中国が見捨てない限り、経済制裁は利かないし、驚くことに国民のプーチン支持が２０２３年6月現在でも80％を超えているのです。最後の切り札は核兵器です。これがあるのでＮＡＴＯはロシアに手が出せない。ですからロシアは負けないのです。では、仲介するとしてどこを落としどころとするかということですが、力関係からいってウクライナがクリミアに侵攻する直前で、西側の武器援助を打ち切るとするのが一番現実的だと思います。クリミア奪還後の停戦では、ロシアによる核兵器の使用が危惧されるからです。

中国はゼロコロナ政策を見直し、国民の目を外に向けさせるため台湾に侵攻するも、失敗と予想されますが、共産党政権が崩壊するのを防ぐためには、核兵器によって台湾が攻撃される危惧があります。台湾侵攻を思い留まらせるには、米日韓による抑止力向上が求められるのです。中国共産党や人民解放軍の指導者に対して武力行使では目的を達成できないことを悟らせねばならないのです。

これからの経済

岸田政権は「新自由主義からの脱却」をスローガンにしていますが、どの方向に持ってゆきたいのか具体的にしていません。その方向としては、リベラル能力主義（米国型）、政治的資本主義（中国型）、新しい社会主義（人新生型）、公益資本主義（日本型）の四つが考えられるのです。「日本文明試論」では、公益資本主義が目指すべき方向であるとしています。その理由を以下に述べます。

⑴　リベラル能力主義（米国型）

アメリカ思想史研究者の会田弘継（関西大学客員教授）のインタビュー記事『分断を生む能力主義は弊害』（「耕論」朝日新聞朝刊、2021.12.3）を「リベラル能力主義」の解説として少々長いのですが、そのまま引用します。

建国以来、アメリカ社会には「成功こそ善であり、徳である」という考え方が深く染み込んでいます。能力主義や学歴主義を意味する「メリトクラシー」が奉じられてきたのは、このためです。そして国民の多くは成功者や実績のある者、学歴のある者は高い道義性を持っていると信じてきました。そんな時代はもう限界を迎えています。米国社会にとって能力主義は、もはや弊害以外の何ものでもありません。生まれた時から階層が定められ、這い上がれないほど格差社会へと変貌してしまったからです。

たまたま裕福な親のもとに生まれただけなのに、それで十分な教育を受け、高い学歴を得られる。そうでない人々を見下す。こんなエリート層のおごりが非エリート層の怒りを生み、トランプ現象を招きました。この対立の構図は、バイデン政権に代わった今でも続いています。

製造業が盛んだった20世紀半ば過ぎまでの米国にこんな悪夢は存在しませんでした。モノづくりの世界は、学歴とは違う能力を認めます。高校を出て工場で腕を上げ職長にでもなれば、子どもを何人も大学に送れるほどの収入を得ました。そんな時代を終わらせたのが、経済のグローバル化とデジタル化です。産業構造が転換し、ITや金融など知識集約型の産業が増えました。求められる能力が変わり、高学歴の人ほど世界中の人とつながるような仕事で、莫大な収入を得るようになった。

他方、こうした変化についてゆけない人々は、生まれ育った場所で残された仕事に頼る他ない。親の収入も超えられない。彼らがしがみつくのはナショナリズムです。社会は二層化し、大きな価値観のギャップが生まれています。このまま能力主義を続けることは、さらに格差を拡大させ非エリート層のうらみを買うだけです。新たな思想を再編成し平等を保障しなければ、米国社会は立ちゆかないレベルまで来ています。

米国では左派にもオバマ元大統領への批判が根強くあります。間違いなく格差を拡大させたからです。「イエス、ウィーキャン」の合意は「がんばれば必ず成功できる」。はいあがれない国民も多い現実を無視した能力主義的な言葉であり、今となっては無責任と言わざるを得ません。

米国に習い能力主義を広げた日本も、同じ道をたどりつつあります。社会が分断されると、違う階層や党派の人たちの心理や行動が理解できなくなる。これからの時代に求められるのは、意見の異なる相手を理解する「エンパシー」の能力だと思います。

アメリカの「リベラル能力主義」の現状について実に的確に説明していますが、これは、正にアメリカが「縮退（コラプサー化）」に陥っているということです。「日本文明試論」の視点からアメリカの抱えている問題点を整理します。

①「分断」を克服できるのか？

「アメリカ」という国家は、西欧文明の〝形式知〟が生み出した理想の国家なのです。アメリカの「分断」を生み出したのは〝実践知〟〝暗黙知〟からの反撃であり、アメリカの国家理念を根底から揺るがしているのです。「個

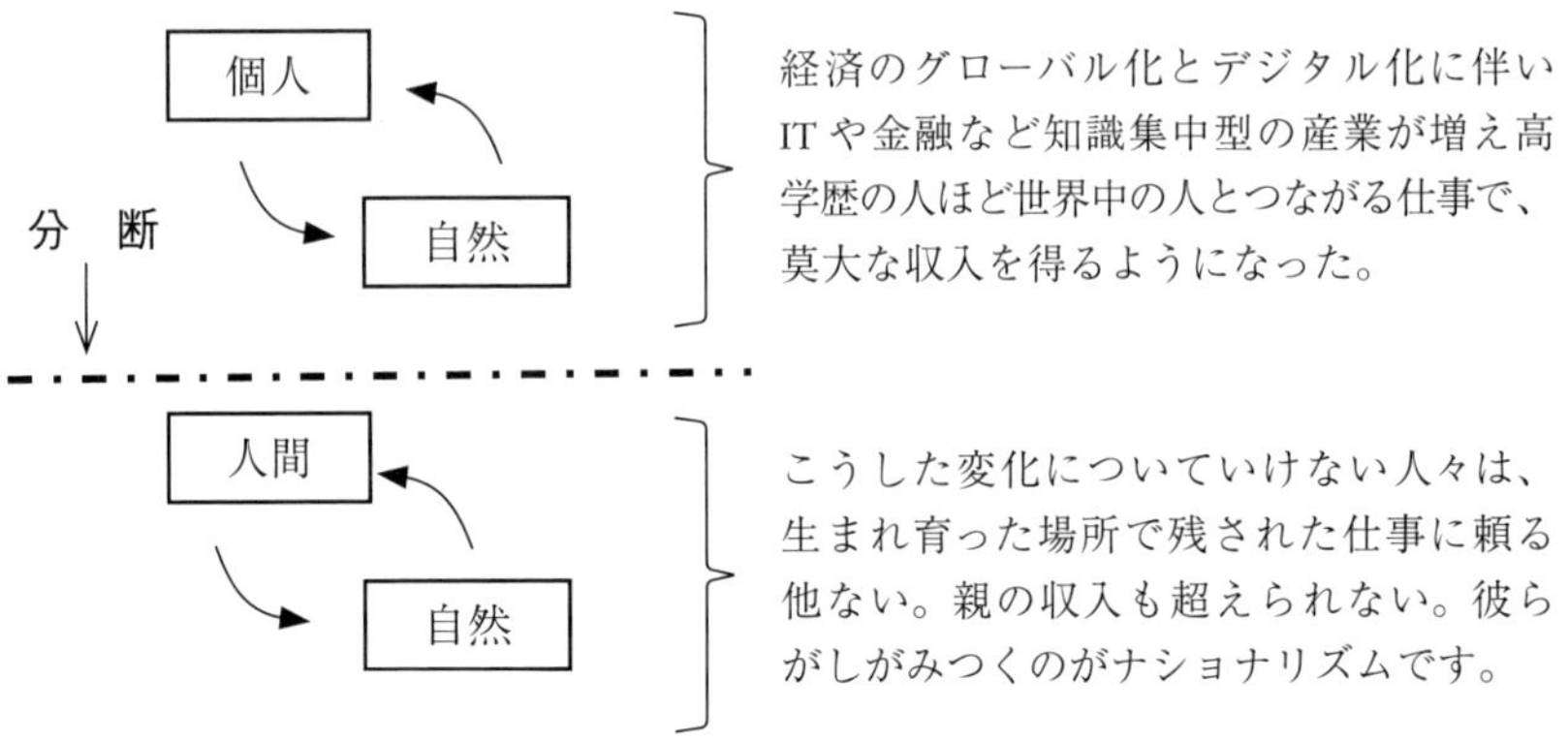
個人
自然
分 断
人間
自然
経済のグローバル化とデジタル化に伴いITや金融など知識集中型の産業が増え高学歴の人ほど世界中の人とつながる仕事で、莫大な収入を得るようになった。
こうした変化についていけない人々は、生まれ育った場所で残された仕事に頼る他ない。親の収入も超えられない。彼らがしがみつくのがナショナリズムです。

図　アメリカの分断

人主義」「民主主義」「自由主義」は西欧文明の〝形式知〟が生み出した「理念」であり、それが行き詰まっており、世界で力を持ち始めた「独裁国家」「専制国家」に対して有効に対処できないのです。

トランプのようなカリスマ性を持ち、〝実践知〟〝暗黙知〟を背景とした国民のエネルギーを結集して格差是正（トランプでは格差是正はできない）を行えるような政治家が現われなければ、「分断」は克服できないでしょう。でもそのような政治家が生まれるかですが、それは難しいと思われます。アメリカ文明は西欧文明の二元論が生み出した個人主義が共同体を破壊した文明だからです。

上図により「縮退」の概念から、アメリカの「分断」を説明します。

②「労働」に対する尊厳を取り戻せるのか？

アメリカでは能力主義で勝ち残ったエリートが高収入を得るのは当然であり、低所得者は能力主義で敗れたからだと見下します。でもその「リベラル能力主義」は西欧文明（＝キリスト教文明）の当然の帰結であり、そのためそれを見直すことができないのです。

そもそもキリスト教では「労働」は神から与えられた罰（＝苦役）なのです。その「労働」を奴隷や動物を使役することで代替することに倫理的な矛盾を感じない文明なのです。産業革命により、農奴は農村から追われ都市に出て労働者になるのです。

ですからマルクスの『資本論』では商品の交換価値はつらい労働の時

間で置き換えられるとしているのです。西欧文明は〝形式知〟を重視する文明であり〝実践知〟〝暗黙知〟を評価できない文明です。そのため「額に汗して働く」ことより、「金融業でおカネを儲ける」ことの方が評価されるのです。そのため、製造業を中国に移し国内の製造業が空洞化し労働者が失業するのを何とも思わなかったのです。米中衝突により関税を高くして製造業を国内に呼び戻そうとしていますが、労働を評価しない文明のため製造業を受け入れる土壌が既に消滅しているのです。

一方、本来の日本文明は〝実践知〟〝暗黙知〟を重視する文明であり、「労働」は苦役ではなく喜びであったのです。日本は近代化により「工業化・工場・工員」による大量生産を実現させるのですが、工場の労働では西欧の分業による大量生産方式に喜びを感じることができなくなっていたときに、日本では多能工を養成し、複数の作業を一人で行うことにより〝労働〟の喜びを取り戻しました。

日本はグローバル化による競争に打ち勝つために労賃の安い外国に工場を移したのですが、外国の労賃の上昇と円安により工場の国内回帰が可能となっても、日本には前近代的な「工芸・工房・職人」によるモノづくりの土壌と労働に関する尊敬も残っていて工場の国内回帰はいつでも可能なのです。スマホを始めとするＩＴ産業ではアップルやサムスンに席巻されてしまいましたが、その中で使われている日本製の部品については、その部品に対する顧客（アップルやサムスン）の要求を実現するのに日本のモノづくりが支えているのです。その詳細については、この章の（4）公益資本主義（新日本型資本主義）を参照してください。

「労働」を評価しない土壌は韓国・中国でも同じです。工場を韓国・中国に移設して困ったことは、日本の品質が確保できなかったのです。そのため品質管理について徹底的に教育したのです。

韓国では文化財であった南大門が放火される事件のあと、再建されるのですが、東半分を韓国の漆塗り職人が、西半分を日本の漆塗り職人が担当したのです。韓国の漆塗り職人が担当した方は2年も経たずに剥離してしまい、結局日本の漆塗り職人がやり直したとのことです。韓国には漆塗りの技術が伝承されていなかったからです。日産が英国に工場を移して驚かれたことに、工場長を始めとした管理職が工員さんと同じ食堂で食事をすること。また、工場長が工場内をいつでも見回り工員と話をすることだったそうです。英国では工員と管理職は階級が異なり、接触することはなかったとのことです。労働者を一段下に見ているのです。

中東がオイルマネーで潤ったおカネで、日本企業に発注し製油所の機械操作までを教える契約でしたが、肉体労働を馬鹿にしていて積極的に覚えようとしないとのことでした。

でも、日本の場合ハードには強いのですがソフトには弱く、それがデジタル化の遅れにつながっているのは反省材料としなくてはなりません。

③ 株主資本主義を克服できるのか?

ボーイング737MAXは5ヵ月の間に2度の墜落事故を起こしました。コストを優先し旧型機を改良したためであり、開発陣は危うさを自覚していたということです。

危うい飛行機はどうやって世に出たのか。2022.1.23 の朝日新聞朝刊には以下のように書かれています。

エアバスの新型機「A320neo」は、米仏合弁メーカーの最新の大口径エンジンを積んでいた。燃料消費を15%も減らせる燃費性能の高さから格安航空会社からの注文が殺到した。ボーイングの手駒は「737NG」だった。737シリーズは1960年代に初代が生まれ、NGは3代目だった。しかし、燃費性能などでエアバス機に水をあけられていた。ボーイングは新型機を白紙から開発する計画だったが、それでは時間も費用もかかる。手元にある737NGを改良し、エアバス機と同じ大型エンジンを据え付ければ、手っ取り早く対抗できる――。経営陣のそんな決断で生まれたのがMAXだった。この「ショートカット」が禍根を残す。急ごしらえした機体は構造上の問題を抱えていたのだ。大型エンジンを載せるには翼の長さが足りず、エンジン位置を前方にずらした。そのせいで機体のバランスが崩れてしまった。加速時に機首が上がり、失速しかねない。そこで、特定の条件で機首を自動的に引き下げるシステムを組み込んだ。これがのちに2度の墜落事故を引き起こす。「機体の不安定さという問題の根源を残したまま、それがもたらす現象だけ生煮えの技術で対処したことに、致命的な落とし穴があった」。ボーイングで飛行システムを手掛けた元社員はそう話す。

MAXの好調な売れ行きと株主還元を好感し、ボーイングの株価は高騰したのである。この話で思い出すのは、東北大震災の津波による福島原発の事故とJR西日本の尼崎の脱線事故である（詳細は拙著『終結　日本文明試論』「第2章経済学の刷新」を参照のこと）。

前者は非常用発電気室を地下から2階へ移すという技術者からの要望に対し、経営者が余分な費用がかかるので必要ないと判断したこと、後者はカーブの大きさに合わせたスピードの制御システムを組み込むという技術者なら当然の判断を経営者ができなかったことである。株主利益を最優先する株主資本主義の当然の帰結であったのです。ボーイング社は事故後株主資本主義からステークホルダー資本主義への転換を図ると言っているのです。

ステークホルダー資本主義への転換を図るには、株主の利益を優先するのでなく関係者の利益も考慮することになるのです。新自由主義による株主資本主義の個人主義が共同体を破壊したアメリカ文明に果たしてそれが可能なのでしょうか。

(2) 政治的資本主義（中国型）

アメリカのエンタープライズ企業（世界企業）が新しい市場と安い労働力を求めて世界市場を統一し利益を上げようとしたのがグローバル化ですが、その恩恵を最も享受したのが中国です。中国に工場を移し、安い労働力で製品を生み出し世界に輸出することで、エンタープライズ企業は利益を手にしたのですが、同時に中国も世界市場を

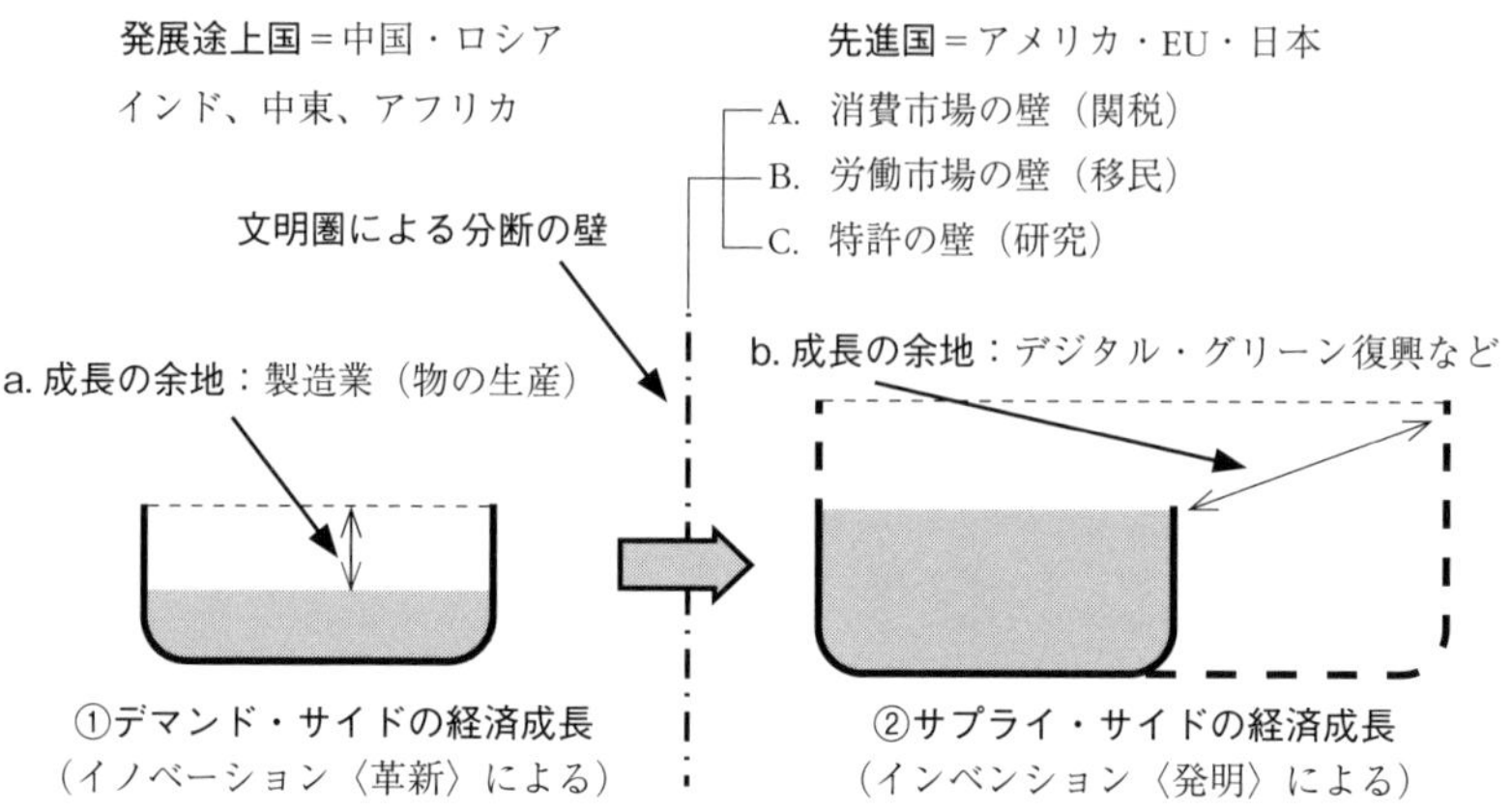

手に入れて世界の工場として製品を輸出し国力を増大させたのです。アメリカは中国が豊かになれば民主化が進み、将来はアメリカと中国のG2により世界を主導する構想を持っていたのです。また、アメリカは「西欧文明は普遍性を持った文明である」ので世界に普及すると考えていたのですが、民主主義は西欧文明の〝形式知〟が生み出したものであり、文明圏が違えば成り立たないのです。中国では民主化は進展せず、自由を規制した国家独占資本主義となるのです。

　国家独占資本主義はデマンド・サイド（供給）の経済成長には有利ですが、サプライ・サイド（需要）の経済成長では頭打ちになるのです。中国に代表される発展途上国のようなデマンド・サイドの国々では独裁体制の方が経済成長を促すのに都合が良く、一方、日本のような先進国のサプライ・サイドの国々では民主主義でなくては新しいインベンションによる新しい市場を生み出すことができないのです。

　第1章で述べたようにこの図から読み取れることは、経済成長には需要を生み出すことでできるパラダイム持続型の**①デマンド・サイドの経済成長**とパラダイム破壊型の供給を大きくできる**②サプライ・サイドの成長**があるのです。ですから世界に目を転じれば、発展途上国では経済成長できる余地は十分に残っているのです（a. 参照）。

　一方、先進国では労働人口の減少率以上にイノベーションにより新しい（破壊型）市場を創り出すか、インベンションによる新しい市場を創り出すことにより経済成長ができるということになります（b．参照）。そして重要なことは、それは強権国家ではイノベーションを生み出せても、インベンションを生み出すには民主主義でなくてはならないのです。

日本経済研究センターは「中国は名目国内総生産（ＧＤＰ）で２０３３年には米国を追い越すものの17年後の２０５０年には米国が抜き返す」と予想しています。標準的ケースでは「中国のＧＤＰは38年に米国を５％引き離すものの40年代には差が縮み米国が再逆転したのち、60年には米国を１割下回ると予想しています。「これまでの経済発展で資本蓄積が進み、今後は設備投資の伸びが鈍化、不動産の過剰投資規制も中長期的に投資を押さえ、働き手の減少で労働参加率は低下が続き、ネット企業などへの規制強化が生産性向上の足かせとなる」としています。

コロナ後の経済について、明らかに違ってきたことに以下の二つがあります。

①世界の人口の伸びが減少し、最大で１００億人強でピークアウトを迎える（国連の２０２２年版の推計では、２０８６年１０４億人でピークを迎えるとしている）。

②中国のＧＤＰの伸びも減少して、ＧＤＰがアメリカを追い抜くのは一時的か、あるいは追い越せないと予想される（日本経済新聞朝刊、２０２２・12・15）。

中国の経済が「共同富裕」を目指す目的を要領よくまとめた日本経済新聞朝刊の連載記事「大中国の時代⑤」（2022.2）より下記を転載します。

習氏が「共同富裕（ともに豊かになる）」を急ぐのも、懸念が募っているからだ。急速に老いる14億人を養い、正当性を証明し続けなければならない。代償も桁違いだ。当面の目標は35年。現在は５億人が年30万円以下で暮らす。人口比で４割だが、収入は合計しても全体の１割強だ。この下位40％の所得割合を先進国平均２割まで上げ、上位との格差を縮めるにはその収入を3～4倍にする必要がある。通常の経済成長に加えさらに地域振興や産業誘致で計900兆円、こうした低所得者の収入を積み増さねばならない。それでもなお、年100万円程度の生活だ。習政権の目指す「中等先進国」には遠い。

アメリカは西欧文明の〝形式知〟が生み出した「理想の国家」であり、一方、中国は西欧文明の〝形式知〟が生み出した「社会主義」を目指している国家です。その二つが奇しくも「格差是正」という問題を抱えているのです。これは西欧文明が生み出した鬼子であるといえないでしょうか。西欧文明が生み出した「個人主義」を克服できない限り「格差の是正」はできないのではないのか。それは「個人主義」が共同体を破壊したからです。一方中国も古代から「流砂の民」といわれる「個人主義」の文明なのです。

それが西欧の資本主義と結びつき、大きな発展ができた要因ですが、必然的に「格差」を生み出したのです。アメリカも中国も「個人主義」を克服して新しい「共同体」を作り出すことができない限り「格差の是正」はできないのです。

(3) 新しい社会主義

斎藤幸平著『人新生の資本論』で私が教えられたのは、「新しい社会主義」とは「脱成長コミュニズム」ということであると理解できたことです（でも現在の立憲民主党や日本共産党の考えと同じであるとは思われませんが――）。というのも、それを実現するには議会制民主主義では駄目であり、市民議会という社会運動による民主主義の刷新、及び経済成長しながら二酸化炭素を十分な速さで削減することは理論上不可能であり、そのためには脱成長に切り替えなくてはならないと主張しています。

民主主義国では議会制民主主義が変革を行う機能をなくしていること及び資本主義が成長を続けるには新しい

市場が必要となるのですが、その市場を生み出せないということのようです。

でも、社会主義による計画経済が上手く機能しなかったのは、ソ連の崩壊によって歴史的に実証されているのです。中国も同じ運命をたどります。それは計画経済ではイノベーションを生み出せても、インベンションを生み出せないからです。

以上、色々といわれていますが、私が「新しい社会主義」には未来がないと思っている理由は西欧も中国も「個人主義」が共同体を破壊した文明だからです。時計の針を過去には戻せないのです。それには西欧文明を否定し、日本文明に乗り換えなくてはなりません。

(4) 公益資本主義（新日本型資本主義）

『日本企業は復活できるのか』（日経新聞朝刊、２０２２・４・４）で藤本隆宏早稲田大学教授が興味深い論稿を書いていますので紹介します。

日本企業が地上（ものづくりの現場）で構築してきた総合型組織能力による競争優位、アセットシェア、顧客信頼関係等を生かした戦略展開

①現場のものづくりの能力構築で競争優位を築き上げた製品・部品を自社標準で上空のプラットフォーマーや有力補完財企業に売り切る

②モノを売りっ放しにせずに、モノ売りで築いた顧客信頼関係を活用して顧客とデータ共有。顧客プロセスを常時改善するソリューションビジネス

③競争優位を持つインテグラル製品の変種変量変流生産を高稼働率・短納期で実現する協働型スマート工場をデジタルツインなどで実現

日本のＩＴ産業はスマホや半導体などの製品を生産・販売する面では後れを取っていますが、製造装置や部品を作るハードの面（ものづくりの現場）では十分に競争できるのです。それは顧客と二人三脚で作り上げてきた生産基盤（〝実践知〟〝暗黙知〟）があるからです。

西欧文明は〝形式知〟の文明であり、西欧文明は普遍性によりグローバル化に伴い全世界に広がったものの、その〝形式知〟の文明は、自然環境の破壊、社会の崩壊、学問の個別分断化を推し進め他の文明と衝突を引き起こしているのです。また、〝形式知〟のリベラリズム（民主主義）に対して、〝実践知〟〝暗黙知〟のポピュリズム（保守主義）が台頭し、世界は〝分断〟の様相を呈しています。

ここで明らかにしておきたいことは、文明に対する定義です。繰り返しになりますが、西欧文明では上部構造を支える下部構造が「経済」であると考えたのは〝形式知〟による文明観がなせる技なのです。〝実践知〟〝暗黙知〟を視野に入れるならば上部構造を支えるものは「経済」の他に「歴史、風土」があるということが分かります。

西欧文明の〝形式知〟では、〝実践知〟〝暗黙知〟の世界は理解できないのです。しかしながら、西欧文明以外の世界の文明は〝実践知〟〝暗黙知〟を重視しており、それが「前近代性」「後進性」を意味してはいないのです。

日本経済の30年間は、成長率は横ばいで給料は上がらず、その結果一人当たりのＧＤＰは１９９４年世界2位（世界の18％）であったのが２０２２年は26位（世界の４％）までに下がり、２０２２年には台湾の、２０２３年には韓国の後塵を拝するということです。でも、不思議なことに、豊かさがそんなに損なわれたとは感じないのです。そもそも、日本では失業者が多い訳でもなく、必要な物は揃っていて今さらほしい物がないのです。

経済学者は日本経済の低成長の原因について、リーマンショックで異次元の金融緩和をしたのに企業は不良債権の処理を怠り、ゾンビ企業が生き残り、技術革新による生産性を高めることをしてこなかったからと言っています。

私の考えでは、アメリカとの経済摩擦により、１９９４年に財界人が舞浜会議により「企業は株主にどれだけ報いるかであり、雇用や国のあり方まで経営者が考える必要はない」とする株主資本主義に移行したことです。企業の目的は株主のために利益を上げることを重視するため、経営のＴＯＰが技術系から文化系の人に変わり、技術革新が行われなくなったのが原因です。でも本当のところは、今までの経済学が間違っていたのであり、新しい経済学による新しい処方箋を生み出せなかったからです。豊かさの指標は物の量ではなく心の安定ではないのか。これは経済ではなく哲学の領域なのです。「三方良し」を信条とし、ハード技術にたけた日本の強みを発揮する時代に相応しい新しい経済学が求められているのです。

拙著『終結・日本文明試論』では、公益資本主義を成立させ、日本を中長期の繁栄に導く制度として、原丈人の下記提案を引用しています。

ア．法律上、会社の公器性と経営者の（従業員、顧客、取引先、株主、地域社会、地球環境に対する）責任を明確にする。
イ．中長期の株主を優遇できる制度を作る。
ウ．革新的な技術を事業化し、新しい産業を作り上げる。
エ．ＲＯＥ（株主資本利益率）に代わる新しい企業の価値測定法を確立する。
オ．単に投資家に利するような極端な規制緩和はやめる。
カ．ＧＤＰ（国内総生産）ＧＮＰ（国民総所得）を補完するような経済指標を作る。

原丈人は岸田内閣のブレインの一人として参画しているのですが、これといった活躍は見られません。時代を動かす力（〝実践知〟〝暗黙知〟）について何も分かっていない。

『ハーバード白熱教室』で有名になったマイケル・サンデル教授のコミュニタリアニズム（communitarianism＝共同体主義）は、他者のことを考えながら人間は生きてゆく存在であるというもので、ミーイズムを否定したものです。

《西欧文明》

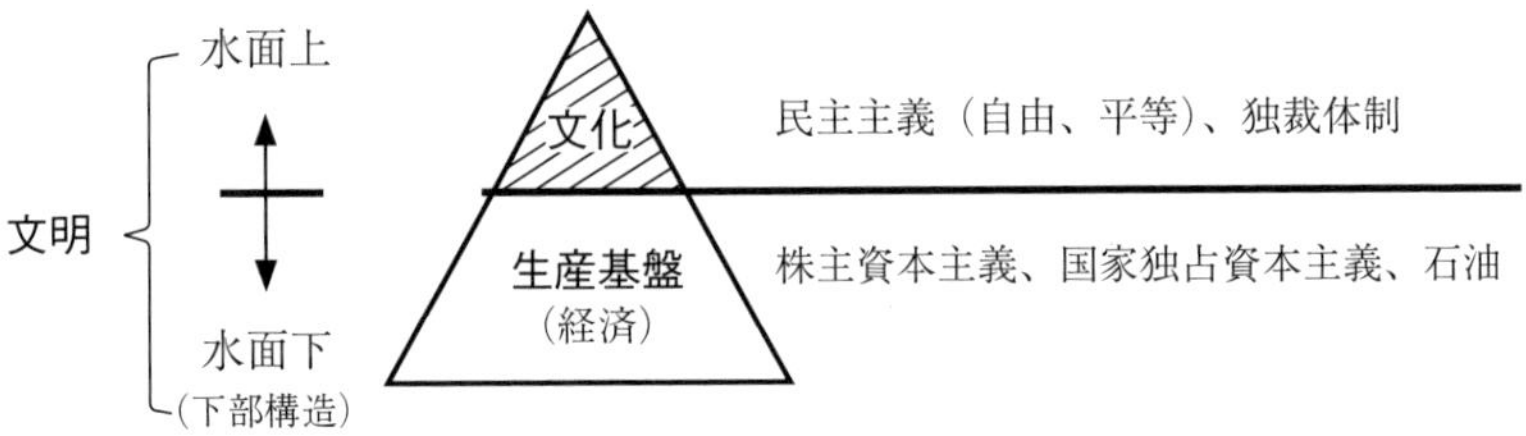

しかしながらそれを実現する道筋は「白熱教室」での議論を通して「個人主義」を克服しようというものです。でも、それはあくまで西欧文明の〝形式知〟の範囲に留まっている限り、時代を動かす力にはならないのです。

〝実践知〟〝暗黙知〟の世界は頭でなく身体と心で納得することで、社会を動かす力になるのです。では、どうすれば良いのかということですが、それは若い人たちへの教育だと思います。今の若い人たちは環境問題に対する意識は高く、社会を変えてゆこうとする行動力もあります。それを形にできるように教育（指導）する必要があるのです。

〝形式知〟による合理性に立脚すれば、経済的に損になることは行わないと判断する筈です。ですから、プーチンがウクライナに侵攻するなど経済的合理性（＝〝形式知〟）から判断すれば、侵攻する筈はないとマスコミを始め誰もが思っていたのです。要するに西欧文明の〝形式知〟では理解できない〝実践知〟〝暗黙知〟の世界があるということです。人間は「情念」に突き起こされて行動することがあるのです。〝形式知〟では「合理性」が当然の価値判断なのですが、〝実践知〟〝暗黙知〟の世界では頭で考える「合理性」ではなく心が正しいと感ずる「情念」により突き動かされるのです。アメリカでは大統領選にトランプが当選するなどとはマスコミを始め誰も思っていなかったことが起きたのです。

西欧文明の〝形式知〟が生み出した理想が「民主主義国家」と「社会主義国家」なのです。「社会主義国家」のソ連（ソビエト連邦）はアメリカとの経済競争で敗れ、1991年にソ連は崩壊しロシアと東欧諸国が独立したのです。その後アメリカの

《世界文明》

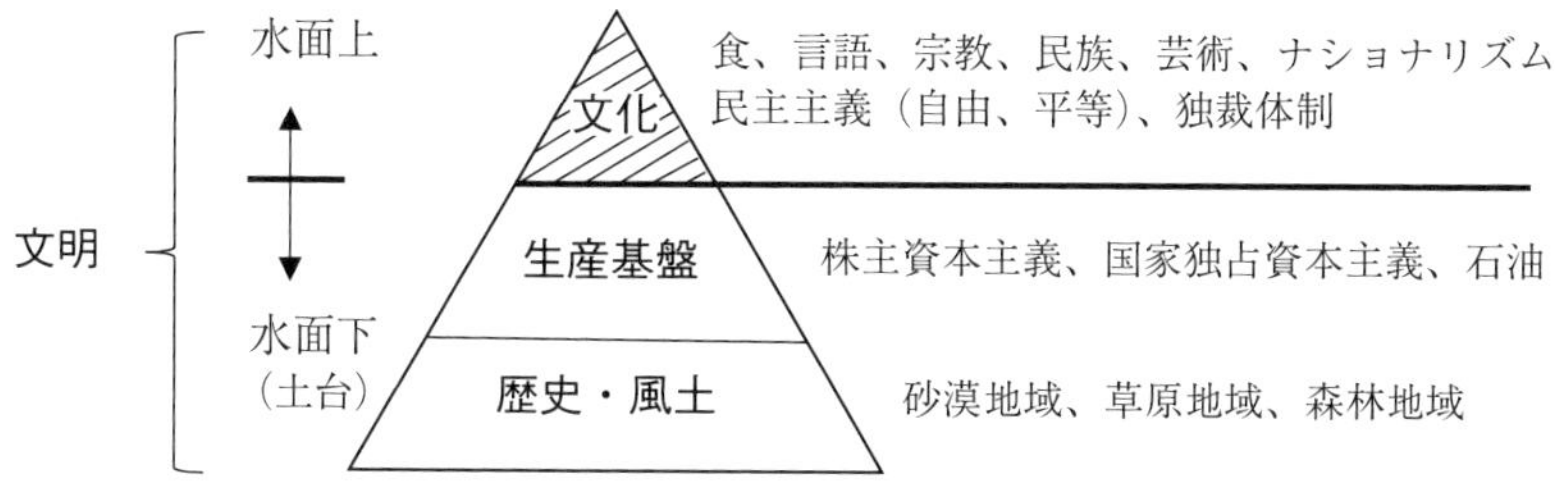

「理想国家」としての「民主主義」が世界に普及すると思われたのですが、その「民主主義」は現在「強権主義」から反撃を受け、現在のアメリカはリベラリズムとポピュリズムに分断されているのです。

食、言語、宗教、民族、芸術、ナショナリズムなどは「歴史・風土」の上に花咲く文化です。風土の上に花咲いた文化は簡単に変わることはないのです。私は今では「生産基盤＝下部構造」という定義ではなく、「生産基盤＋歴史・風土＝土台（下部構造ではなく）」が正しい定義であると考えています。文化には変わる部分（流行）と変わらない部分（不易）があり、経済の変化によりその上に花咲く文化は変わるのですが歴史・風土に根ざした文化は殆ど変わらないのです。また、文化だけでは共存できてもそれを支える土台を含めた文明では共存できず摩擦を起こし、それが「文明の衝突」の正体なのです。

土台としての歴史・風土についてどのように説明したら良いか分からなかったのですが、下記論説（朝日新聞朝刊、２０２３・３・３、ロシア史研究者・池田嘉郎）に行き当たりました。ロシア（著者注：含む中国）の権力者の「法」「市場」「時間」概念が西欧と異なっているのは、「長い固有の歴史で培われたもので、文化史的観点で見なければ分からない」というものです。

つまり、西側の土台となるのは「万人の上位にある法」「すべてを商品とする市場経済」「普遍的尺度である均質な時間」だが、ロシアでは、法と経済さらには時間までもが属人的な形で存在しており、時間も権力者の身体と連動する。

まさに「民主主義国家」と異なる「強権国家」の独裁者が意味するものであり、西欧文明と異なるのは、歴史・風土によるものであるということです。

ロシアによるウクライナ侵攻から、色々なことがハッキリとしてきました。世界は文明レベルでは歴史・風土によりアメリカ文明圏、EU文明圏、イスラム文明圏、インド文明圏、中国文明圏、日本文明圏などに分かれているのです。また、経済レベルでの〝分断〟とは、資本主義の文明圏（先進国）と独裁主義の文明圏（発展途上国）の〝分断〟なのです。西欧文明から見ると「前近代性」「後進性」と判断するのですが、それは文明の違いであり必ずしも「前近代性」「後進性」を意味していないのです。

コロナ時代の新世界

世界金融危機や米中対立、コロナ禍とロシアのウクライナ侵攻により、今までの延長線上では考えられない新しい世界が現われました。それが実感できる新しい胎動として、グローバリゼーション、強権国家の行く末、コラプサー化からの脱出、情報化の将来について以下に整理します。

(1) グローバリゼーション

経済学者は歴史的に見て、グローバリゼーションが世界経済の成長を促してきたので、グローバリゼーションを止めてはならないと主張しています。日本経済新聞「NextWorld 分断の先に」（2023・1・1〜10）の記事によれば、「**世界をつなぐのはイデオロギー対立を超えたフェアネス（公正さ）に基づいた国際関係を結ぶ時代が来た**」と書かれています。「フェアネス」とは人権尊重、貿易自由度、環境等の10項目を指数で採点したものです。でも、イデオロギーは所詮〝宗教〟であるとして、それを超えたフェアネスとは所詮西欧文明圏の〝形式知〟が生み出した概念（価値観）であり、普遍性という名の宗教に他なりません。普遍性という名の宗教では各文明圏との間で衝突を起こしてしまうのです。

グローバリゼーションを推進する理由について以下を上げていますが、これからは文明圏という観点が重要になるのです。
・ベルリンの壁やトランプが作ろうとしたメキシコ国境との壁は、「**豊かさを求める　願いは国境を越え、人間が作る壁は崩壊する**」と書かれています。でもこれは同じ文明圏に属しているからであり、文明圏が違えばそこに壁ができるのです。
・自国優先のブロック経済圏は経済の縮小と富の偏在をもたらす。自給自足を狙った経済圏はゼロサム経済圏である。要するに一国の経済圏では限界があるものの、そのまま世界に拡大できるのではなく、ここにも文明圏という壁が存在するのです。
・英国は〝ブレグジット（EU離脱）〟により、GDPは減少し、経済的魅力は衰えたと書かれています。でも、本来EUは大陸型国家の集合であり、海洋型国家である英国が加わったのは文明圏として無理があったのです。でも、一国では経済圏の限界があるということで、新しい文明圏に加わるべきであり、それが西太平洋文明圏だと思われます。そのため現在TPP（環太平洋パートナーシップ協定）に参加しようとしていましたが、漸く加盟をはたしました。
トルコをEUに加えないのは、文明圏が違うので分かるのですが、何故NATO（北大西洋条約機構）に加わっているのでしょうか。それが現在、NATOへのスウェーデン、フィンランドの加入の障害となっていたのです。文明圏の意味を知らなかったのが原因です。フィンランドはすぐにトルコの承認を受けNATOに加入できましたが、その後遅れてスウェーデンも漸く認められました。
・近年は自由貿易に対する反発が広がっているのです。欧米では「中国に雇用が流出し、製造業を衰えさせた」との見方が保護主義を生んだのです。自由貿易は国内では、失業や賃金低下といった損失を被る人が存在する

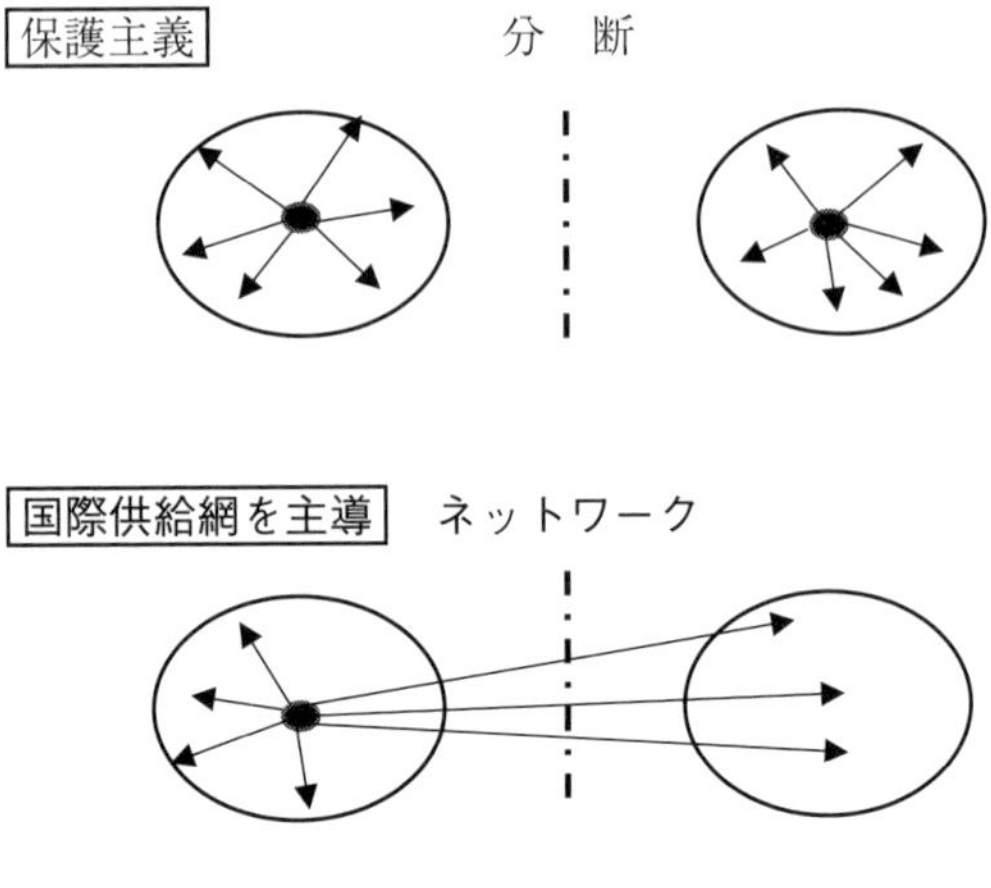

汎用品の組み立て加工よりも、高付加価値製品の研究・開発やマネージメントといった中枢機能を支配する方が、生産システム全体への影響ははるかに大きいのです。

のです。格差と富の偏在を生み出し、富の集中の過程で他者への信頼が下がり、フェアネス指数も低くなり、ポピュリズムにより不満のはけ口を外へ求めるようにもなるのです。

私は経済学者の主張と違って、以上の理由により今までのグローバリゼーションに文明圏という分断を持ち込む必要があると考えています。でも、押さえておかねばならないポイントは文明圏内での生産を増やし、文明圏外への販売に努めることです。それにより国内の雇用を守りつつ、ＧＤＰを増やすことができるのです。

西側諸国の供給網は生産拠点を国外に移す「オフショアリンク」から国内回帰の「リショアリンク」、友好国や近隣国での立地を重視する「ニアショアリンク」により、ロシア・中国に対抗する強靭な供給網の構築を目指しているのです。このような考えに対し、経済学者は保護主義として批判するのです。それに対する反論を考えていたのですが、『企業間の信頼、経済安保に益』（日本経済新聞朝刊、2023.2.1、猪俣哲史、日本貿易振興機構アジア経済研究所海外研究員）の論説をヒントにして私なりに考えてみました。

保護主義になっては駄目であり、国際的供給網を主導できなくてはならないのです。その意味するところは、国際供給網のネットワークの中心に位置することです。

(2) 強権国家の行く末

ロシアと中国は強権国家のリーダーとして勢力の伸長を図ってきましたが、ウクライナ侵攻とコロナ禍によりその勢いが急速に衰えてきました。我々は明らかに歴史の転換点に遭遇しているのです。

ロシアはウクライナ侵攻により、西側諸国による経済制裁を受けていますが、中国の支援により今のところ経済制裁は余り利いていません。でも、西側諸国との分断が確実に進み、将来にわたって国力は衰えてゆくでしょう。第三国はロシアとの距離を置き始めており、急速に影響力を失い、国内はソ連時代の21共和国に分裂してゆくことになります。

また、益々中国に経済依存せざるを得ず、これにより将来は中国の属国（植民地）に追い込まれると思われます。

中国の経済成長率は近年低下しつつあり、コロナ禍と人口減により益々その傾向を強めています。昨年日本経済研究センター発表では「中国の名目国内総生産（ＧＤＰ）は２０３３年には米国を逆転する」と予測していたのが、新型コロナウイルスの封じ込め政策の余波や、米国の対中輸出規制の強化で中国の成長率が下振れし、長期的には人口減少による労働力不足により逆転しないとの試算が発表されました（日本経済新聞朝刊、２０２２・12・15）。

中国は「一帯一路」の政策により、シルクロードに面した国々と新しい経済圏を作ろうとしていたのですが、ロシアのウクライナ侵攻によりドイツを始め西欧諸国がロシアと距離を置くことにより、陸路はロシア国内を通る鉄道を使用しなくなり、海路は第三国が距離を取り始めたため、停滞し始めているのです。

中国が失敗したゼロコロナ政策はそもそも西欧の思想であり、東洋の思想ではウイズコロナであるべきで、西欧文明のあと追いをしている中国はそのような立場からコロナワクチンを作り出せる文明力を持ち合わせていないのです。中国は現体制のままでは、中進国の罠から抜け出せないのです。

米中の覇権争いについて、既に述べたように**「中国に代表される発展途上国のようなデマンド・サイドの国々では独裁体制の方が経済成長を促すのに都合が良く、一方、日本のような先進国のサプライ・サイドの国々では**

民主主義でなくては新しいインベンションによる新しい市場を生み出すことができない」ということです。言葉を変えると、イノベーションは「技術」であり、インベンションは「科学」であるのです。現在中国と競争している労働力減少を克服して経済成長を可能にする「ＡＩ」や「ロボット」、産業のコメといわれる「半導体」の分野は「技術」であり、西欧諸国は団結して戦略を持って取り組まないと中国との厳しい競争には勝てないのです。中国は既に「技術」分野の研究論文は質・量ともに米国を陵駕しているのです。

新聞記事「先端技術、中国が米国を圧倒（朝日新聞朝刊、２０２３・３・３）」によると、技術覇権について下記の現状が報告されています。

オーストラリアのシンクタンク、豪戦略政策研究所（ASPI）は2日、経済や社会、安全保障などの基盤となる先端技術の国別ランキングを公表した。8割以上の項目で中国が1位で、ASPIは中国が「これまでの認識以上の多くの分野で先を行っている」と指摘した。

エネルギーや人工知能（AI）、宇宙や防衛分野などの44項目について、2018〜22年に発表された影響力のある論文を分析、その結果、中国は37項目で1位を占めた。

米国は量子コンピューターティング、ワクチンなどの7項目で1位だが32項目で2位に留まった。

(3) コラプサー化からの脱出

私は現在の日本にとって、若い人たちへの教育と新しい経済学の創出が一番重要な課題であると考えていたのですが、長沼伸一郎は『現代経済学の直観的方法』の「第9章3　経済世界に縮退を止められる力は存在するか」において、そのヒントになることを記述しています。「縮退」の中にいる日本の若者の心情について以下のように説明しています。

生きる目標を見つけるという点において、過去のどの世代より難しい状況に立たされており、「行くべき未来」を失ったまま、あり余る豊かさに取り囲まれ、閉塞感の中で絶望を強いられて、そこからの脱出こそが最大の問題と感じているのである。

人間は外面的な幸福それ自体は吸収することはできず、人間の心の中で「想像力」という酵素が作用することで初めて吸収できる状態になる。

世界ランクで見ると、日本の若い人たちが幸福を感じるという割合が低いのです。発展途上国の若者は日本より恵まれない環境にもかかわらず幸福感は高いのです。幸福を感じている若者が減少しているのは、未来に希望が持てないためです。

日本もアメリカも1990年までは、サプライ・サイド（供給）による量的拡大ができたのですが、1990年以降はデマンド・サイド（需要）による質的な「縮退」が起こったのです。日本の場合、アメリカから押し付けられたグローバル化を受け入れた結果、株主資本主義に移行し経営のトップは利益優先となり、それまでの技術系から文科系に変わり、技術革新が行われなくなってしまったのです。日本はこれ以降今日まで経済の低成長に陥るのです。質の縮退による利益を生み出せたのですが、技術革新による成長はできなかったので日本は低成長のコラプサー状態に陥っているのです。一方、アメリカは技術革新により、新しくＩＴ産業を発展させ、経済成長を図ったのです。

日本の将来について囲碁を例にした提言がなされています。囲碁は自分の地を多く囲った方が勝ちになるのです。成長の余地があれば地を外へ増やせるのですが、石が相手の石に囲まれた場合は目を二つ作れば生き残れるのです。日本の場合1990年以降、技術革新を怠ったため外への成長の余地を見いだせなくなり、未来に対する閉塞感に襲われたのです。

技術革新により新しい市場を生み出し売上高が増えなくても、大きな利益を上げる高付加価値型の製品を生み出す方法があります。具体的事例として今治では大半のタオルメーカーは労賃の安い中国に移ったのですが、高付加価値化することで日本に留まれたメーカーもあるのです。「縮退」を脱却する経済学が求められているのです。

> 経済学全体もこの縮退ということを数学・物理の根本レベルで踏まえた上で、新しく作り直すことが必要になってくる。
>
> 地域的結びつきを強める試みや愛国心の復権などは、ある程度までは呼吸口を増やす役に立つと思われるが、巨大な金融の力に対抗するには、さすがにそれでは力不足なのである。

拙著では「豊かさの指標は物の量ではなく心の安定ではないのか。これは経済ではなく哲学の領域なのです。「三方良し」を信条とし、ハード技術にたけた日本の強みを発揮する時代が来ているのです」と書きましたが、「力不足」の説明として、下の図を見せられると愕然とします。

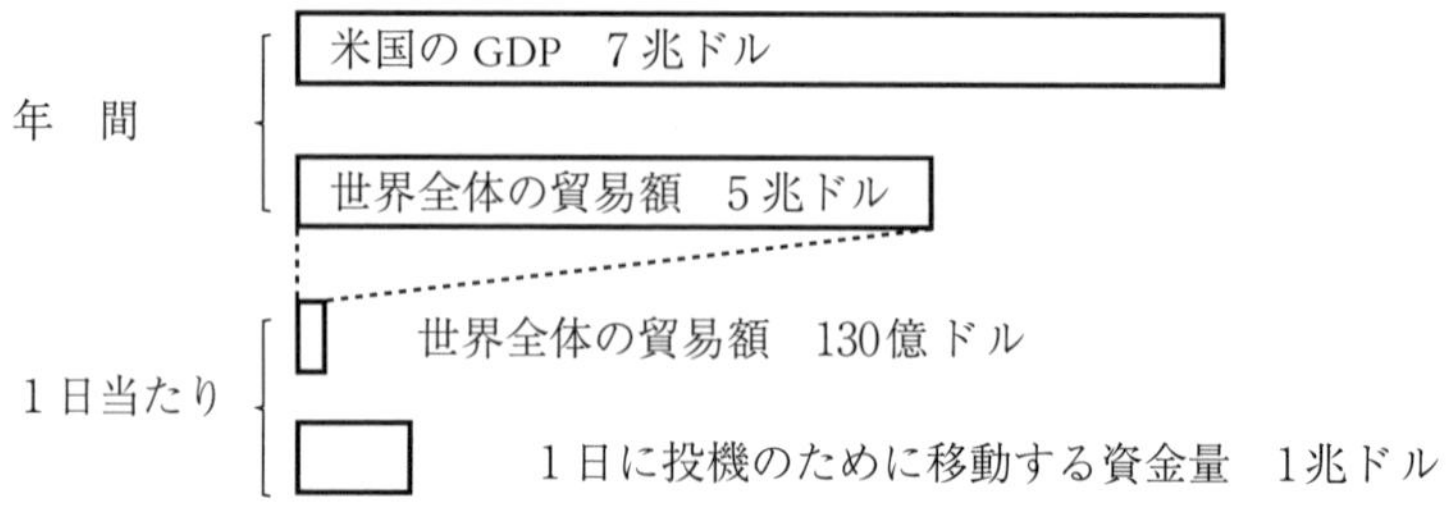

図 投機のための資金量

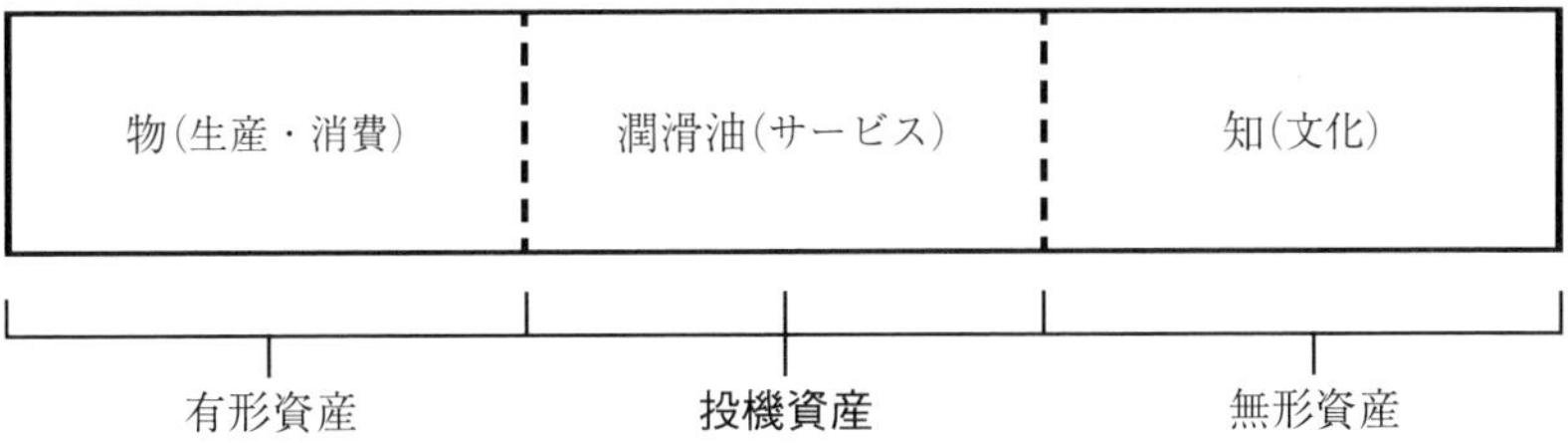

図　資産の種類

現在の経済学では本来上図のように数値化できる範囲しか取り扱えていないのです。実体経済に附属していた潤滑油としての貨幣「おカネ」が情報と結びつき投機で経済を動かす（おカネがおカネを生む）ようになったのです。その投機で動く一日の貨幣量は貿易に必要な貨幣量の76倍強もあるのです。

有形資産：貨幣価値に換算できる〝形式知〟の世界です。その指標がGDPですが、現代の経済学は有形資産しか取り扱うことができていないのです。また、個人主義を基盤とする株主資本主義が経済学の対象なのです。

投機資産：投資とは異なり、「おカネ」が「おカネ」を生む世界です。GDPの数値として取り入れることにどれほどの意味があるのでしょうか。

無形資産：貨幣価値に換算できない〝実践知〟〝暗黙知〟の世界です。それを評価できる新しい指標が求められているのです。それには共同体を基盤とする公益資本主義（新日本型資本主義）の経済学が求められているのです。

現代の経済学では実体経済から独立した金融経済が独立して動いており、また〝実践知〟〝暗黙知〟を土台としている文化は数値化（貨幣価値）できないため取り扱えないのです。現在の資本主義を取り扱う経済学が如何に非力なものとなっているのかが分かると思います。

現在では額に汗して生み出す価値より、おカネが情報と結びつくことによりマルクスの言う資本の運用とは異なる「おカネがおカネを生み出す」金融産業（B）、情報産業（D）

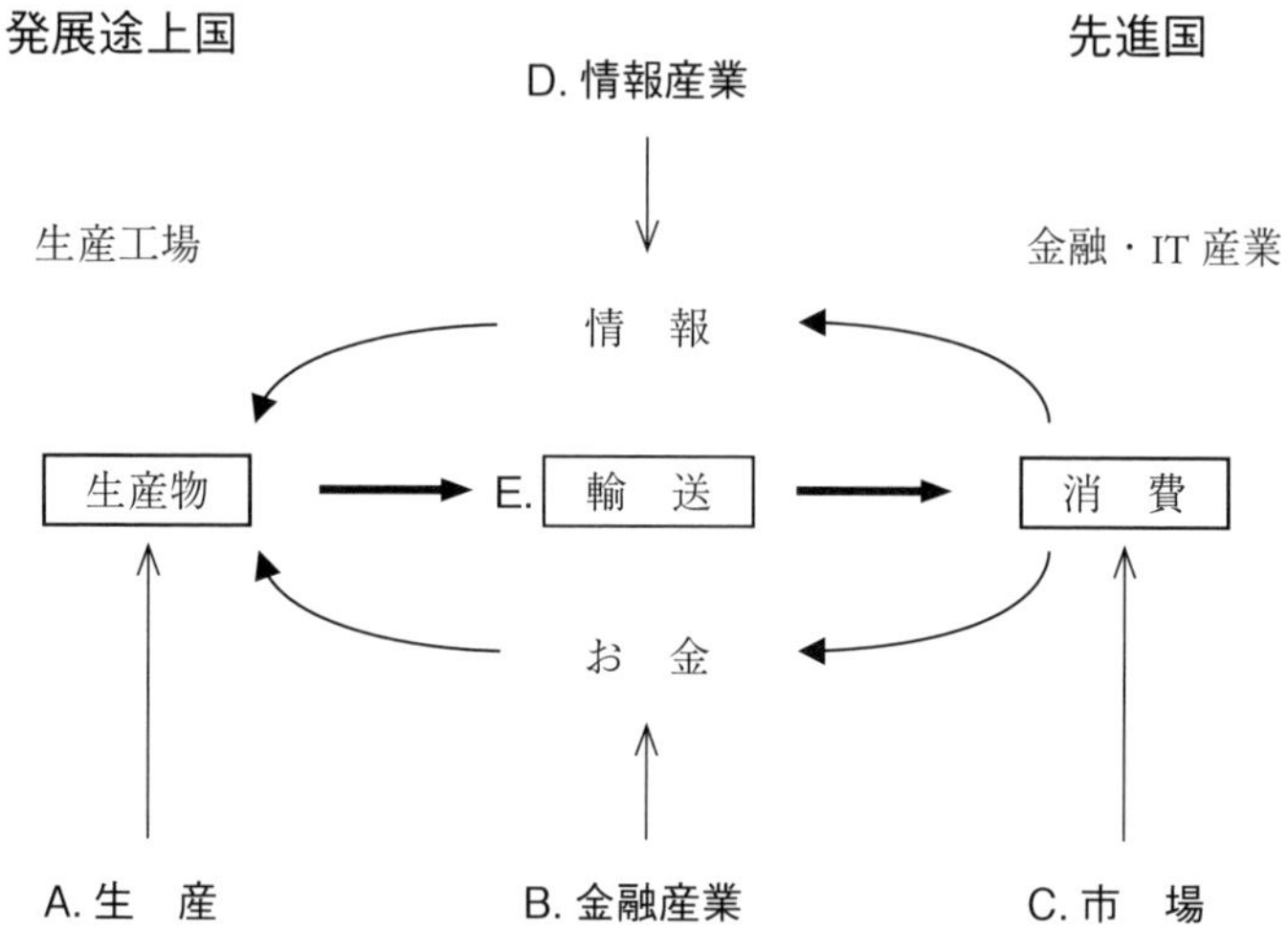

が生まれたのです。

以上により、新しい経済学が求められている意味が理解できるのです。次の時代の国際的経済システムをどうするのかは新しい哲学に裏打ちされたものでなくてはならないのです。

長沼伸一郎の理系の視点を入れて過去の世界史が数学や物理の思想からどのように理解できるかを解説した著作『世界史の構造的理解』（PHP研究所、2022.7）の「第10章日本の出口はどう拓かれるか」にまとめとして書かれている要約から二つをピックアップして解説します。

・「知的制海権」をもつ国は、ルールを自在に制定し、主戦場を恣意的に変えることができる。その際には、人類の普遍的思想として唯一性をもつものを扱う力のある国が、知的制海権を制する。ロシアが軍事力に頼らざるを得ないのも、この知的制海権をもっていないためである。

「知的制海権」を持っていたのは米国であり、どう見ても米国に有利なように設計されているものであっても、「これが人類社会にとっての普遍的なのだ」と言われたら、結局そのシステムを受け入れざるを得ないのです。日本の場合、米国主導のグローバリゼーションのもと株主資本主義を受け入れざるを得なかったのです。でも現在では、「知的制海権」を持っている国はいないのです。

欧米の文明を支配するドグマは「部分の総和は全体に一致する」「人間の短期的願望（欲望）を合計したものが、人間社会の長期的願望（理想）に一致する」。日本の活路はこのドグマの弱点を突くことである。理数系武士団には、そのためのビジョンを示すことが期待される。

西欧文明、特に米国社会は一つのドグマ・教義である「部分（個人等の利益）の総和は全体（社会などの利益）に一致する」及び、そのバリエーションである「人間の短期的願望（欲望）を合計したものが、人間社会の長期的願望（理想）に一致する」という思想が米国社会の基盤になっており、それが「個人主義」による「株主資本主義」を生み出したのです。

「コラプサー化」からの脱却は株主資本主義から公益資本主義への移行することにあるのですが、それを推進する「理数系武士団」の出現がなければ移行はできないのであり、その「理数系武士団」は日本からしか出てこないのです。

既に説明したように、ニュートン力学では惑星の軌道を計算で予測できるのですが、「天体力学」は三体問題を解決できないので、普遍的ではないのです。西欧の基本原理は間違っているのです。

(4) 情報化の未来

おカネと情報が結びつき、実体経済とは異なる投機により「おカネがおカネを生み出す」新しい経済が生まれているのです。一方、世界の潮流は金融緩和から引き締めに舵が切られ、ダブつくおカネが回収されています。

一方、情報化の世界でも大きな変化があり、日本経済新聞（２０２３・１・５）の記事から、情報化に対する変化の兆しを引用します。

「ＧＡＦＡ」と呼ばれる巨大ＩＴ（情報技術）企業の勢いに変調が見られる。米上場企業大手５００社の合計時価総額に占める「ＧＡＦＡ」の割合は２０１３年末の７％から年々拡大してきたが、２０２０年末の18％強をピークに縮小に転じて２０２２年末には13％程度に下がった。

１９９０年代に勃興したＩＴ産業は大きな転換期を迎えており、その主な出来事と問題点を以下に記載します。

・チャットＧＰＴ（大規模言語モデル）は、従来のＡＩよりもはるかに多くのことを憶え、その覚えた知識を使って答えることができるのです。その対話型ＡＩが進化すると検索が不要になり、グーグルの検索部門は大きな痛手となるのです。

一方、学生がする宿題や論文をチャットＧＰＴで行うことに対しては、思考力を養えなくなると危惧されているのです。

・ＮＴＴが主導する次世代通信基盤「ＩＯＷＮ」構想は、機器や半導体の内部データのやり取りを光で完結させ、高速化と低電力化の飛躍的な進歩を目指すものです。完全自動運転車や高度な人口知能（ＡＩ）システムの飛躍的な高速で低電力化が進み、そのためには半導体は欠かせないアイテムになります。

・近年、巨大な企業や国家が中央集権的に管理しなくてもデジタル資産を動かせるブロックチェーンが普及し始めている。データの民主化に向けて新しい胎動として web3.0 が開発されつつあり、「ＧＡＦＡ」の巨大化、集中化とは逆に、オーナーシップの分散化と流動化が図られている。

・「情報に国境はない」を合言葉に、世界に普及したネットは世界を一つにしました。

情報を勝手に書き換えできないようにする技術としてブロックチェーンが考えられましたが、ビットコインに不正が発覚し評判を落としてしまいました。

ビットコインに次ぐ時価総額を持つ暗号資産である「イーサリアム」は取引記録を分散して管理できるブロックチェーン技術を応用して新たなネット社会のインフラ「ポルカドット」が提唱されているのです。

・広告主に都合の良い情報を表示するアルゴリズムにより、ネット上にはフェイクニュースや陰謀論があふれる現状があります。ネットリテラシー（インターネットを正しく理解して活用する能力）が求められているのです。

・巨大テック企業へのデータの集中は、個人のプライバシーの侵害にもつながるデータの囲い込みが進んでいるのです。

ルネサンスにより中世から近世に移行する時、共同体間の境目に商品を交換・販売する商業都市が誕生するのです。商人は市場で仕入れた商品を高く売れる別の市場へ運搬することでも利益を生み出すのです。商品が移動するのは物流という実体経済です。

マルクス経済学では、資本の再投資は経済の拡大再生産をするための不可欠なものとされています。投資は社会に役立つ生産のための実体経済なのです。

１９９０年代になると情報とおカネが結びついて投機により「おカネがおカネを生み出す」ようになるのです。実体経済とはかけ離れたこのような経済をどのように取り扱えば良いのか、現在の経済学ではどのように扱えば良いのか明確にしていないのです（できないのかもしれません?）。

現在もてはやされているＡＩについてですが、ＡＩを生み出したのが〝形式知〟の西欧文明であり、その文明が行き詰まっているのです。ですからＡＩには世間でもてはやされているような未来はないのです。これからは〝実践知〟〝暗黙知〟の文明が求められており、その両方ともＡＩでは扱えないからです。

(5) 先進国指標

失われた30年について、日本は２０１０年に中国に抜かれ、２０２３年にはドイツに、すぐにインドにも抜かれて2位から5位になるとのことです。要するに日本のＧＤＰは30年間横ばいであったのですから当然の帰結です。でも私の感覚では、失業率は低く、特に欲しいものもなく、生活が苦しくなったとは思わないのです。中国は２０１０年にＧＤＰで日本を追い越し、韓国は２０２３年に一人当たりで日本を追い越したと言われていますが、日本に観光に来る中国人・韓国人はマナーが悪くとても先進国の仲間入りをしたとはいえない現実があります。

YouTube によると、欧米の観光客によると日本は文化レベルで欧米をも凌駕しており、清潔・安全性で世界の先頭にいるとのことです。失われた30年は、日本はＧＤＰではなくひたすら文化力をＵＰしてきたといえないでしょうか。

そこで提案ですが先進国指標というものを創出してはどうでしょうか。その例として下記の指標の合計点で評価するのです。

・民主主義度
・人権度
・自由度
・安全度
・清潔度
・親切度、サービス度 etc.

第4章 これからの芸術

概要

西欧文明を崇拝し日本文明を殆ど評価していない日本の進歩的知識人といわれる人たちを別にして、ある程度は日本文明を評価している人たちに共通しているのは、所詮世界の周辺に位置する文明であり、世界の他の文明を主導しその中心になれるなどとは思ってもみないのです。日本文明の弱点は〝実践知〟〝暗黙知〟を重視する文明であることにより、〝形式知〟の世界の他の文明に伝達する手段（〝形式知〟による言葉）を持っていないからです。でも私は、日本文明を〝形式知〟による言葉に翻訳することにより、世界の他の文明を主導しその中心になることができると考えているのです。そのため拙著『終結　日本文明試論』では日本文明の「哲学」「経済」「芸術」について〝形式知〟の言葉による伝達を試みたのです。本著『真正・日本文明論Ｐａｒｔ．1―西欧文明（形式知）からの脱却―』では、その続きとして新しい視点で「これからの芸術」についてまとめ直しました。

1．西欧画・日本画について

西欧文明では宗教（＝一神教）と自己意識（＝主体）はコインの裏表の関係にあったのです。そのため必然的に西欧文明では主体と客体（自然）が分離した文明となり、ルネサンス以前、人間は〝神〟の目（＝聖書）を通して客体（自然）を見ていたのです。

ルネサンスにより〝神〟から解放され人間が主役になり、人間は自分の目を通して客体（＝自然）を見るようになったのですが、それまでは〝神〟という第三者の目を通して客体（＝自然）を見ていた。その〝神〟の立場に人間が置き換わった訳ですが、主体と客体が分離した関係は変わらないのです。そのため、西欧では絵画は「見えたもの」を描いていた。これは過去の止まった時間を描く静的な絵画です。

大阪市立美術館において「メトロポリタン美術館展　―西洋絵画の５００年―」（2021.11.13～2022.1.16）が開かれました。私の経験ではある時代に焦点を当てるとか、特定の画家に焦点を当てた美術展は見たことがありますが、このような西欧絵画を一気通貫に展示した美術展は初めてでした。私は全体を見通すような美術展には大賛成なのですが、ある視点で一気通貫に西欧絵画を論ずることができる学者はどこにもいないのです。これは学問が分野ごとに細分化されており、各分野の専門家はいても全体を見通す専門家がいないからです。ですから、一般の人たちがこのような美術展を見ても消化不良に陥るのではないかと思われます。展示について分かりづらいと感じたのは、画家の名前だけが表示されているのみで国名が省かれていた（意図的?）ことです。また美術展では必ず映像によるレクチャーがあるのにそれがなかったことです。西洋絵画５００年を一気通貫に解説できるような学者はいないし、そのような本も書かれていないのが現実なのです。教科書では時系列に絵画を並べその歴史を紹介しているだけで、ある視点に基づいての編集はされていないのです。

『日本文明試論』では「文明＝文化＋生産基盤＋歴史・風土」と定義しました。絵画という芸術は〝形式知〟では

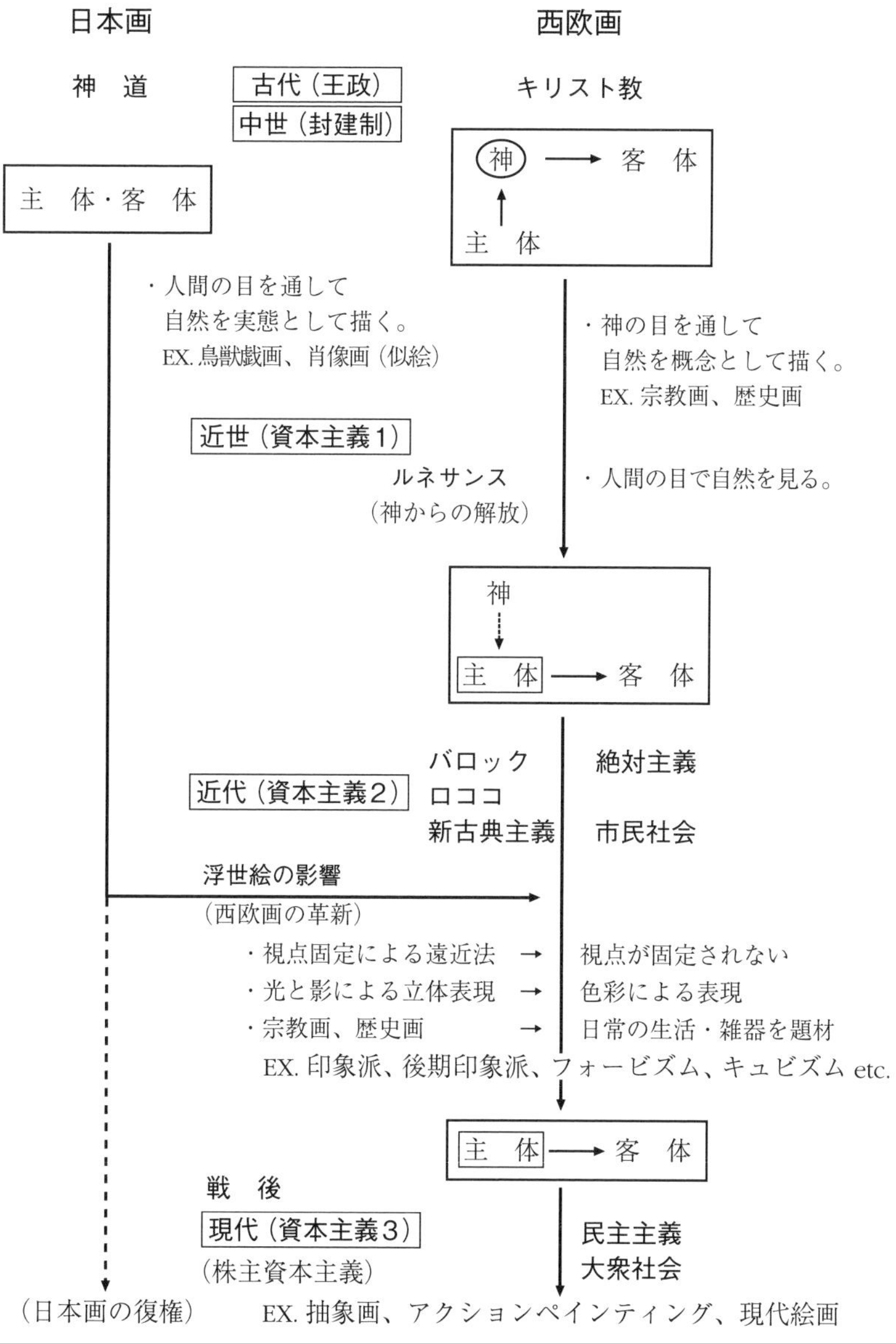

日本画
西欧画
神　道
古代（王政）
中世（封建制）
キリスト教
神
客　体
主　体
主　体・客　体
・人間の目を通して
自然を実態として描く。
EX. 鳥獣戯画、肖像画（似絵）
・神の目を通して
自然を概念として描く。
EX. 宗教画、歴史画
近世（資本主義1）
ルネサンス
（神からの解放）
・人間の目で自然を見る。
神
主　体
客　体
バロック
ロココ
新古典主義
絶対主義
市民社会
近代（資本主義2）
浮世絵の影響
（西欧画の革新）
・視点固定による遠近法 → 視点が固定されない
・光と影による立体表現 → 色彩による表現
・宗教画、歴史画 → 日常の生活・雑器を題材
EX. 印象派、後期印象派、フォービズム、キュビズム etc.
主　体
客　体
戦　後
現代（資本主義3）
（株主資本主義）
民主主義
大衆社会
（日本画の復権）
EX. 抽象画、アクションペインティング、現代絵画

図　日本画・西欧画の変遷

古　代　　　ギリシャ哲学（イデア論）
　　　　　　ギリシャ・ローマの絵画

中　世　　　中　世（スコラ哲学）
　　　　　　宗教画

近　世　　　イタリア　ルネサンス（中世からの離脱　14 世紀）
（資本主義１）

レオナルド・ダヴィンチ（1452〜1519）
ミケランジェロ（1475〜1564）
ラファエロ（1483〜1520）

ない〝実践知〟〝暗黙知〟が生み出すものですが、生産基盤の変化にも対応しているのです。

新しい絵画は生産基盤の変化に伴い新しく台頭した階級の支援を受け生み出されてきたのです。そのような視点で絵画の流れを解説したのが前ページの図です。

1　古代ギリシャ・ローマ〜中世

西欧文明の源流がギリシャ文明にあることに異論はないでしょう。ギリシャ文明は森林という風土により生み出された文明であり、アニミズムによる多神教の文明であったのです。神々は超能力を持っていても人間くさい行為を行っており、人間に極めて近い存在であったので、神々は人間の姿で描かれていたのです。古代のギリシャ人は森林の民であり、モノを〝概念〟でなく〝実態〟で見ることができたので、写実的な絵画が描かれていたのです。

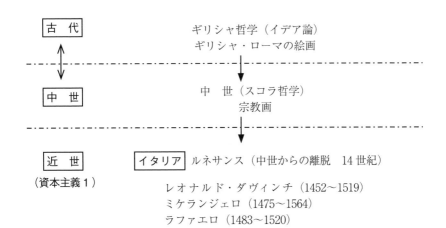

ローマでキリスト教が「国教」になると、自然を〝人間〟の目でなく〝神＝聖書〟の目を通して見るようになり、絵画は〝神〟を讃えるために描かれるのです。

イタリアでルネサンスが起こると、〝神〟の目を通してではなく〝人間〟の目を通して自然を見ることができるようになるのです。ルネサンスの「人間復興」というスローガンは絵画の世界では「ギリシャ・ローマに帰れ」となり、それまでの中世の絵画（〝神〟を讃える絵画）から解放されたのです。それでも一神教を受け入れたことにより、主体と客体が分離した〝形式知〟の文明はそのままとなるのです。

2 中世（封建制）〜近世（ルネサンス）

西欧文明は〝形式知〟を重視する文明であり、〝実践知〟〝暗黙知〟を重視する文明ではありません。そのため〝実践知〟〝暗黙知〟を重視する「芸術」について十分に取り扱えないのです。これには大いなる反論が予想されますので、簡単に説明します。

「芸術」は、「生きている人間の喜び」の表現であり生きる目的でもあるのです。キリスト教（一神教）の西欧文明では「芸術」は〝神〟を讃《たた》えるためにあり、人間のためにではなかったのです。

〝神〟から解放されたルネサンス期の絵画はラファエロに代表される古代の神々の物語を描く宗教画やダヴィンチの『モナリザ』に代表される肖像画です。歴史画・宗教画の「背景」は舞台の背景であり、肖像画の「背景」は自然でした。また、絵画の主人公を引き立たせるためキアロスクーロ技法（明暗法）により暗い中に背景が描き込まれていたのです。

三次元の表現である西欧画の「背景」は三次元絵画の延長にあり、「背景」を単色で平面的に塗る感覚は持ち合わせていないのです。写楽の描く役者の大首絵の「背景」として黒雲母で平面的に表現されている浮世絵を見て、マネやゴッホは肖像画の「背景」を単色平面として描くことができるようになるのです（遠近法からの解放）。

2．バロック絵画

バロックになると王侯貴族の支援を得てエル・グレコ（1541〜1614）、カラヴァッジオ（1571〜1610）、

修復前

修復後

『窓辺で手紙を読む女』

ベラスケス（1599~1660）などの画家が活躍し劇的な構図による絵画が主流になりましたが、「絵の背景」の考え方はそのままでした。その中でオランダという新興の商業国家の商人階級（市民階級の先駆け）が台頭し、その支援を受けてのフェルメール（1632~1675）の絵画が生まれたのです。バロックとは「歪な真珠」を意味し王侯貴族に支持された劇的な構図を特徴とする絵ですが、オランダの市民階級に支持されたフェルメールの絵画はバロック期を代表する画家でありながら、室内の市民生活を描き、映像のような写実的な手法と綿密な空間構成そして光による質感表現が特徴です。これはオランダ市民階級が求めた新しい絵画であったのです。

２０２２年の夏には、大阪市立美術館で「フェルメールと17世紀オランダ絵画展」が開催されました。話題となっている『窓辺で手紙を読む女』も展示されました。本作はX線調査で壁面にキューピットが描かれていた画中画がフェルメールの死後消されていたことが判明し、本来の姿が復元されたということです。

日本人なら誰が見ても修復前が優れていると感じる筈です。西欧人は白色を背景にすると描き残したと感じ、何かを描かねばならないとする脅迫観念に囚われるのです。

『牛乳を注ぐ女』

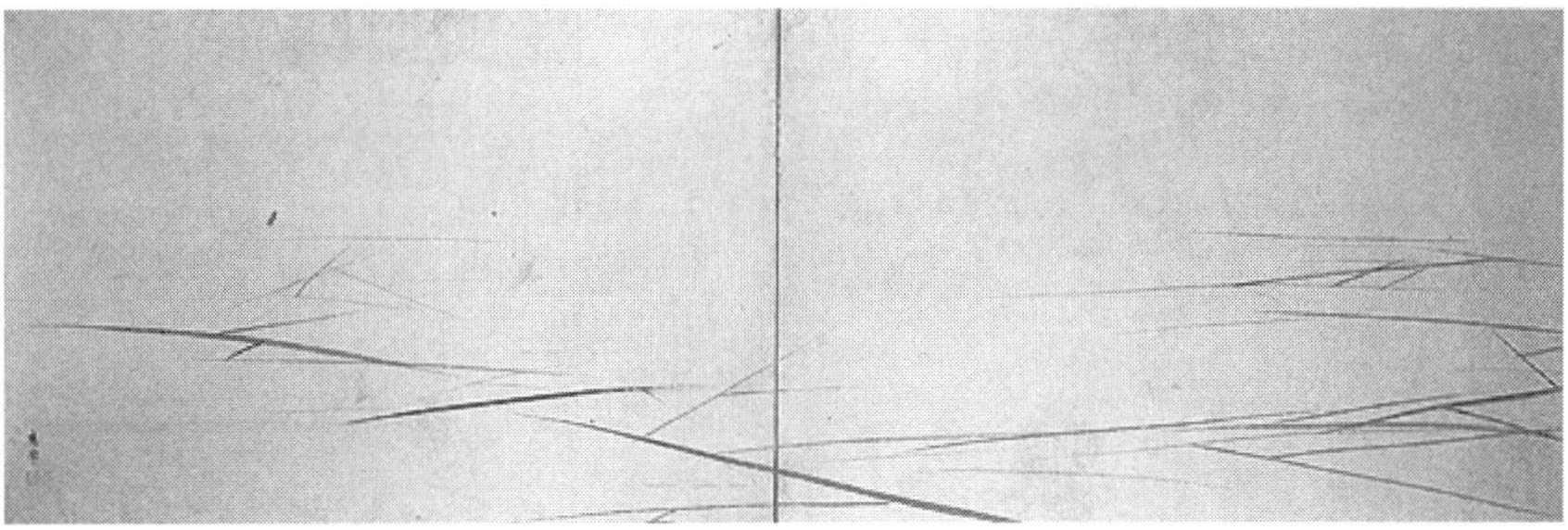

円山応挙『氷図屏風(1780年)』

もう一枚壁面が白色に塗られている絵画に『牛乳を注ぐ女』があります。

この絵も壁面に世界地図が描かれていたのを後世に塗りつぶされているとのことです。

しかしながら、「余白の美」は日本文明が生み出した美意識であり、例えば現在大英博物館蔵の円山応挙の『氷図屏風（1780年）』は明治になって購入されたものです。

西欧人にとって白色は色ではないので「描き残し」としか感じられないのです。ですからフェルメールの絵の背景を白で塗りつぶすなど余程の天才の仕業としか思われません。これを白に塗りつぶしたのはフェルメール本人なら納得できるのですが。

西欧文明は風土により違いが生まれたのです。ケルト文化が残るイギリス、北方ロマン主義（感性的・思索的）の伝統がある北欧（ゲルマン）、新古典主義（理知的・解放的）の伝統のある南欧（ラテン）では各々特色がある絵画が発展するのです。

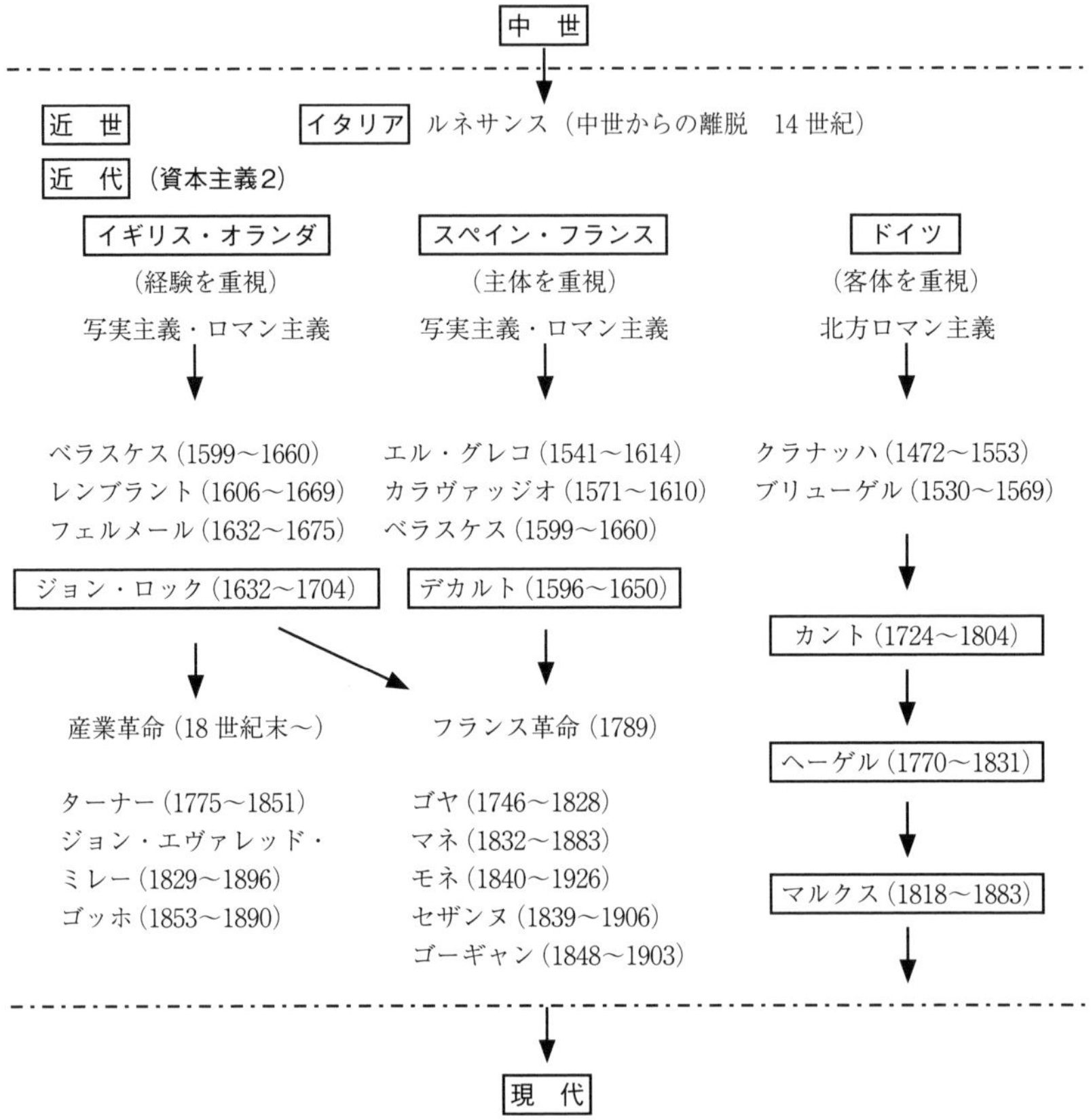

3．印象派以降

セザンヌ、モネ、ゴッホにより近代市民社会が希求する軽やかな印象派・後期印象派の絵画が生み出されました。それに影響を与えたのが日本の浮世絵であり、それまでの遠近法による三次元の表現から色彩による二次元の表現へ、客体を本質（概念）で捉えるのではなく「見えたものでなく見えるもの（実態）」をそのまま描くようになるのです。その中で一番注目されるのはクロード・モネ（1840～1926）により描かれたルーアン大聖堂、積みわら、睡蓮の一連の絵画で光の変化を描写して時間の変化を表現しました。一方ピカソ（1881～1973）は視点の変化により時間の変化を表現したともいえるのです。しかしながら、どこまで行っても西欧文明の主体と客体が分離した関係は克服されず、そのため客体を外側から見る絵画のままなのです。

日本文明

西欧文明は主体と客体が分離した文明であるのに対し、明治維新により西欧の近代化を受け入れる以前の日本文明は主体と客体が一体となった文明であったのです。絵画は「見えるもの（実態）」を描いていた。これは流動する時間（現在）をも描く動的な絵画であったのです。

日本の浮世絵が西欧絵画に影響を与えて印象派を生み出したと一般にはいわれていますが、そんなに生やさしい話ではないのです。西欧は個性が重視される文明であるので、西欧の画家は浮世絵からインスピレーションを得て画家の個性に裏付けられた色々な絵画を生み出したのです。それはあたかも浮世絵を触媒として西欧絵画のビックバンが起きたようなもので、印象派、後期印象派、キュビズム、フォービズムなどが生まれたのです。

西欧文明は主体と客体が分離した文明であるのに対し、本来の日本文明は主体と客体が一体となった文明でした。西欧絵画は視点が固定されていて、自然を外側から見てい

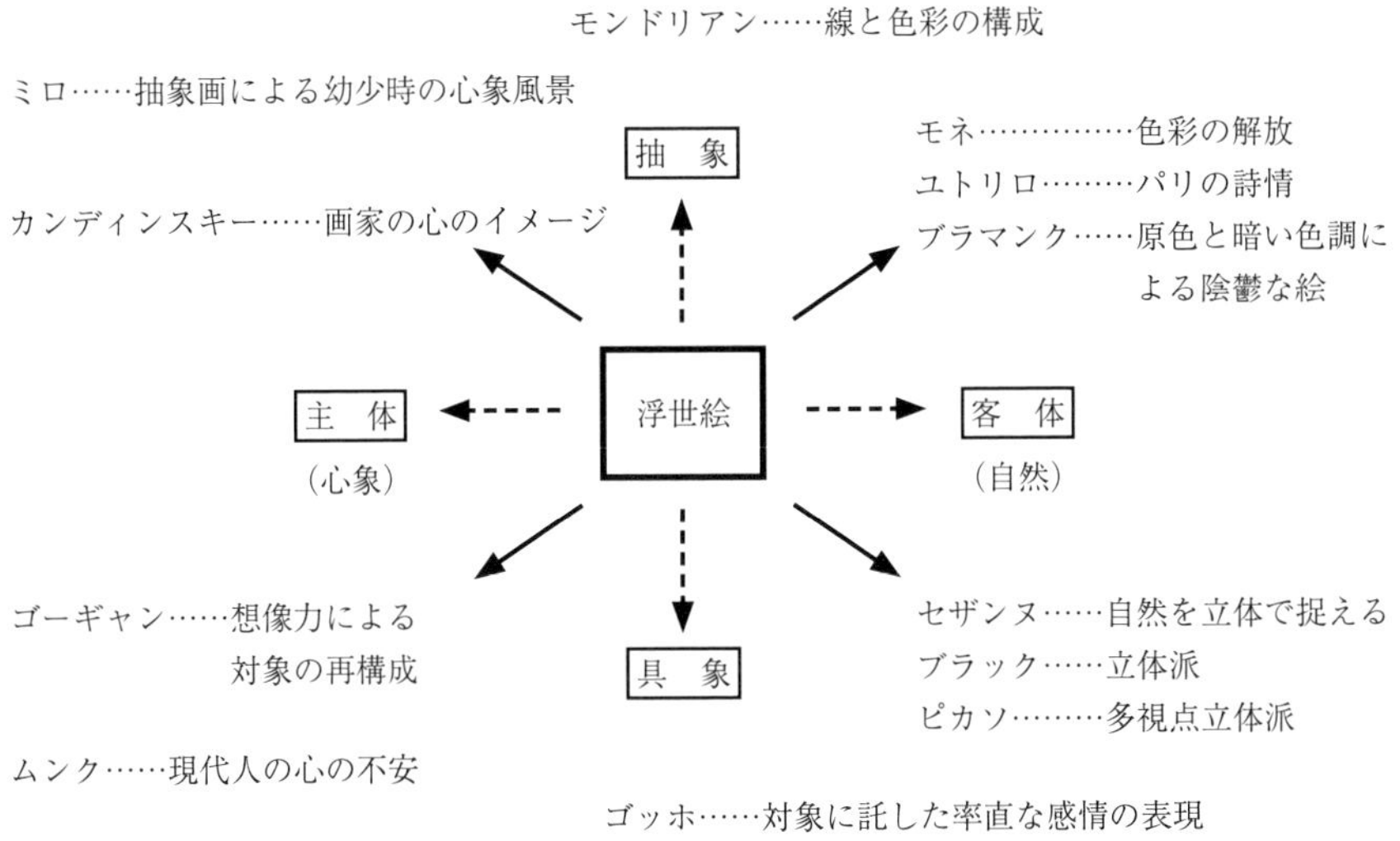

る絵画です。明治以降、近代化を成し遂げた日本画は西欧画と同じ描き方（視点の固定・外側から見る絵画）になったのです。

一方、本来の日本画では視点は固定化されておらず、自然を内側から見て、絵の中に入り込めるのです。そのような視点の取り方が普通であり、それにより流動する時間（現在）を描く動的な絵画であったのです。

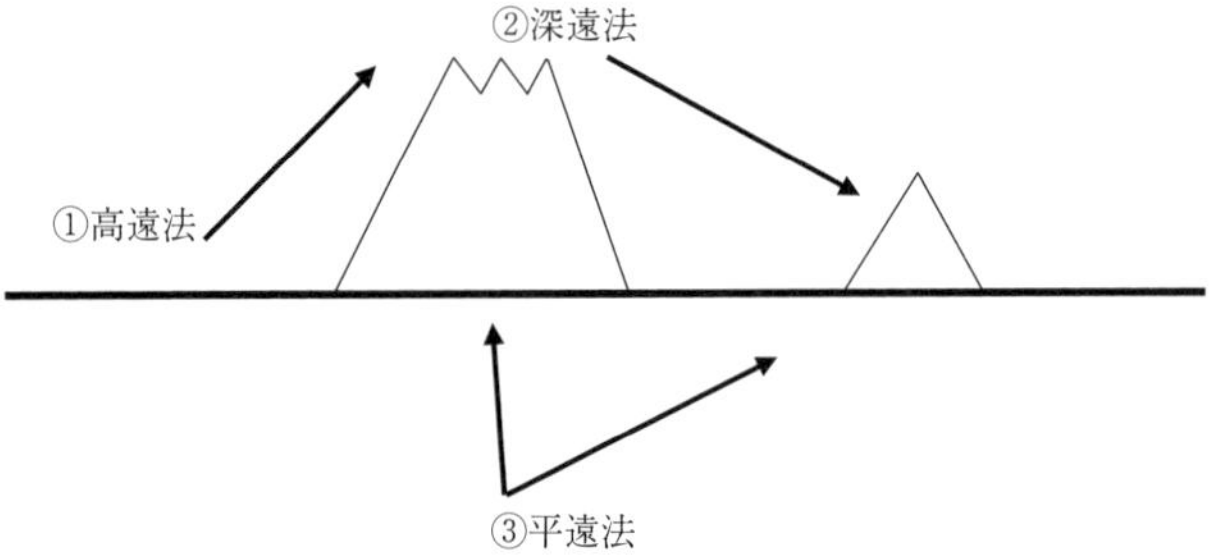

4．遠近法について

西欧文明が生み出した透視図（一点透視図法）は、主体と客体が分離していたことにより生み出されたのです。人間の目を視点として客体を捉えるもので、これは写真機の原理そのものです。それに北方ルネサンスが生み出した遠方の物体はかすんで見える現象を利用して遠近を表現する空気遠近法が加わるのです。

西欧画の遠近法とは全く異なる中国独自の画法があります。中国の北宋の郭煕（かくき）によってまとめられた三遠法について説明します。これには①下から頂上を見る（高遠法）②頂上から遠方を見下ろす（深遠法）③目線が平野を遠くまで見る（平遠法）があります。

西欧画との違いは風景を見る絶対的な視点は存在せず、①〜③の複数の視点が共存することです。

北宋末期の水墨画家韓拙《かんせつ》が空気遠近法的な闊遠、迷遠、幽遠の三遠法を提唱し六遠となるのです。

ここで強調したいことは、西欧でも中国でも主体と客体が分離していたので遠近法や三遠法を生み出したということです。主体と客体が融合していた日本文明では客体（自然）に包まれながら絵を描いていたのです。では、主体と客体が分離してしまった現在の日本画で自然に包まれた絵画を描けるのでしょうか。自転車の乗り方を覚えた人にその乗り方を忘れろと言っても忘れられないのと同じで、一度覚えた遠近法を忘れろと言っても忘れられないのです。そこで新しい（大島式）遠近法を考えてみました。

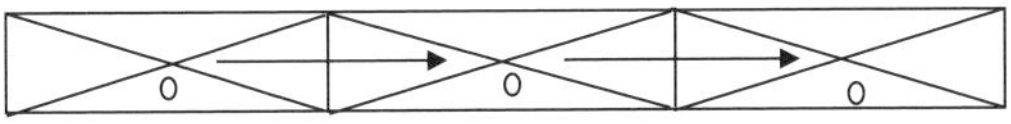

『今日のはじまり』 75.0×170.0cm 著者画

1 視点の水平移動

この絵について苦心したのは、視点を１８０度動かしながら描いたことです。西欧画の視点を固定して透視図を描く方法、また、従来の日本画のように色々な視点で描いた風景を雲で隔離し寄せ集める方法とも違うのです。中世・近世の回遊式庭園では、踏み石で立ち止まり視点を固定した風景を見ているのであって、回遊しながら眺めるようには造られていないのです。ですから、１８０度視点を動かしながら描いてみようと考えたのです。

2 視点の上下移動

この絵は視点を左斜め上に動かすことにより、風景の中に包まれながら描いた絵です（Ｐ１７５~１７６の遠近法も参照ください）。

大島式遠近法について解説します。Ｐ１５６中段の２枚の左は関口俊吾（１９１１~２００２）、右は網干啓四郎（１９３４~）が描いたパリ・

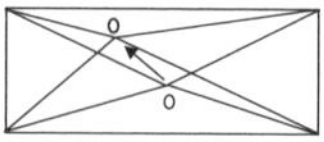

『春を待つ』　35.0×60.0cm　著者画

関口俊吾

網干啓四郎

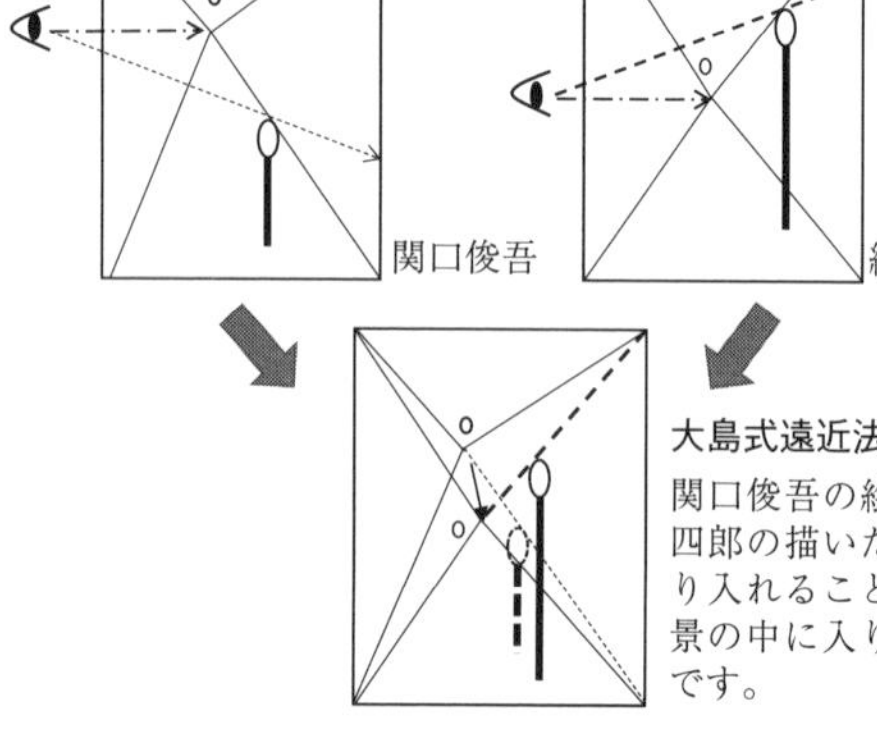

大島式遠近法

関口俊吾の絵に網干啓四郎の描いた外灯を取り入れることにより風景の中に入り込めるのです。

モンマルトルの風景です。

　これらは遠近法によって描かれていますが、外灯の高さを見比べると左は建物の上階から、右は階段の上に立って描いたことが分かります。左の関口の絵は階段の下を覗き込むことはできるのですが、画家が地面に立っていないことによる不安定感があります。

　でも、大島式遠近法で消失点（視点）を動かすことにより、風景に包まれた自然な絵画が描けるのです。西欧の絵画では視点を動かすことは受け入れませんが、日本人は生まれながらＤＮＡに組み込まれており、何の違和感も覚えないのです。

２０２２年の夏神戸ファッション美術館で『生誕１００年　山下清展―百年目の大回想』が開かれ、私は初めて山下清の絵の実物を見たのですが、私が意図している「大島式遠近法」の実践者であることを知りました。

山下清は現地ではスケッチをせず、八幡学園に戻ってから記憶を頼りに貼り絵を描いたのです。この絵を見て驚

『桜島』
1954年　貼絵
山下　清（1922～1971）
だまけん文化センター蔵

『パリのエッフェル塔』
1961年　水彩画
山下　清（1922～1971）

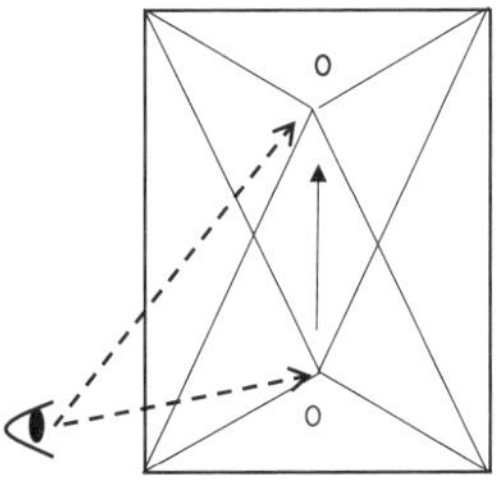

目を下から上に動かして描いています。
西欧画では写真と同じように視点は固定されているのです。

『富士（吉原）』（『東海道五十三次』より）版画
作成年不詳　山下　清（1922～1971）

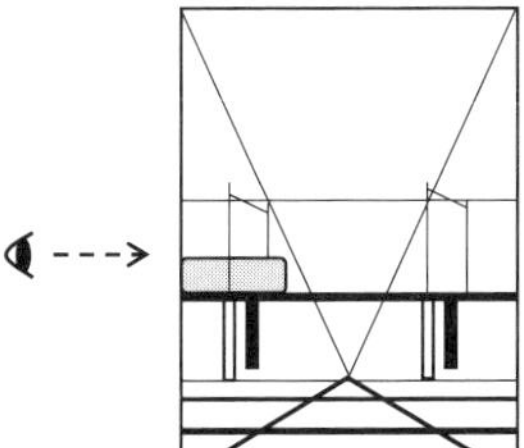

くのは線路の表現が真上から見たように描かれていること。これは、遠近法を知らない子どもの絵と同じなのです。でも、私には視点を自由に描いた絵として何の違和感も覚えないのです。

前ページ『富士（吉原）』の絵のユニークなところは、田んぼの広がりを真正面から見ている視点、新幹線を見ている視点が異なっており、その結果、新幹線の速度感が表現できているのです。

晩年に描かれた『東海道五十三次』があります。おそらく透視図の指導を受けた結果だと思われますが、遠近法で描かれているのです。

晩年のペン画より初期の貼り絵の方が優れていると思われます。晩年自分は画家であるという自覚が芽生え、「自分は画家として、まとまった作品を残したい」との思いから、『東海道五十三次』に取り組んだのです。誰からかの助言を得て遠近法をものにするのです。技量も格段に向上し、情緒ある絵を描くのですが、動的な絵の面白みがなくなり静的な絵になるのです。山下は計算ができず、吃音を患っていますがそんなことは絵を描く上で何の障害でもないのです。子どもの頃は生きている喜びを素直に描くことができたのに、長ずるに従い「上手く描くにはどうしたら良いのか」と考え出し、絵が面白くなくなるのと同じです。

文芸評論を文学作品の域まで高めたといわれる文芸評論家小林秀雄は、戦前山下清について次のように書いているのです。

清君の天賦の才能は疑う余地はないが、この才能には痴愚という痛ましい犠牲が払われてゐるという事も亦疑へない処だ。清君の絵に感じられる、意味とか情緒とかいうものの欠如、一種空洞な感じも。この痛ましい犠牲から来るのだろう（『文藝春秋』1940.2）。

芸術は〝実践知〟〝暗黙知〟の世界であり〝形式知〟は必要ないのです。芸術は心で感じる世界であり、頭で考える世界ではないので〝一種空洞な感じ〟が大切なのです。山下の次の言葉はこのことを見事に物語っているのです。

自分が良いところへ行こう行こうと思うと少しも良いところに行かれない。
良いところに行こうとしなければ、自然に良いところにぶつかる。
良いところに行こうとするから良いところにぶつからないのだろう。

私が思うには「良いところという〝形式知〟に囚われていては良いところにぶつからない。心を無にして自然と一体にならなければ良いところが分からない」ということです。要するに頭で考えるのでなく心で感じなくてはならないと言っているのです。

西欧文明は主体と客体が分離している文明であり、必然的に主体の目を通して客体を写し取る絵画となったのです。明治維新以前の日本文明は主体と客体が融合した文明であり、日本画は鑑賞者が絵の中に入り込める絵画であったのですが、西欧文明を取り入れたことにより、本来の日本画に近い山下清の絵は評価されなくなってしまうのです。日本画は西欧画のあと追いをしており、私はそれを覆したいとの思いで日々精進しているのです。

私の考えている日本画（含水墨画）について述べてみます。

a．墨に五彩あり

墨には淡墨から濃墨がありそれによる墨色で描く水墨画は、西欧画の表現とは全く異質な絵画といえます。

b．気韻生動

水墨画で一番重要だといわれている言葉です。筆使いから作者の息遣いが感じられなくてはなりません。西欧

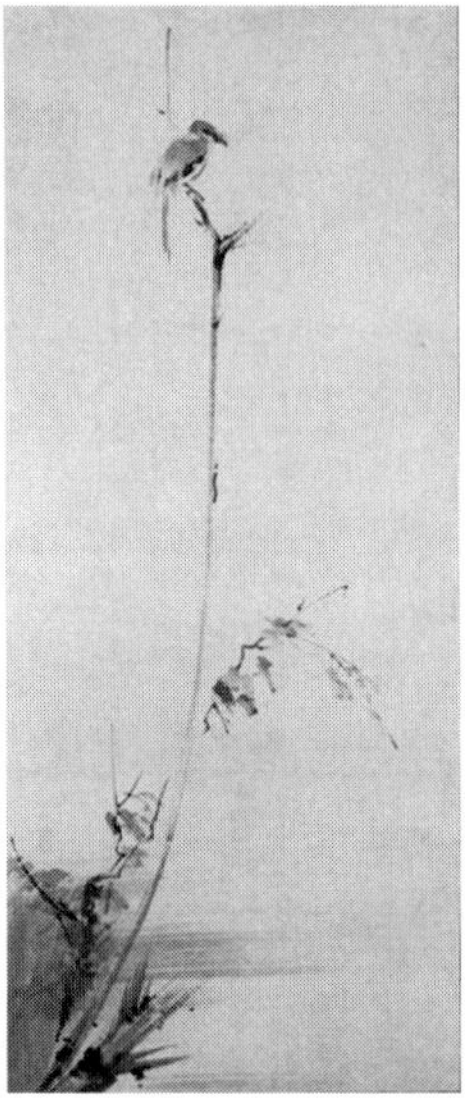

『枯木鳴鵙図』1640年
宮本武蔵（1584～1645）
重要文化財
和泉市久保惣記念美術館蔵

剣禅一如の心境を絵筆に託して、息をつめて一気に引かれた枯枝の弧線に激しい気魂が感じられます。

画にはない筆の勢いや筆跡が重要ということのようです。

c．花を見て花を見ず。

花の形を写し取るのではなく、花の生命力を描くのです。私が通っている「水墨画教室」の標語である「心澄む時墨色冴える」がこの三つを見事に表現していると思われます。私が「気韻生動」を最も感じる絵に宮本武蔵の『枯木鳴鵙図』があります。

5．気韻生動と浮世絵

日本画のもう一つの流れに大和絵があり、これは中国の絵画と全く別のものです。南斉（五世紀）画論家・謝赫《しゃかく》はその著書の中で、水墨画で一番重要視されるものは「気韻生動」であると書いています。作家の人格が画面に反映されていて、気高い風格、情緒が生き生きと満ちていることが大切だという意味です。そもそも、水墨画が日本に伝わるのは平安貴族から政治権力を奪取した武士階級が自分たちに相応しい芸術を希求した結果であり、禅宗も武士階級が希求したものなのです。国家護持の仏教は鎌倉時代になり民衆の救済を目的にしたものに変化するのです。そして民衆のための芸術として生まれたのが浮世絵です。禅宗は自力本願であり自分の力で悟りを得るのに対し、浄土真宗を始めとする鎌倉仏教は他力本願であり、仏に帰依することで救済されるのです。ですから水墨画では「気韻生動」が重要視され、画家の主体性が感じられる作品が評価されるのです。

『松浦屏風（婦女遊楽図）』
（上・左隻、下・右隻）1650年
岩佐又兵衛（1578～1650）
国宝
大和文華館蔵

『見返り美人図』（1693年頃？）
肉筆浮世絵
菱川師宣（1618？～1694）
東京国立博物館蔵

菱川師宣は浮世絵の確立者であり浮世絵の祖と称されている。世界的にも有名なこの絵は何故か重文ですらないのです。その理由は本文のように考えられています。

浮世絵の祖といわれている岩佐又兵衛と菱川師宣の風俗画を見てみます。

東京国立博物館の松嶋雅人・調査研究課長は、左記のように指摘しています。（朝日新聞夕刊、2022・4・19）

「必ずしも巧みな作品ではない」「線描には硬さがあり、顔や髪の描写も平板。どこに足があるのか分かりにくく、足が非常に長いと感じる人もいるでしょう」

「文化財指定では、

歴史的な意味に加え、上手さや技術も求められるでしょうから、現行では指定が難しいのかもしれない」

「どこに足があるのか分からない」というのは、西欧絵画の基本であるデッサン力がないということのようである。「線描きの硬さがあり、顔や髪の描写も平板」という指摘については肉筆浮世絵を絵画芸術としてみれば西欧画の三次元的見方からは不満があるのですが、グラフィックデザイン画と考えれば何も問題はないのです。そもそも大和絵の系譜は二次元の絵画であり立体的な形が正確でなくても情緒や雰囲気を醸し出していれば日本人（庶民）の心を捉えるのです。浮世絵は木版の原画として絵師が描くデザイン画であり、西欧人から評価されるまでは芸術作品として扱われておらず、輸出する陶器を梱包する箱の隙間に詰めるパッキング材として使われていたくらいなのです。

『菖蒲図』

『小菊図』

日本画には大和絵系列のグラフィックデザイン画と気韻生動の水墨画の系譜があるのです。

私が描いた左側の『小菊図』はグラフィックデザイン画を意識して描いた墨彩画で、右側の『菖蒲図』は本来の水墨画を意識して描いた墨彩画です。水墨画では左側の絵は全く評価されないのです。

この絵の表現の違いを説明します。

『小菊図』の花は黄色の丸型の枠取りとして墨で点線を描き込んでいるのに対し、『菖蒲図』の花弁は花脈を描いていますが、花弁の枠取りは行わず自然な滲みに任せているのです。

『小菊図』の葉は濃墨で葉表を淡墨で葉裏を描き分けているのに対して、『菖

蒲図』の葉は筆の勢いに任せて描いているのです。

水墨画で一番重要視される「気韻生動」は右側の描き方になるのです。大和絵は描線で輪郭を描きその中に色を塗るという二次元の表現であったのです。横山大観が朦朧体という描き方を編み出したのは西欧画の影響を受け、三次元の描き方を日本画に取り入れた結果です。

一方、西欧画では描線の中を色彩で埋め影を描かない浮世絵（大和絵）の影響を受け、ゴーギャンのナビ派が生まれたのです。

尾形光琳の『燕子花《かきつばた》図屏風』はグラフィックデザイン画のような絵画です。燕子花の姿を型紙にとり、リズミカルに配置して全体を構成しているのです。

モネをはじめ印象派の画家たちが憧れたジャポニスムを、現代の日本画として再探求している日本画家平松礼二（1941〜）の作品を紹介します。

池に咲く睡蓮、池に映る雲、池の上を舞う赤蜻蛉。モネの睡蓮の絵を日本画に置き換えた池に映る雲や柳を見ていると、まさにモネが描いた世界そのものです。平松芸術は〝遊び心〟を取り入れた様式化装飾美、すなわち現代版の琳派といえるのです。

『燕子花図屏風』
（上・左隻、下・右隻）
1701年以降
尾形光琳（1658〜1716）
国宝　根津美術館蔵

平松礼二の作品

6．西欧画の日本画に対する影響（1）

日本の浮世絵が西欧画に与えた影響について記述しましたが、西欧画が日本の絵画に与えた影響について、葛飾北斎（1760～1849）、葛飾応為（生歿不明）、鈴木其一（1796～1858）、高橋由一（1828～1894）の絵で見てみます。

葛飾北斎（1760～1849）
富士山に焦点を当てて遠近法で描いています。

葛飾応為（生歿不明）
北斎の娘である応為は、光と影の西欧画的表現を試みています。

鈴木其一（1796～1858）
江戸琳派の画家。
左右対称の構図は日本画では初めての試みであり、西欧画の影響が窺えるのです。

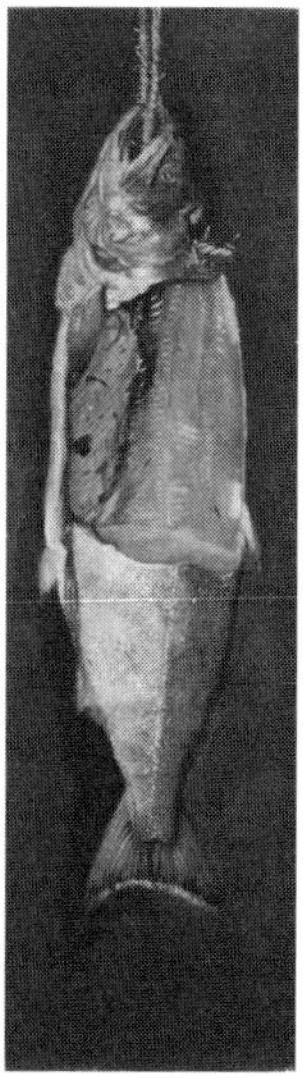

高橋由一（1828～1894）
本格的な油絵技法を習得した日本で最初の洋画家です。西欧画の写実主義に真摯に取り組んでいます。客体を概念で描く究極な技法が写実主義なのです。

『瓜生の里、十六羅漢』 35.0×110.0cm 著者画

7．西欧画の日本画に対する影響（2）

明治維新により西欧文明を受け入れた日本は、主体と客体の分離を図ったのです。そのことによる絵画の影響は、自然の〝実態〟（生命）をそのままに描く日本画（含水墨画）から、客体を〝概念〟で描く西欧画に変化するのです。主な点を説明します。

① 個性の重視

西欧文明の個人主義は絵画における個性の重視となるのです。個性が感じられない絵画は認められず、自分が描いたモノを概念化し再構成し、見る人に訴え掛《か》けるモノ（思想）がなければ評価されないのです。

瓜生は兵庫県相生市郊外の山里にあり、山頂に中世の城址がある感状山麓の村落で、その山道を少し登ったところにある洞窟に釈迦如来、文殊菩薩、普賢菩薩と十六羅漢の石仏が安置されているのです。世間ではあまり知られていませんが私は俗臭がなく自然と一体となったその風情を高く評価しています。伝承では欽明天皇の御代（西暦６００年頃）、百済から仏教を伝えに二人の僧が渡来し、この洞窟に流されこれらの石仏を作ったというのですが、実際は室町時代の頃の作と思われているのです。ネット上にはこの石仏を描いた絵が載っていますが、皆自分が気に入った石仏を中心に数体の石仏を個性的に主体が見た客体を描いたものばかりです。私はお釈迦さまを含めてすべての羅漢さまそれぞれに焦点を当て一体ずつ描いています。

② 構図という概念

『ひまわり』　ゴッホ

『ひまわり図』著者画

西欧画は、中心となる花に焦点を当てて描くのです。私がゴッホの『ひまわり』から教えられたのは、枯れたヒマワリの花が半数を占めていること、どの花も皆同じように（中心の花を決めておらず皆平等に扱い）描かれているのです。ゴッホは見えるままを描いたのです。そこで私も正面を向いて咲いたヒマワリ、後ろを向いたヒマワリ、枯れたヒマワリを平等に見えるまま描いてみたのです。

ゴッホはこの描き方を浮世絵から学んだのです。西欧では絵画は「見えたもの」を概念化し再構成して描いていた。これは過去の止まった時間を描く静的な絵画です。一方、日本画は自然と一体（融合）となって〝実態〟を現在の時間で「見えるまま」に描く動的な絵画であったのです。ゴッホは不思議な画家で牧師の息子として生まれたのですが、聖職者を志すも挫折し画家になることを目指すのです。オランダの写実主義ハーグ派の画家に師事し遠近法やデッサン力を身につけるのです。この頃は貧しい農民の生活を暗い色調で描いていたのですが、その後１８８６年弟のテオを頼ってパリに出たゴッホは日本の浮世絵に出会い、明るい色調の絵を描くようになり、１８８８年2月日本に似ているという理由で南仏アルルに移るのです。

次ページの『アルルの跳ね橋』の絵は、しっかりとしたデッサン力と遠近法による画面構成と印象派の影響による明るい色調で描かれています。その後ゴーギャンとの共同生活の夢が破れ、１８８８年12月末耳切事件を起こし、１９８９年5月、アルル近郊のサン＝レミ療養院に移るのです。

『糸杉と星の見える道』　1890年5月　ゴッホ
クレラー・ミュラー美術館蔵

『アルルの跳ね橋』　1888年3月　ゴッホ
クレラー・ミュラー美術館蔵

『星月夜』　1889年6月　ゴッホ
ニューヨーク近代美術館蔵

上の絵と比較してみると、遠くに教会があり空は渦巻きその後のテーマになる糸杉が描かれていて、遠近法ではなく曲線で描かれています。私はキリスト教（一神教）の牧師になろうとしていたゴッホが、日本の〝神道〟の自然のエネルギーそのものを絵にしたその変化に驚かされるのです。

上の絵では炎のように天に燃え上がる糸杉に自然のエネルギーを見ているのです。この絵を最後にピサロと親しい医師ポール・ガシェを頼ってパリ近郊のオーヴェル＝シュル＝オワーズに転地し、2ヵ月後ピストル自殺するのです。その頃のゴッホについては拙著『深耕　日本文明試論』のCOLUMN 7「ゴッホ最期の2か月間」を参照してください。

繰り返しになりますが、『ゴッホの手紙』によれば、ゴッホは憧れた日本について以下のように理解したのです。

ファン・ゴッホにとって、日本人とは自分自身が花である

かのように自然の中に生き、深い思想と真の宗教をもち、兄弟のような生活をする貧しく素朴な人間ということになります。

一神教の〝キリスト教〟の信者であったゴッホは日本の浮世絵の模写を通して自然と融合した〝日本教〟を理解し我がモノとしたのです。

ゴッホについて誰も気が付いていなかったのですが、要するに明治維新以前の日本人のように自然に対して未分化の関係（ゴッホ流に表現すれば、**自分自身が花であるかのように自然の中に生き**）をゴッホは自分の死を目前にして自分のものとして絵を描けるようになっていたのです。それがゴッホの最期の作品になると主体の存在が消えており、まさに憧れていた〝日本人〟のように客体（＝自然）を見ることができるようになった。

『木の根と幹』　1890年7月　ゴッホの最期の作品と思われる。

ゴッホにとっての最期のテーマは「生と死」であったので、植物は枯れても根から新しい芽を吹くのです。ですから根は〝生命〟そのものなのです。

③　西欧画への追従

日本画家が西欧画の手法を真似て描かれた日本画には以下のようなものがあります。

土田麦僊は日本画に西洋絵画の重厚なマチュールや合理的な空間把握、

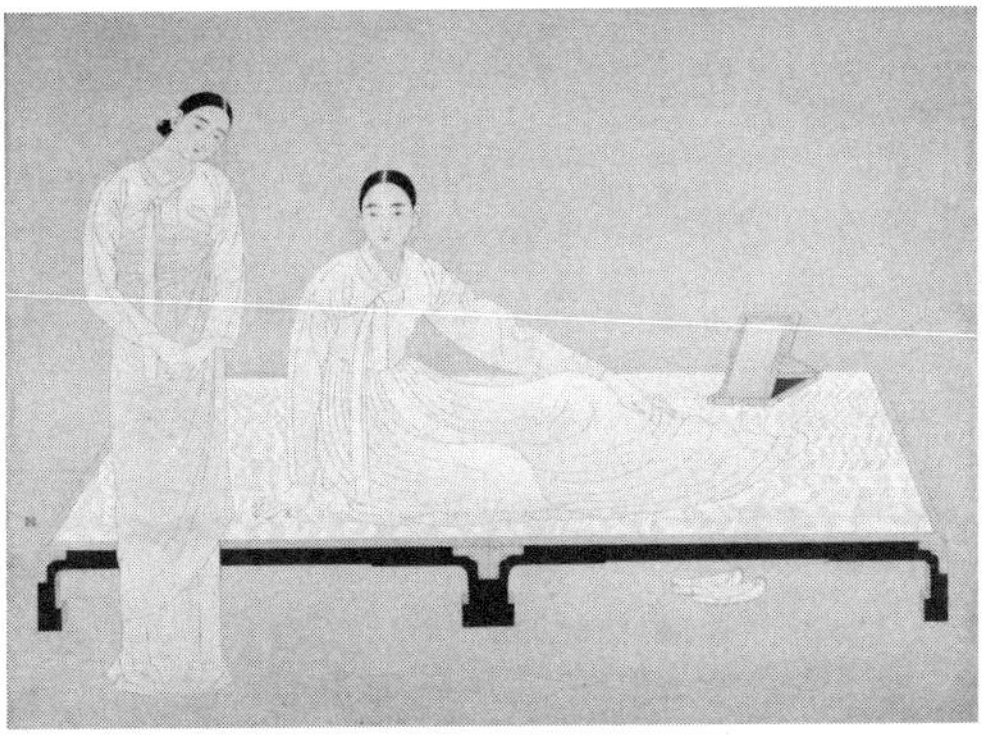
『平牀（へいしょう）』　土田麦僊（1887〜1936）　1933年
京都市京セラ美術館蔵

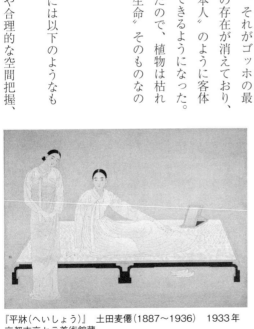

幾何学的な構図などを取り入れた新しい日本画の創造を目指したことで知られています。この絵は、立っている人物、低いベッド、そこに座っている人物が作る三角形の構図が特徴的な絵画です。近代的なセンスにあふれた新しい日本画だと思うのですが、私には西洋絵画と日本画の違いはどこにあるのか分からなくなるのです。現在では「油絵の具で描くのが西欧画であり、岩絵の具で描くのが日本画である」といわれる所以なのです。

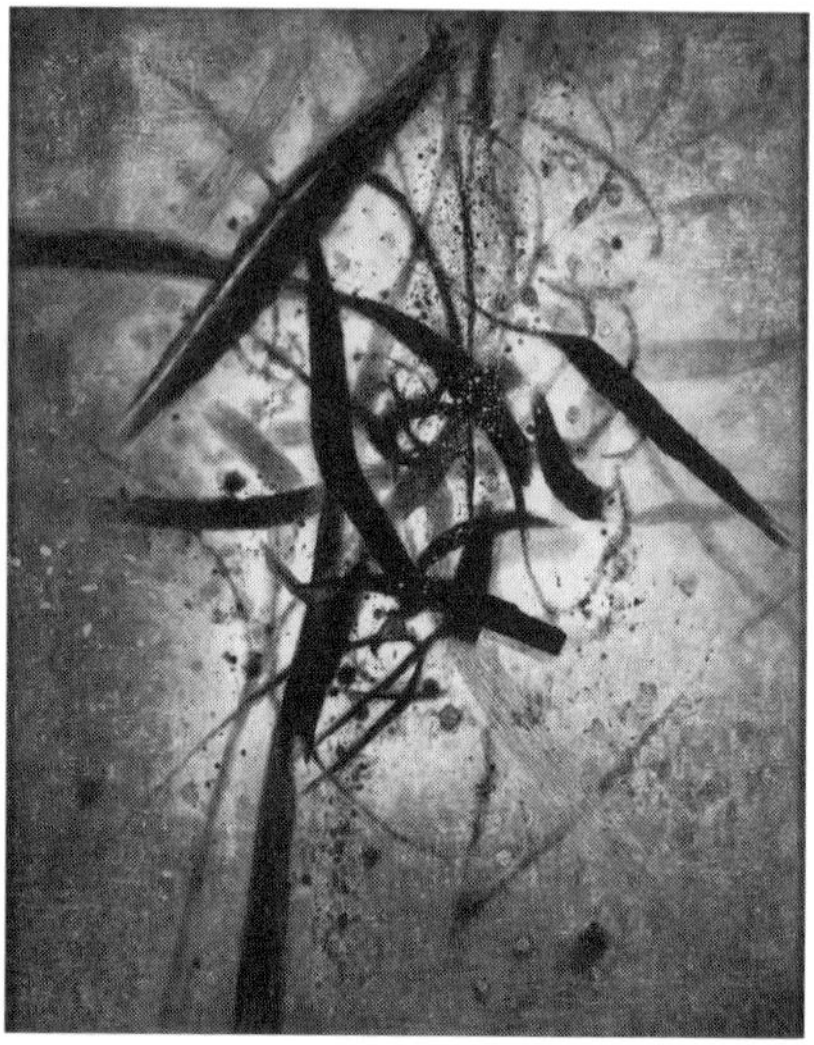
『交響』 1961年 堂本印象(1891〜1975)
京都府立堂本印象美術館蔵

上の堂本印象の描いた『交響』は日本画で抽象画に挑戦した有名な絵画で、評価も高いのです。でも正直なところ私にはどう評価して良いのか全く分からないのです。主体と客体が融合した日本文明の中で、形のない「交響」という“概念”を日本画（抽象画）で表現することが果たして意味があるのかということです。

甲斐荘楠音（１８９４〜１９７８）は舞妓の顔を人間の顔として描くことで、新しい日本画の表現を生み出したところに意味があります。そもそも日本画に抽象という概念がなかったのは“実態”を描く絵画であったからです。日本の自然を描くことで「交響」を表現できるのですから、日本画で抽象画を描く意味など初めからないということです。この絵画『交響』は絵として美しいとは感じますがただそれだけなのです。

私の考えている西欧画と日本画の描き方の違いは外側から描くのか内側から描くのかということです。西欧では客体（自然）を外側から見ているので、キャンバスの大きさの中で構図を決め、外側から描いてゆくのです。一方日本では自然と融合していたので自然を内側から描くのです。日本画はその結果できた絵を納める用紙の大きさは

①自然の〝実態〟（生命）をそのままに描く日本画（含水墨画）

富岡鉄斎（1837～1924）……自由奔放な文人画

長谷川等伯（1539～1610）……気韻生動を表す思惟による絵画

尾形光琳（1658～1716）……大和絵を意匠的な絵画に進化させた

伊藤若冲（1716～1800）……山川草木悉皆成仏の思想を絵にする

円山応挙（1733～1795）……生きているままにその命まで写し取る絵画

描いたあとから自由に決めればよいのに、現実は西欧画にならい日本画も号数で大きさが決められているのです。

これは、今日の洋服のデザイン、建築や都市の設計も同じなのです。その詳細を、10．絵画・工芸・ファッション、11．建築・都市で説明しています。

8．抽象画・アクションペインティング

日本画

主体と客体が一体となって描かれる日本画では、自然を描くことで心象を表現できるのです。また、主体と客体が未分化である子どもの絵が面白いのは内部から湧き出るものを素直に表現するからであり、西欧文明の影響を受けて大人になるにつれ主体と客体が分かれてしまい、対象を観念的（〝実態〟でなく〝概念〟で）に捉えるようになり絵が面白くなくなるのです。

日本画は西欧画のように、主体（個人）が客体（自然）を見て頭の中で再構成して描くのとは違い、自然と一体（融合）となって〝実態〟をそのまま描くことにより、鑑賞者が絵の中に入り込むことができる絵画になるのです。

西欧画

主体と客体が分離している西欧文明では主体が客体を描く絵画が発達するのですが、西欧画は日本の浮世絵の影響を受け、主体と客体の各々を追求する方向に分かれていったのです。南欧（ラテン）は新古典主義（理知的・解放的）

『黄・赤・青』（1925）
カンディンスキー（1866～1944）
色と形態による主体（内面）の表現。

『赤・青・黄のコンポジション』（1930）
モンドリアン（1872～1944）
縦横の直線と三原色の組み合わせによる抽象画。

『無題』
ジャクソン・ポロック（1912～1956）
アクションペインティングの旗手。
無意識下における芸術を探求した。

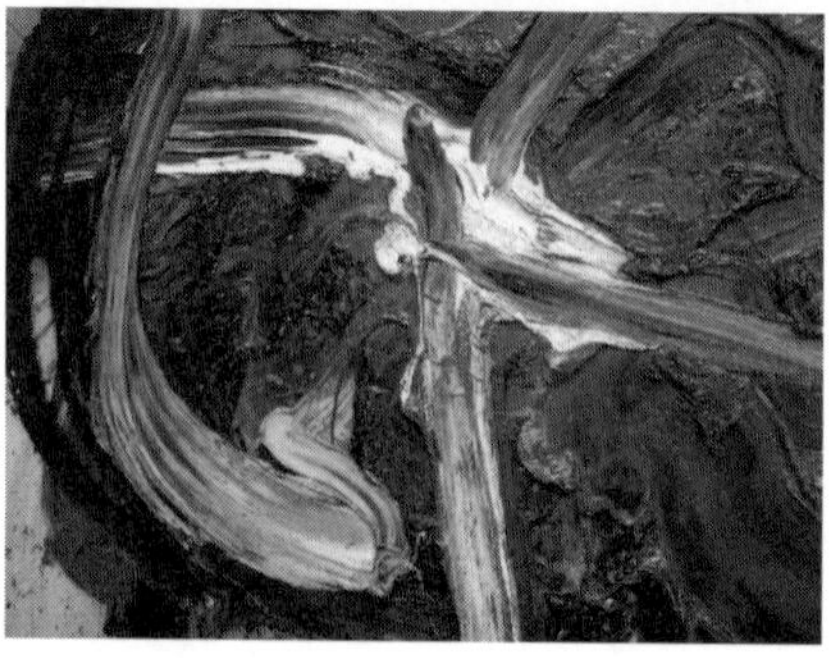

『フットペインティング』
白髪一雄（1924～2008）
具体美術の旗手の一人。
天井からぶら下がり、足に絵の具をつけて描かれている。

『Marilyn』（1962）
アンディ・ウォーホル（1928〜1987）
派手な色彩で図版を大量に生産できるシルクスクリーン技法を用いています。

『ヘアリボンの少女』（1965）
リキテンシュタイン（1923〜1997）
ポップアートを代表する画家の一人。これはアメリカの漫画の典型的なヒロインの顔をテーマにして制作されている。

の伝統を踏まえ、絵画を客体の表現へと進化させ、後期印象派のセザンヌを経てピカソ、ブラックらによるキュビズムを生み出しました。そのキュビズムを発展させ、純粋な色と形による構成で抽象画を描いたモンドリアンは客体を表現した絵画の延長線上にあると思われます。一方、人間の心理を（物を媒介するのでなく）直接表現することを試みたのはカンディンスキー（ロシア）による抽象画です。非幾何学的なしなやかで有機的な形態が、一見すると生物を表現しているようですが、実際はカンディンスキーの内面を表現しているのです。

アメリカのジャクソン・ポロックは自然を概念化して絵を描くのでなく、頭を通さず肉体で感じたまま描く絵画としてアクションペインティングを生み出すのです。日本では具体美術の白髪一雄が有名ですが、これこそ日本文明が生み出した抽象画だといえるのです。

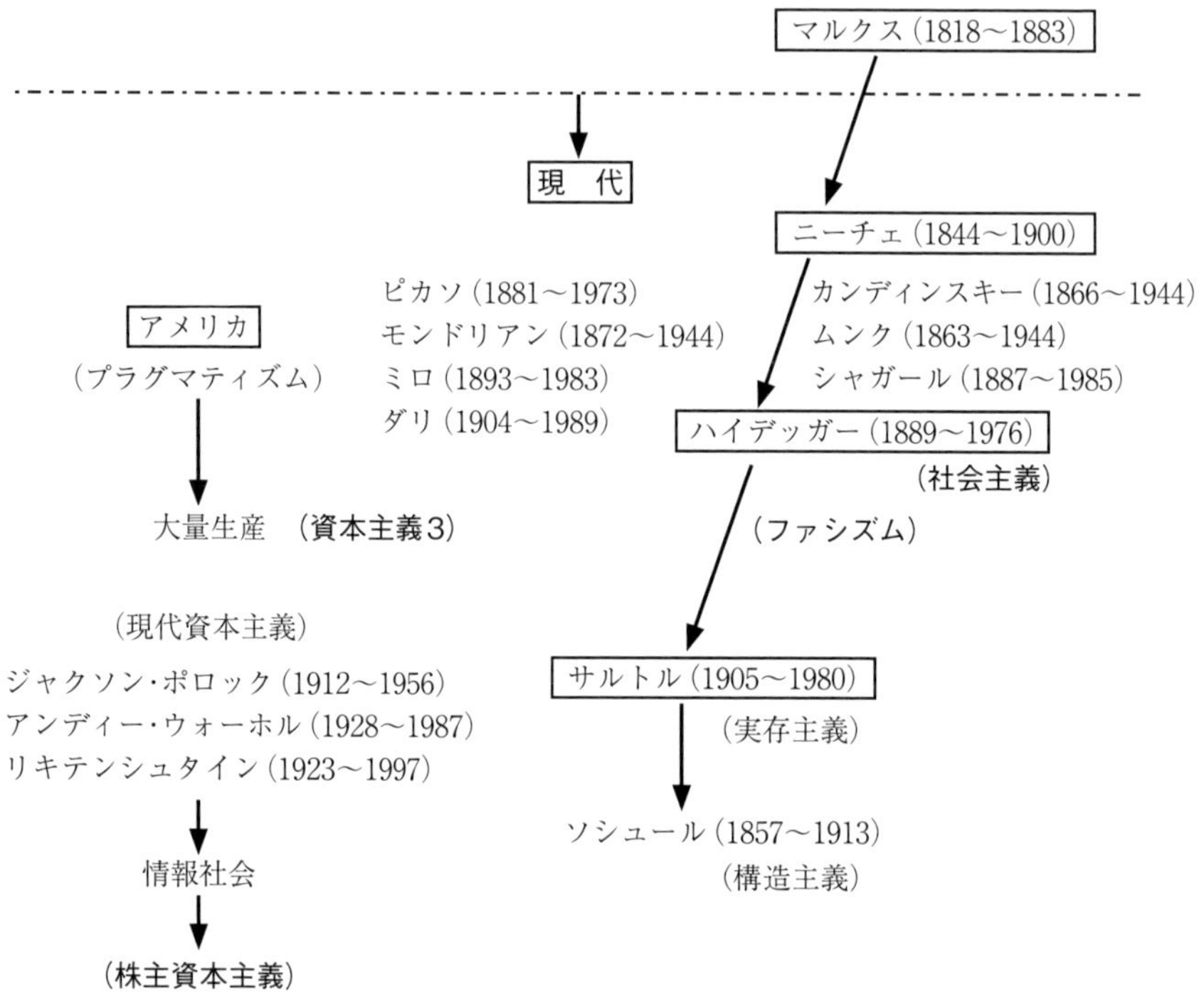

9．現代絵画

戦後、経済の中心がヨーロッパからアメリカに移ったことにより、美術の中心もパリからニューヨークに移るのです。アメリカが生み出した大量消費社会により、消費者として主役となった一般大衆が欲する新しい芸術が求められ、大量に売れる絵が求められました。ポップアートの旗手アンディー・ウォーホルは芸術の大衆化をいち早く理解し、シルクスクリーン技法より、映画『ナイアガラ』のスチール写真からマリリン・モンローの胸から上の肖像をシルクスクリーンにして（市場に出回る枚数の上限を決めず）版権のみを売り、作品を安価な値段で広く販売しました。これは、江戸時代に木版画により浮世絵を安価な値段で大量に販売したやり方と同じなのです。

一連の拙著『日本文明試論』の執筆を通して分かったのは、西欧文明は主体と客体が分離した文明であるのに対し、本来の日本文明は主体と客体が融合した文明であったのですが、明治維新以降日本は西欧文明を取り入れ主体と客体を分離することにより近代化を図ってきました。現代の芸術は、西欧文明の影響により本来の日本文明とは異なり人間の個性を前面に押し出した芸術以外評価されないのです。しかしながら、あらゆる分野で西欧文明が行き詰まっており、それを突き破るのが芸術による〝意識変革〟であると思われます。

近代化以前の西洋画①③と日本画②は以下のように全く別のものであったのです。

本来の日本画は主体と客体が融合していた日本の文化の中から生み出されたものであったのです。それが日本の近代化に伴い、主体と客体が分離し西欧絵画のあと追いをするようになりました。西欧文明の「I」と日本文明の〈わたし〉の違いが、絵では西欧画と日本画の違いとなって現れていたのですが、明治以降の日本画は西欧画の「I」による表現を追い求めてきたのです。その結果、個性を表現しなくては絵ではないということになり、本来の日本画の〈わたし〉の表現は廃れてしまったのです。文化を支える経済基盤が現在では株主資本主義、個人主義であり、必然的にそれが生み出す西欧絵画が主流になる。そのため日本画も西欧画のあと追いとなるのです。しかしながら、絵画の世界（主体が生み出す絵画）を変えるにはそれを支える土台まで変えなくては、一般の人たちの共感は得られないのです。現代の日本文明の土台は個人の利益を追求する株主資本主義だということです。でも漸くその流れに変化（個人主義から新しい共同体を基盤とする資本主義）が起きてきたのです。

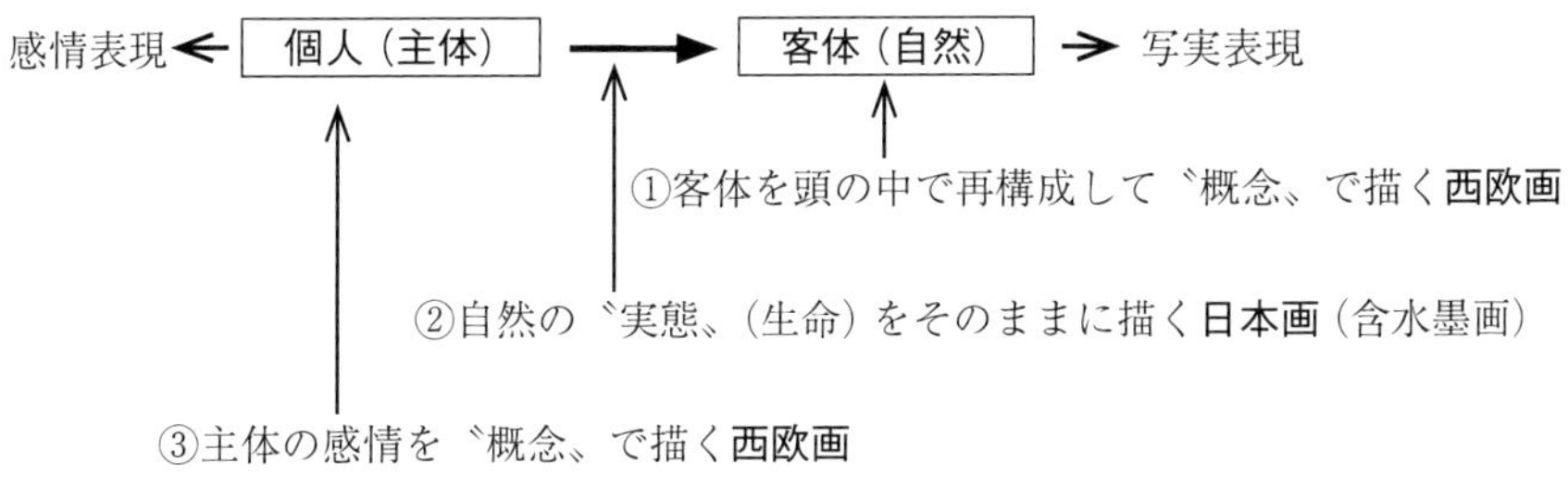

『富嶽三十六景神奈川沖浪裏』
(1831〜34)
葛飾北斎(1760〜1849)

遠景と近景が組み合わされた2次元の絵画です。西欧画は遠近法による3次元の絵画であるため遠景、中景、近景が連続して描かれるのです。

『名所江戸百景亀戸梅屋舗』
(1857)
歌川広重(1797〜1858)

近景と遠景を色彩のみによる平面的な画面構成で、梅見という庶民の日常生活を見事に描いています。

日本画と異なり、西欧画では自然を外側から見ているのです。そのために生み出したのが遠近法（一点透視図法）であったのです。私は西欧絵画の印象派は日本の浮世絵が生み出したものと考えています。これは何度も言ってきたことですが、浮世絵の表現が西欧の「印象派」の画家たちを生み出したと考えているからです。そのことが分かる以下の3点を指摘します。

第一：西欧画を支配していた遠近法の呪縛からの解放（近景と遠景の自由な組み合わせや対象を俯瞰した自由な視点など）。

第二：色彩の解放（光と影の呪縛からの解放、純粋に色彩のみで画面を構成）。

西欧画は立体に光を当て作り出す影を表現した三次元の絵画です。それに引き換え日本画は影を表現

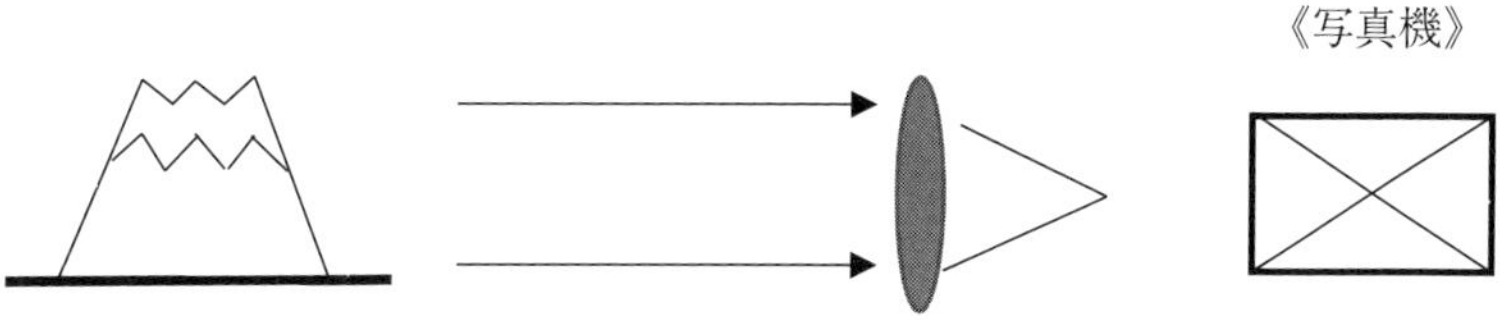

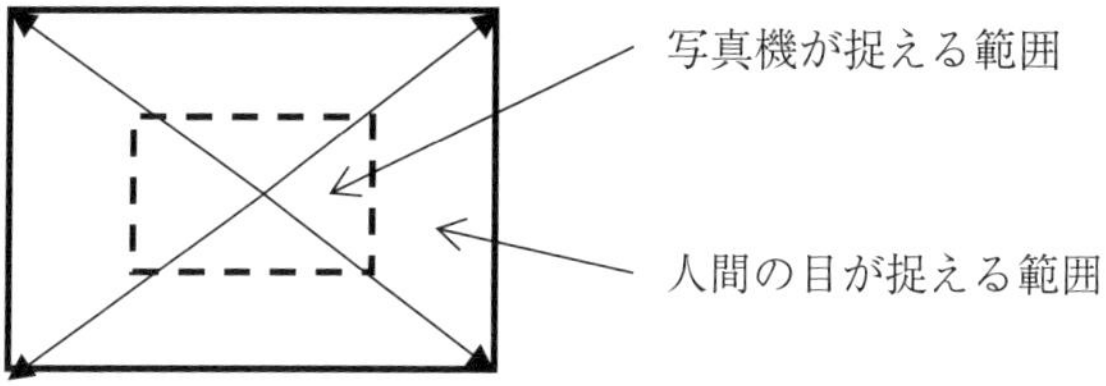

しない二次元の絵画なのです。

第三：絵画の対象からの解放（西欧絵画の対象を宗教や歴史から自然の風景、庶民生活、日常の生活雑器など身近なものすべてを対象）。

『日本文明試論』では、西欧文明は〝形式知〟の文明であり、明治維新以前の日本文明は〝実践知〟〝暗黙知〟の文明であったと指摘しました。その違いは物の見方に端的に現れているのです。

デカルトの「自分」を中心に世界を見る見方が、〝形式知〟が生み出した一点透視図法（＝遠近法）であり、写真機のレンズを通して風景を写し取る方法と同じです。

一方、人間が物を見る時は風景を左右の目で見た各々の情報を脳で統合しているのです。

人間の目で見える範囲は写真機で捉えるより、はるかに広い範囲を見ているのであり、〝実践知〟〝暗黙知〟の文明が生み出した日本画は人間が見たままの景色を描いていたのです。

色についても同じことがいえるのです。写真機で焼きつけられた色より、肉眼でははるかに豊かな色を見ています。日本の浮世絵が西欧絵画に与えた影響がここにあったのです。19世紀、カメラの登場で写真的な絵画は見捨てられ、代わりにカメラで捉えられない風

葛飾北斎（1760〜1849）
『冨嶽三十六景　江戸日本橋』
1830-1832頃

複数の焦点を持った遠近法で描いています。

景を描く印象派が生まれたのです。写真では捉えられない視点の変化はのちにキュビズムを生み出し、写真では捉えられない色彩の解放はのちにマチスのような絵画を生み出すのですが、それらのヒントはすべて浮世絵から得たのです。

透視図法の伝来について

江戸時代に西欧より一点透視図法（＝遠近法）が日本に伝えられましたが、その状況を記述します。要点は、明治になってから本格的に西欧文明を受け入れた時とは、明らかに違っていたということです。

日本人が一点透視図法にかかわった画家は年代的には以下のようになります。平賀源内（１７２８〜１７８０）から円山応挙（１７３３〜１７９５）、司馬江漢（１７４７〜１８１８）を経て葛飾北斎（１７６０〜１８４９）歌川広重（１７９７〜１８５８）に伝わったと考えられるのです。一点透視図法は平賀源内が長崎に赴き蘭書から学び、また、将軍吉宗の時オランダ商館から直接伝えられたと思われます。

ここで留意しておきたいことは、明治時代に西欧近代化を受け入れる際に、西欧文明の主体と客体との分離を図ったのです。その結果西欧絵画のあと追いをすることとなり、絵画の教育は日本画も含めて三次元表現としての石膏デッサンと一点透視図法（＝遠近法）が必須となり、日本画は「油絵の具で描くのが西洋画、岩絵の具で描くのが日本画」であるというまでに、成り下がってしまったのです。

江戸時代の日本画（含浮世絵）は二次元表現であり、主体と客体が融合していた文明により生み出されたものであり、風景の中に入り込んで自然を表現していたのです。ですから、主体と客体の分離については特に意識せず、従来の二次元絵画に奥行きを表現する技法として部分的に取り入れたに過ぎないのです。その証拠となる浮世絵を示します。

複数の焦点があるということは、風景の中にいて描いたからなのです。外から風景を見ている西欧画ではおかしいとなるのですが、自然と一体化し内側から見ている日本人には違和感を憶えないのです。

円山応挙が一点透視図法で（眼鏡絵で見るための）絵を描いていますが、絵を描いたのはからくりに必要な絵を一点透視図法で描いただけなのです。

一点透視図法は宣教師ジュゼッペ・カスティリオーネ（１６８８〜１７６６）が中国に伝え、中国の宮廷画家沈南蘋（１７３１年から2年間長崎に滞在し、写生的絵画を伝えた。）が伝えたという説があるとのことです。私の考えでは、没骨法による三次元絵画は認めますが、そもそも中華思想に囚われている中国には　遠近法に代わる三遠方があるのですから、興味を示さなかったのではと思われます。

透視図法が日本に伝わった経緯について、日本経済新聞朝刊2023.10.22『蘇州版画（1）』、2023.10.29『蘇州版画（２）』に次のように書かれています。

・宣教師ジュゼッペ・カスティリオーネが持ち込んだ油彩画の聖母子像、聖書や地理書の挿絵・銅版画は宮廷画家、文人画家そして市井の画家に衝撃を与えた。
・中国絵画とほぼ時期を同じくして蘇州版画の画家もまたヨーロッパの技法をみずからの作品に取り込んだ。
・中国を通して西欧の遠近法や陰影法が伝播したのは、江戸時代の中期に日本の町絵師が蘇州版画を模写して学んだ。

司馬江漢(1747〜1818)
一点透視図法で描いた油絵です。

歌川広重(1797〜1858)
司馬江漢の一点透視図法の絵を人の両眼で見て視点を平行に動かして描き直しているのです。

司馬江漢は一点透視図法による『東海道五十三次』を描いています。歌川広重はその絵を基に『東海道五十三次』を描いたものと思われます。西欧文明を評価している日本の美術評論家は、オリジナリティー重視の観点から、司馬江漢の絵を評価しているのです。でも江戸時代までの日本の文明では、拙著『日本文明試論』「第2章　日本の絵画」の富岡鉄斎の『富士山図屏風』では次のように書かせてもらいました。

富士山頂をクローズアップしリアルに描いたのは富岡鉄斎が初めてではないとのことです。池大雅（1723〜1776）は3度も富士登頂を果たし富士山頂付近のスケッチを残しています。小泉斐《あやる》（1770〜1854）は1795年に登頂した際の真景図を基に『富士登岳図巻』（1801）を描いています。谷文晁（1763〜1841）の『富士山中真景全図』（1795）は斐の『真

『月夜山水図』江戸時代18C
長沢芦雪(1754〜1799)

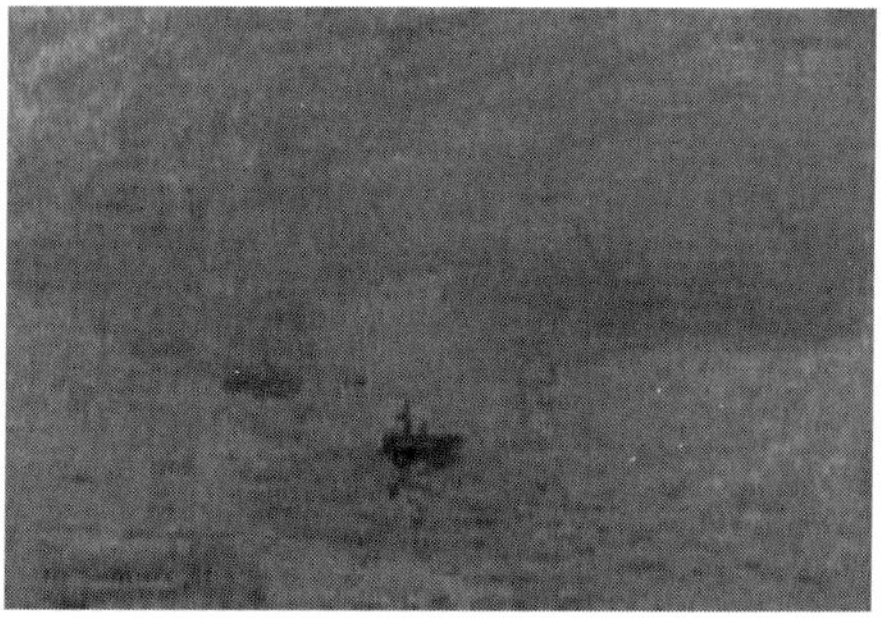

『印象・日の出』1872年　48㎝×63㎝
クロード・モネ(1840〜1926)

景図』を模写したものとのことです。今日の研究では鉄斎は1875年自ら富士に登頂を果たしていますがその後描いた富士山図は斐の『富岳写真』に準拠して制作されたとわかっているとのことです。もっとも鉄斎は自分の絵は「ぬすみ絵だ」と言って憚らなかったとのことです。(「美の美」日本経済新聞朝刊 2013.12.15付より)

江戸時代までの日本画家は先人のイメージを積極的に活用することで、絵をより広い世界の中で生かす道を切り開いてきました。「個人の表現」「私の芸術」の枠から一歩も飛び出せない現状は、近代が選び取った「個人の表現」「私の芸術」の行き詰まりを図らずも映し出しているといえます。

2019年1月23日放送のNHKのBSで『江戸あばんぎゃるど』という素晴らしい番組を見ました。日本の画商とアメリカの日本画コレクターによりアメリカに流出した江戸期日本画の名品（俵屋宗達、尾形光琳、酒井抱一、伊藤若冲、曾我蕭白、長沢芦雪、狩野山雪など）を紹介した番組です。国宝級の日本絵画の流出について以前から心を痛めていたのですが、アメリカ人が日本絵画を正当に評価し大切に保管（多くはアメリカの美術館に寄贈）されてきた現実を知り、かえって良かったと思えるようにもなりました。ただ、気に入らなかったのは番組の最後に出てきた日本人とアメリカ人の美術評論家による対談内容です。日本人が言うのに「外国での生存競争に負けた人たちが日本列島に集まってきて、自然と融合する日本文明を生み出した」とのこと。冗談半分にしても何故西欧崇拝の進歩的知識人は日本文明を自虐的に見るのでしょうか。そもそも「あばんぎゃるど」という番組名からして西欧絵画史の観点から江戸期絵画を見れば「あばんぎゃるど」だと言うのです。また、長沢芦雪の絵画『月夜山水図』（18C）の表現がモネの『印象・日の出』（19C）の表現と類似しているというのです。でも長沢芦雪の絵の方はモネより1世紀も前に描かれているのです。私は西欧絵画の印象派は日本の浮世絵が生み出したものと考えています。

要するに印象派の絵画は浮世絵から影響を受けたというより、日本の浮世絵が印象派の絵画を生み出したと言っても過言ではないのです。西欧文明は個性を重視する文明であり、浮世絵が導火線となり多様な画家の個性を引き出した絵画を生み出したのです（マネ、モネ、セザンヌ、ゴッホ、ルノワール、ブラック、ピカソ、マチスなど）。日本文明の独自性を認めている一部の進歩的知識人にしても日本文明を自虐的に見ていて世界の文明の周辺に位置する文明であり決して中心にはなれないと見ているのです。ですから浮世絵は西欧絵画に影響を与えただけで、決して印象派を生み出しそれに続く近代西欧絵画を生み出したとは考えていないのです。

10．絵画・工芸・ファッション

日本文明が〝形式知〟により翻訳した絵画理論を生み出せなかったのは、日本の進歩的知識人は西欧文明の〝形式知〟しか理解できない人たちだったからです。そもそも、日本文明は〝実践知〟〝暗黙知〟の文明であり、〝形式知〟の西欧文明を陵駕する「言葉（＝〝概念〟）」を生み出すには限界があったのです。

浮世絵だけでなく日本美術はジャポニズム（1860〜1885）として建築・グラフィックデザイン・工芸の世界にも大きな影響を与えました。花や植物などの有機的なモチーフや自由曲線の組み合わせによる従来の様式に囚われない装飾を始めとして、鉄やガラスといった新素材を利用した「新しい芸術」を意味するアールヌーヴォ（1880〜1904）という国際的な芸術運動を生み出したのです。建築ではヴィクトール・オルタ（1861〜1947）、グラフィックデザインではアルフォンス・ミュシャ（1860〜1939）、ガラス工芸作家ではエミール・ガレ（1846〜1904）、ルネ・ラリック（1860〜1945）などを輩出しました。自然と一体となった日本人の目には直線などは存在していません。また、トンボ・蝶・蛾・蛙・ヤモリなどをそのまま（＝〝実態〟）の姿で装飾として取り入れていたのです。〝形式知〟の西欧文明では決して生み出せないものであり、日本人には想像できないほどの衝撃を与えたのです。

ファッションの世界でも、日本文明は大きな仕事を成し遂げています。コム・デ・ギャルソンの川久保玲（1942〜）、ワイズの山本耀司（1943〜）は1981年にパリのファッション界に進出し、やがて近代西欧絵画における浮世絵と同じ衝撃（パリのファッション界を席巻）を与えたのです。貴族社会から近代市民社会へ移行したことに伴い市民社会に相応しい新しい絵画が求められていたと同様に、ブルジョア社会から大衆社会へと移行するのに伴い新しいファッションが求められていたのです。その状況を日本経済新聞朝刊に連載された山本耀司の『私の履歴書』（2021.9.17）から記載します。

黒、穴あき、左右非対称……。西洋の服作りでタブーとされた伝統を根底から覆すような作風を実験するように繰り返し、ショーで披露した。これが「黒の衝撃」と呼ばれる激しい論争を巻き起こし、モード界全体を揺さぶる。

私と川久保さんが同じタイミングでパリに出たことはモード業界に対する強烈なインパクトになった。だが当初、メディアの反応は否定的なものが多かった。「こじきルック」「ボロルック」と酷評され、「黄禍」など露骨に不快感を示す論調もあった。

――――（中　略）――――

1970年頃から、オートクチュール（高級注文服）からプレタポルテ（既成服）への流れがパリのファッション界の潮流となった。これは大衆社会への移行に伴ったものであったのですが、オートクチュールが個人の肉体に合わせた服を作るのに対し、プレタポルテは誰の体形にも合うようにするためざっくりとした服を大量に生産する必要があったのです。山本耀司と川久保玲の功績はプレタポルテ（既成服）の分野を主導する新しいデザイン思想を生み出したのです。「日本文明試論」流に解説してみます。

川久保玲は「**服は身体からどんなに乖離しても、人間からは乖離しない。人は単なる肉体ではない。喜び、悲しみ、夢を持つ**」と言っています。西欧文明は心と身体が分離した二元論なのですが、日本文明では心と身体は一体となった一元論なのです。ですから、服を作る行為は単に身体を布で覆う行為ではなく、喜びや悲しみを持った人間を布で覆う行為なのです。山本耀司は「**昔から体に密着する服よりもブカッとした作業着のような服に憧れていた。体と服の間に空気が入る〝間〟があった方が、布地が美しく動く**」と言っているのと同じものを感じるのです。日本文明は西欧文明と違い自然と一体になった文明であることに起因しているのです。

11．建築・都市

２０２１年7月23日付朝日新聞朝刊に建築評論家（東北大学教授）五十嵐太郎「国立競技場　黄昏の時代の象徴」というインタビュー記事が載っていました。またしても西欧文明崇拝の進歩的知識人に共通した態度で日本文明を自虐的に見ているのです。

しばしば指摘されていることですが、国立競技場を上空から見ると数字の「０」に見えます。無観客開催となり、熱狂なき五輪の正に空虚なシンボルになってしまった。

――――（中　略）――――

その招致にはデザイン競技で選ばれたザハ・ハディドさんの流動的でダイナミックな案が貢献したとも聞きましたが、15年夏には安倍首相が直接的には建設費の高さを理由に白紙撤回しました。――――　あのデザインは、海外から見た東京のイメージを刷新できたかもしれない。

――――（中　略）――――

隈さんは地方の小さい建築に名作が多いのですが、ザハ案撤回を受けて工期も工費も限られ、でも炎上しない抑制的なデザインにせざるを得なかった国立競技場は代表作とは言いづらい。すごく皮肉な言い方ですが、今の日本を映し出しているし、身の丈にあっていると感じています。

厳し過ぎるかもしれませんが、時代が経った時、競技場は日本の転換点、衰退の始まりを示すものと思われるかもしれません。

丹下の国立代々木競技場は日本の高度成長の象徴でした。今度の競技場は黄昏の時代の象徴になってしまったと感じています。

言いたいことは山ほどあります。国立競技場のコンペについては拙著『続　日本文明試論』のCOLUMN 4で隈研吾の案が選ばれたのは歴史的に評価されるにふさわしいと書かせてもらいました。ザハ・ハディドの案は20世紀のデザインであり、現代にふさわしくないとも書きました。そもそも西欧文明の基底をなす一神教では、〝神〟と〝個人〟との契約で成り立っており、それによる個人主義では〝個性〟が大切なのです。でもその文明が行き詰まっており、新しい文明が求められているのです。隈研吾の建築は自然と融合した日本文明に相応しい素晴らしい建築であると思います。私の周りの建築関係者はザハ・ハディド案を推す人ばかりでした。建築家槇文彦は周囲の建物の高さ・大きさを逸脱していることに対して唯一人反対をしていましたが、私も全く同意見でした。

そもそも物の見方には二通りあり、例えば一升瓶のお酒を半分まで飲んだ時、半分になってしまったと見るか、まだ半分残っていると見るかです。見ている現実は同じでも、それをどのように評価するかということ。「**国立競技場を上空から見ると数字の『0』に見えます**」と無観客になったことを皮肉っていますが、私には「ゼロカーボン」を象徴したデザインに見えます。また、隈研吾は無観客を想定したかのように人が観戦していると見えるよう、客席シートをアットランダムに5色で塗り分けていたのです。

私が進歩的知識人という人たちに不満を感じるのは歴史を斜めから見て皮肉な批評をするだけで、歴史を正面から受け止めて歴史に参加する姿勢が全く感じられないということです。西欧文明は自然を外側から見るのに対して、日本文明は自然を内側から見ているのに対応しているのです。「**今度の競技場は黄昏の時代の象徴**」と言っていますが、確かに今の日本は低迷していますが、私はこれから日本文明が見直され、世界の先頭に立つべきであると考えています。朝日新聞がこのようなインタビュー記事を載せるのは五十嵐太郎と同じ見方をしているということなのです。

人を介して相談していた出版社の編集主幹が拙著に対して「所詮素人が書いた本で出版に値しない」「他人が書

いた本の一部だけを取り出して批判するのは卑怯である。その人の業績を全部調べ上げてから批判すべきである」と言っていたとのことです。でも書かれたものを読めば、その人の考え方は概ね分かるのです。また、現代のように専門化が進んでいれば、すべての分野に精通しなければ拙著『日本文明試論』のような本が書けないのなら、そのような本を書けるのは素人しかいないことになるのです。

そこで五十嵐太郎の評判の著作『建築の東京』（みすず書房、2020.4.20）を読んでみました。建築の視点を通して現代の東京という都市を見るという内容で面白く読ませてもらいました。しかしながら、私が覚えた違和感が多々ありましたので以下にまとめてみます。

①「槇の呼びかけ」に署名

五十嵐は槇文彦のザハ・ハディドの案に反対する「槇の呼びかけ」に署名したと告白しており、それに対する言い訳を述べているのです。

コンペ当選案

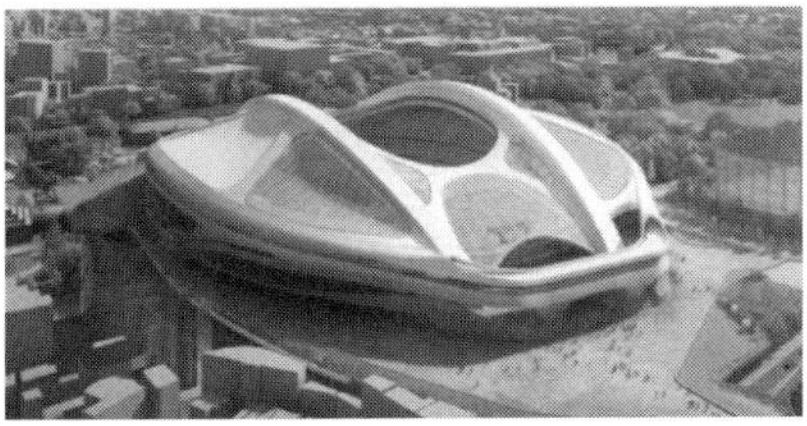

コンペ修正案

筆者は、新しい建築プロジェクトが議論を巻き起こすことは大きな意味があると考えている。それ故当初、筆者は槇の呼びかけに賛同し、文部科学大臣と東京オリンピック・パラリンピック担当大臣宛てに提出された「新国立競技場に関する要望書」（2013年 月7日）に名前を連ねたことを告白しておく。これは「外苑の環境と調和する施設規模と形態」や「成熟時代に相応しい計画内容」などを考えるよう求めたものだった。正直、案がひっくり返ることはないと思っていたが、東京に新しく誕生する建築に対する一般の議論を広めることに意義を感じていたからである。しかし、その後これが想像以上にメディアで加熱し、首相の思惑によりほんとうにコンペの結果がキャンセルされたことを受けて後悔することになった。

何が言いたいのか、私には全く分からないのです。「多くの意見を取り入れ環境と調和するように修正し実現すべきであった」ということのようです。素晴しいと主張するザハ・ハディドのデザインを環境に適合するように修正した案がフォルクスワーゲンの〝カブトムシ〟のようなデザインでしたが、当初のデザインとの落差はどうしようもないものです。

五十嵐はよく分かっていない。繰り返しになりますが、西欧文明の一神教では、〝神〟と〝個人〟との契約で成り立っており、それによる個人主義の文明では〝個性〟が何よりも大切なのです。それに対して自然と融合した日本文明に相応しいデザインとは、個性を前面に押し出すことなく環境に適合させたデザインであり、ザハ・ハディドの案とは水と油であり手を加えて五十嵐の言うように修正するなど初めからできない相談なのです。先ほど紹介した槇の考える建築は「地上から見える建築のスケールが周囲の環境に相応しくない」と言っており、ザハ・ハディドの案は上空から見た場合には象徴性を感じるかもしれませんが、これからの建築は地上を歩く人の目で見て、人と自然に寄り添ったデザインが評価されるべきなのです。

② 皇居に美術館を建てるという提案

私は若かりし頃、アメリカ（メトロポリタン美術館）、イギリス（大英博物館）、フランス（ルーブル美術館）などの先進国には立派な国立の美術館があるのに、日本にはそれに比肩するような美術館がないことに不満を感じていました。でも今ではそのように考えていた自分を恥じているのです。それは、資本主義は帝国主義により世界中から物を集めることで拡大してきたのですが、今ではその資本主義が拡張できるフロンティアがなくなってしまった現在、そのような巨大美術館を皇居の跡地に建てるなどというアイデアは時代錯誤（過去の遺物）なのです。

五十嵐は東京には皇居という膨大な空間が残っており、天皇を京都に移して皇居を再開発すれば良いというのです。または、皇居は江戸城の遺跡として残しても良いが、皇居前広場・皇居東御苑・北の丸公園を再開発したら良いというのですが、私には全く賛成できません。

また、丹下健三は「一応宮城は原形通り残すとしても、横断できるようにしたい」と言っていたとのことです。経済的効率を考えれば、皇居の中心を通過する地下の高速道路や鉄道を作るべきだというのでしょうが、私は違和感を覚えるのです。

西欧文明崇拝の進歩的知識人という人たちは〝形式知（頭）〟でしか判断できないのです。日本文明では〝実践知（身体）〟〝暗黙知（心）〟で納得できなければ受け入れないのです。西欧文明では「ことばは〝概念〟を表す」に対して日本文明では「ことばは〝実態〟を表す」に対応しており、〝形式知（概念）〟だけの考えには納得できないのです。

③　首都高速と日本橋の問題

標記について拙著『日本文明試論』では、以下のように書きました。

一方、「東京スカイツリー」の建設に呼応して、周辺の墨田・江東地区の水路を利用し、船を仕立てて日本橋川、神田川、隅田川をループ状にめぐり、「水の都」でもあった江戸東京の一端を実体験できる水と緑の環境に配慮した再開発が期待されます。

また、京都は四条大橋から五山の送り火が見えるのに対し、東京の日本橋からは首都高速が邪魔になり、青空も見えません。2020年には環状線の整備により、都心環状線の交通量が軽減されるので、首都高速を撤去することが可能になります。

私の考えでは、〝銭ゲバ教〟を信奉している当時の日本が首都高速を撤去するなどできるとは思っていなかったのです。でも、今の東京は21世紀に相応しい都市に変貌しつつあることを確信しました。それに対して、五十嵐は何も分かっておらず、相変わらず〝銭ゲバ教〟の信者が理想とする20世紀型の都市像から脱却できないのです。

（注）「〝銭ゲバ教〟という表現はきつ過ぎるので、〝拝金主義〟としてはどうか」と提案してくれる人がいたのですが、重商主義の時代なら〝拝金主義〟で良いのですが、株主資本主義では〝銭ゲバ教〟となるのです。おカネを貯めて眺めて喜んでいるのが〝拝金主義〟であり、株主資本主義ではおカネは遊ばすことなくリターンを求めて株式に投資し、それにより資本を拡大させるのです。

過去にも東京では、構築物の巨大さをめぐって、ときおり景観問題が起きている。近年では首都高と日本橋の問題があげられるだろう。それこそ1964年の東京オリンピックを契機に、土地を買収することなく羽田空港と都心をつなぐインフラを迅速に整備するため最初の首都高速が出現した。しかし、歴史的な日本橋の上部を覆うのは景観破壊のシンボルとされ、美しい景観を口実として首都高の地下化が決定した。

――――（中　略）――――

首都高速を解体しても、景観論者がいうように江戸の風景はよみがえらないこと（むしろこれに伴う周囲の大規模な再開発は許容されるのか?）、これは美観という名目によるかたちを変えたハコモノ行政ではないのか？　そして世界に先駆けた首都高速の方が、もしかすると明治時代に西欧の模倣でつくられた日本橋よりも価値をもつのではないのか？　完成時は未来の道路として賞賛され、その後批判されるようになったが、評価はまた変わるかもしれない。

（『建築の東京』）

五十嵐が評価するのはエポックとなる建築や未来都市としてアニメに描かれるような高速道路網なのです。建築では通称「鳥の巣」といわれる北京オリンピックの北京国家体育場（設計ヘルツォーク&ムーロン）を評価し、また、上海の上空に何段も積み重ねられた高速道路を評価しているのです。

私は日本橋の青空を遮りその上部を通る高速道路を汚らしいと感じていたのです。それは、オリンピックに間に合わせるため環境を無視して応急対策に川の上を通したものなのです。撤去できるというのならそれに越したことはありません。

北京国家体育場　竣工：2008年6月
設計：ヘルツォーク&ムーロン

五十嵐は撤去しても江戸の街並みは蘇らないとか、周辺に巨大な建物が埋め尽くすとかの理由で反対しているのです。

ここで何度も言ってきたのですが、西欧崇拝の進歩的知識人と180度違う拙著『深耕　日本文明試論』の建築観、都市観を紹介します。

西欧の計画的に造られた都市と異なり、東京は「構造化された無秩序」といわれる史上まれなるマンモスクラスター（巨大な集積）ですが、不思議と人間にとって住みやすさがあるのです。現在の都市計画はゾーニングにより機能を割り付け、合理的であり綺麗ではありますが、必ずしも魅力に結びついてはいません。現在では建築において機能と形態をルーズに対応させ、曖昧さの中に可能性を見ることが考えられています。

都市計画においても、このような方向を目指すべきではないでしょうか。

また、拙著『深耕　日本文明試論』では日本建築と西欧建築の違いについて、下図のように説明しました。

五十嵐は建築のサイドから東京という都市を見るということで著書『建築の東京』を著したのです。拙著『深耕　日本文明試論』では西欧の都市は計画的に作られたのに対し、日本の都市は地形に合わせて作られたと書きました。そのため、西欧の都市のアイコン的建築は軸線を考えて作られたのに対して、日本のアイコン的建築は軸線を考えていなくバラバラに作られており、五十嵐はその軸線を考慮していない無秩序な東京という都市を批判しているのですが、私はそれが21世紀に相応しい都市であると考えているのです。

④　これからの建築・都市

私は「ニューヨークは20世紀の都市であり、21世紀の都市は東京である」と考えていますが、五十嵐の考えている東京に対する基本的スタンスは以下の押井守（1951〜）へのインタビューの引用からも読み取れます。

（注）押井守はアニメ、実写映画の他、演出家、ゲームクリエーター、小

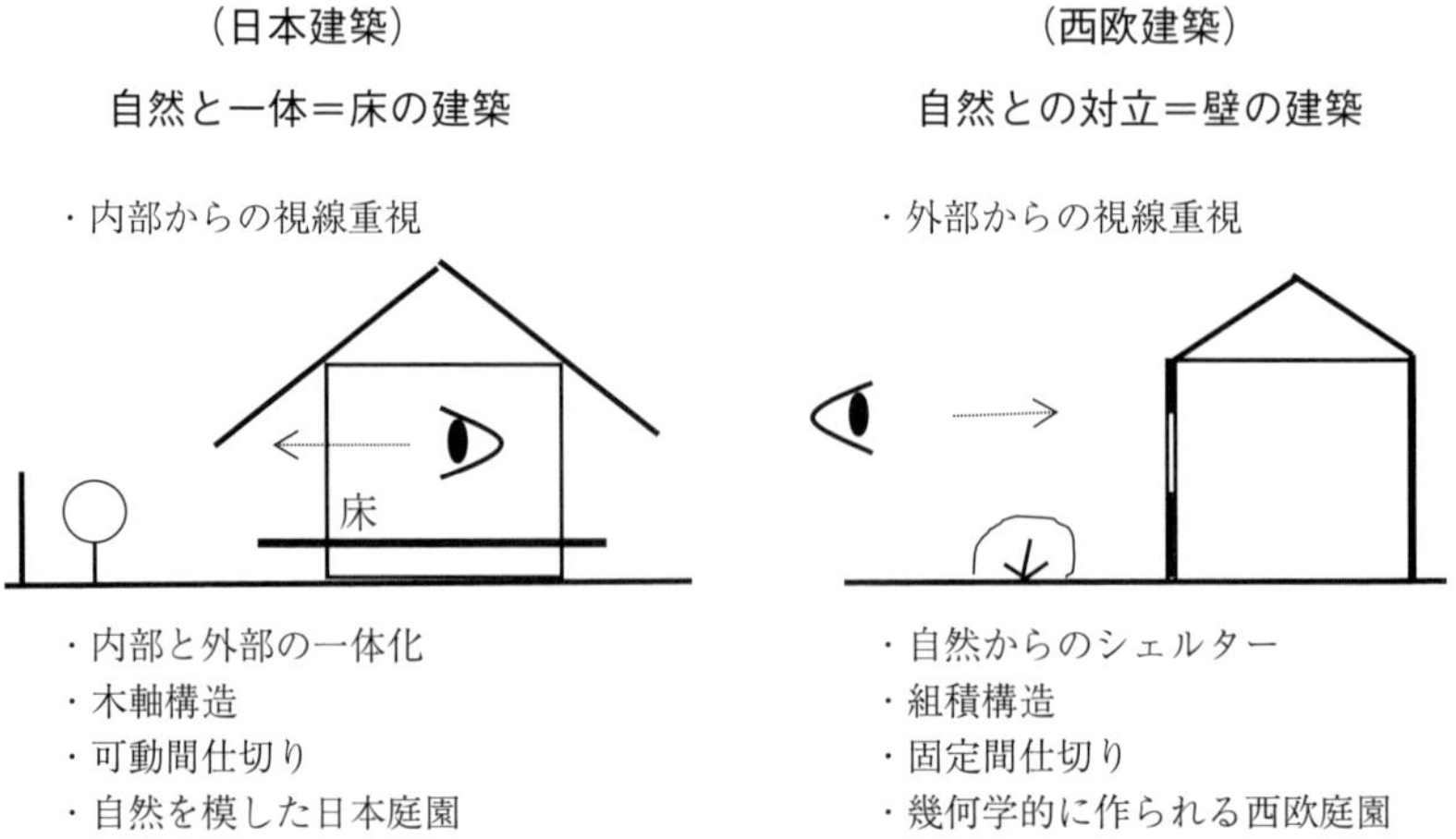

説家、脚本家、漫画原作者、劇作家、大学教授と、その分野は多岐にわたる。

この二十年間、日本人が追い求めてきたのは、清潔さと便利さ、この二つだけでしたからね。利便性以外のものは一切追求してこなかった。今の日本人が「理想」とするものは、健康で長生きで清潔で便利、という実利の世界。象徴的な建築物や都市の景観というものは基本的には無駄なものですから、なじまないのです。そして無駄のない都市は、決して象徴性は持ちえない。

東京という都市は象徴性を持ち得ない都市という批判に対して、五十嵐も同じことを言っているのです。

およそ三年半ぶりに訪問したニューヨークは新しい観光名所が登場していた。

――（中　略）――

ハイライン沿いにはフランク・ゲーリー、ジャン・ヌーヴェル、ニール・ディナーリの建築が並び、新しくザハ・ハディットのマンション（ウェスト28丁目520番地）が登場している。

（以上、『建築の東京』）

アメリカは「部分（個人等の利益）の総和は全体（社会などの利益）に一致する」という間違ったドグマ・教義によっているのです。これが個人主義による株主資本主義を生み出し、その結果が個性を前面に押し出した建築を寄せ集めた都市景観を生み出したのです。

象徴性のある建築が次々と現れる景観が、果たして都市として魅力的なのでしょうか。アメリカの都市に風格を感じる人がいるのでしょうか。その点ヨーロッパの都市は、古い建物との共存を計り個性を押さえた品格を生み出しているのです。

上海市　人口：2,487万人

私は上海の都市景観は象徴性（＝個性）のある建築物の集合が作る汚らしい景観であると思っています。

日本の建築は内部から外部を見るように作られているのに対して、西欧の建築は外部から見るように作られていると書きましたが、それは都市についてもいえるのです。自然と一体となった日本の文明は地形に沿っての視線で都市景観が作られるのに対し、西欧の近代都市は計画的に外部（時には上空）から見るように作られてきたのです。西欧文明は自然を外部から見ているのに対し、本来の日本文明は自然を内部から見ていたと言ってきました。明治維新以降、西欧文明を取り入れた結果、日本文明も自然を外部から見るようになったのですが、それが変わりつつあるのです。そのことを説明できる最近の建築の事例（八代市民俗伝統芸能伝承館［お祭りでんでん館］）を紹介します（次ページの写真参照）。

市内各地に伝承する民俗文化財の魅力を紹介する展示棟の他、妙見祭に登場する獅子や笠鉾など大切な文化財を適切な環境で保管するための収蔵棟、祭りや伝統芸能の練習の場として活用できる伝承ルーム及び、会議室を備えた一般の人も有料で利用できる会議棟からなる建築です。西欧建築は建物を外側から作っているのに対しこの建築は建物を内側から作っているのです。その設計趣旨について平田晃久は以下のように説明しています（『新建築』2021・9）。

これからの建築を考える時、「玉虫色」というキーワードが有効ではないか。そんな考えをこの文章で書いて

みたいと思う。自分と言う存在、共同体、建築――。
現代においてあらゆるものが多義的で、複数の異なる側面が同時存在している。そこでは今まで「個」として捉えられていたものすらも、互いに異なるさまざまな側面の集合として浮かび上がるだろう。まして実際に多数の人が関わる思考の場がもたらす、集合的知性においては、多義性というものがますます重要になる。
そんな多義性の時代のあり方、それを玉虫色という言葉で捉えてみたのだ。

近代建築は「形態は機能に従う」として機能にぴったり合った建物が良いとされていたのです。それに対して「玉虫色」の建築とは、身体にぴったりと合わせたオートクチュールの服ではなく、誰でもが着ることができる既成服とよく似ていると思いませんか。今までの建築家が建築主のために設計するのは、正にオートクチュールであったのです。山本耀司が「体と服の間に空気が入る〝間〟があった方が、布地が美しく動く」と言っていることにも通じるのです。

拙著『深耕　日本文明試論』で「現在では建築において機能と形態をルーズに対応

お祭りでんでん館
所在地：熊本県八代市　設計：平田晃久建築設計事務所
竣工：2021年6月
曲面的な屋根は、八代のお祭りの躍動感が形となって表れているのです。

会議棟から展示収納棟を見る。
軒高は、屋根の下で笠鉾の組み立てができるように高く設計されている。周辺につながる道を２棟の間に通している。

させ、曖昧さの中に可能性を見ることが考えられています」と書いたことの実例となっているのです。

西欧の都市について、外側から眺める景観では象徴性のある建物群が必要になるのでしょうが、内側から眺める景観を大切にする日本の建築・都市では建物内部と外部が融合したような景観が求められているのです。建築でいわれる「庭屋一如（庭と建物が一体となった空間）」は都市についてもいえるのです。

拙著『終結　日本文明試論』では建築について関東と関西の文化の違いに言及しました。詳細は省略しますが、竹中工務店の御堂ビルの外観はタイルの積層構造のデザインでありながら1階をえぐっていること及び村野藤吾の三菱東京UFJ銀行の外観は石の積層構造のデザインでありながら正面を回り込んだ箇所にスリット窓を設けているのです。近代建築のラーメン構造では外壁はカーテンウォール（帳壁）であり、煉瓦積みや石積みのデザインは所詮借りものでしかないということ。私は「武家社会の〝建前〟を重視する関東の文化と〝本音〟を重視する関西の文化との違い」と書きましたが、確信があった訳ではなかったのです。ところが同じ号の『新建築』の月評の中で平田晃久と西沢立衛との対談で西沢の発言として以下のように書かれているのです。

重要だと僕が思うのは、ドット（注：大阪の設計事務所ドットアーキテクツ）の活動の根底には商人魂《あきんど》みたいなものがある気がします。商人魂は、東京の商業主義とは違うもので、商人魂はひらがな、訓読みで、商業主義は漢字、音読みです。それらは現実的か観念的かくらい違う。歴史的か今的かの違いでもある。関西に来て人とか街を見て羨ましく思うのは形式というのは歴史的なものだということです。――

雑誌も都市もますます均質かしてゆく世の中なので、日本にもまだ段差があるということはぜひ伝えてほしいと思います。

西欧文明は〝形式知〟の文明であり、本来の日本文明は〝実践知〟〝暗黙知〟の文明であったのですが、明治維新により〝形式知〟の文明に変化してしまい、現在の政界・財界・教育界は西欧文明を崇拝している進歩的知識人に牛耳られています。しかしながらその〝形式知〟の文明が行き詰まって環境破壊・社会崩壊・学問の個別分断化を引き起こしつつあり、今こそ本来の日本文明の復権が求められているのです。しかしながら、関東は〝形式知〟の文明に置き換わってしまいましたが、関西は本来の日本文明である〝実践知〟〝暗黙知〟の文明が色濃く残っているのです。特に若い人たちに言いたいのは、そのことに気付きこれからの世界の方向として〝実践知〟〝暗黙知〟に思いを致してもらいたいのです。蛇足ですが、今回の東京五輪で活躍したのは関西のアスリートであり、政治の世界では「日本維新の会」の進出が見られます。同様に今日各分野でも関西の台頭が著しいのです。

蛇足ですが、２０２３年にはサッカーではヴィッセル神戸がＪ１初優勝、野球ではセリーグでは阪神タイガース、パリーグではオリックス・バッファローズが優勝し、「関西トリプル優勝」を果たしました。

COLUMN3

この世とあの世

西欧では人は死ぬと魂は〝神〟のもとに召されるのです。オスカー・ワイルドの『幸福な王子』の最後は、王子とツバメの二つの魂は〝神〟のもとへと召されてゆく。それに引き換え日本人は死ぬと自然へ還ると考えられているのです。西欧ではあの世とこの世は別の世界であるのですが日本ではあの世とこの世はつながっているのです。ところがアメリカにも日本人と同じように考えている人たちがいます。２００1年のニューヨークのワールドセンタービルのテロの犠牲者を弔うために歌われるようになった『千の風になって』の原詩『Do not stand at my grave and weep』は作者不詳ですがアメリカで創られていた詩を、２００1年、新井満が日本語に訳し自ら曲をつけたものです。２００6年に秋川雅史によるバージョンが発売され、同年の第57回紅白歌合戦の出場を機に一般に知られるようになりました。その訳詞を紹介します。

『Do not stand at my grave and weep』（『千の風になって』）　訳詞：新井　満　作曲：新井　満

私のお墓の前で　泣かないでください　そこに私はいません　眠ってなんかいません
千の風に　千の風になって　あの大きな空を　吹きわたっています

秋には光になって　畑にふりそそぐ　冬はダイヤのように　きらめく雪になる
朝は鳥になって　あなたを目覚めさせる　夜は星になって　あなたを見守る

私のお墓の前で　泣かないでください　そこに私はいません　死んでなんかいません

千の風に　千の風になって　あの大きな空を　吹きわたっています
千の風に　千の風になって　あの大きな空を　吹きわたっています
あの大きな空を　吹きわたっています

また、アメリカのユニタリアン教会では、人間は死ねば自然に還ると教えているそうです。春、大樹の一葉（共同体の一員）として生まれ、秋になるとすべての葉が散り（共同体の一員として死を迎え）自然へと還ってゆくのです。この『葉っぱのフレッド』という話は、人間は自然の一部であるという日本文明の考え方と同じであり、自然と人間を対立したものと捉える西欧文明の中にも、このような考えを持った人たちがいることが驚きです。ユニタリアン教会の牧師さんが話す『葉っぱのフレッド』を紹介します。

丘の上に、大きな樹が生えていた。春、たくさんの若葉が芽を出した。陽を浴びてすくすく育った。鳥たちが枝に停まった。葉っぱの兄弟たちはさわさわおしゃべりした。緑はどんどん濃くなった。風が吹くとみなはくるくるダンスを踊った。葉っぱのフレッドも一緒に踊った、笑いながら。

じりじり暑い夏も、葉っぱたちは元気いっぱいで、すっかり仲よしになった。

秋になった。空気がひんやりしてきた。葉っぱたちは、黄色や茶色になり始めた。おかしいなあ。フレッドも体がこわばって、ぽつぽつ色が変わってきた。

冬が近づいた。ある日一枚の葉っぱが枝を離れ、静に落ちて行った。もう一枚。そして、もう一枚。ねえ、ぼくらはどうなるの？　フレッドは隣のサムに聞いた。どうもなりはしないさ。怖がらなくても、ぼくが傍にいるよ。次の日、そのサムが落ちて行った。サムーッ！とフレッドは叫んだ。翌朝、寒風に枝を揺らしながら、丘の樹は耐えていた。春はまだ遠いのだ。

『ハナミズキ』は2001年9月11日のテロを受けて、一青窈自身が作詞したもので、平和への願いが込められているのです。「水際」は生と死の境目、「薄紅色の可愛い君」は恋人ではなく自身の子どものことで、父親が最後まで子どもとの別れを惜しみ、どうかこの「水際」に来てほしいと願っているのです。

『ハナミズキ』　作詞：一青窈　作曲：マシコタツロウ

空を押し上げて　手を伸ばす君　五月のこと　どうか来てほしい
水際まで来てほしい　つぼみをあげよう　庭のハナミズキ

薄紅色の可愛い君のね　果てない夢がちゃんと　終わりますように
君と好きな人が　百年続きますように

夏は暑過ぎて　僕から気持ちは重すぎて　一緒にわたるには
きっと船が沈んじゃう　どうぞゆきなさい　お先にゆきなさい

僕の我慢がいつか実を結び　果てない波がちゃんと　止まりますように
君と好きな人が　百年続きますように

ひらり蝶々を　追いかけて白い帆を揚げて　母の日になれば
ミズキの葉、贈って下さい　待たなくてもいいよ　知らなくてもいいよ

薄紅色の可愛い君のね　果てない夢がちゃんと　終わりますように
君と好きな人が　百年続きますように

僕の我慢がいつか実を結び　果てない波がちゃんと　止まりますように
君と好きな人が　百年続きますように

君と好きな人が　百年続きますように。

最後に、2011年3月11日に発生した東日本大震災の被災地及び被災者の物心両面の復興を応援するために制作されたチャリティーソングである『花は咲く』の詞を紹介します。死者が眠るあの世と現世がつながっていることが実感できます。

『花は咲く』　作詞：岩井俊二　作曲：菅野よう子

真っ白な　雪道に　春風香る　わたしは　なつかしい　あの街を　思い出す
叶えたい　夢もあった　変わりたい　自分もいた
今はただ　なつかしい　あの人を　思い出す

誰かの歌が聞こえる　誰かを励ましてる　誰かの笑顔が見える
悲しみの向こう側に
花は　花は　花は咲く　いつか生まれる君に　花は　花は　花は咲く
わたしは何を残しただろう

夜空の　向こうの　朝の気配に　わたしは　なつかしい　あの日々を　思い出す
傷ついて　傷つけて　報われず　泣いたりして
今はただ　愛おしい　あの人を　思い出す
誰かの想いが見える　誰かと結ばれてる　誰かの未来が見える
悲しみの向こう側に

花は　花は　花は咲く　いつか生まれる君に
花は　花は　花は咲く　わたしは何を残しただろう　}※

※繰り返し

花は　花は　花は咲く　いつか生まれる君に
花は　花は　花は咲く　いつか恋する君のために

第5章
鈴木孝夫論

概要

２０２1年2月10日、94歳で天寿を全うされた言語生態学者鈴木孝夫氏の追悼文が『文藝春秋』4月号「蓋棺録」に掲載されていたものを下記に引用します。ただし、内容を一部修正（元ラボ教育センター会長、鈴木孝夫研究会を主宰した松本輝夫氏により修正された部分は明朝体で表現）しています。

言語社会学者（晩年は言語生態学者と宣言）の鈴木孝夫は、日本語から日本文化を捉え直し、自己閉塞的な傾向に警鐘を鳴らした。１９７５（昭和50）年、『閉ざされた言語・日本語の世界』を刊行すると、たちまちベストセラーになる。海外で暮らす日本人の観察から、「日本語は外国語と接すると、外国語の方にのまれてしまって、急速に薄れる性質がある」と指摘し刺激的だった。

１９２６（大正15）年に、東京に生まれる。父は有名な書家。母は外交官の娘。野鳥観察に夢中になり日本野鳥の会創設の中西悟堂に小学生ながら入会を求めて困惑させるも中西を説得して初志を貫き終生会員として活躍する。旧制府立四中（現戸山高校）から、慶應義塾大学医学部予科に進学した。

しかし、得意だった英語や野鳥の正式な学名を知るため独学したラテン語に興味が移り、本科に進む際元々医者になる気は全くなかったので文学部に転じた。そこで出会ったのが、語学の天才といわれイスラム学の泰斗である井筒俊彦であった。

熱心な弟子となり都内の井筒家で一時は寝泊りまでして学んだこともあるが、「このままでは、自分の学問ができない」と思うようになる。１９６４年に「お目にかかることはやめにしたい」と申し出て決別する。

１９７３年刊行の『ことばと文化』は、言語がどれほど社会や文化と密接かを、豊富な実例をあげつつ語ってロングセラーとなる。１９９９（平成11）年の『日本人は何故英語ができないのか』では、英語は必要な人間にだけ徹底的に学ばせるべきと論じた。

慶応大学教授を経て杏林大学教授を務める。このはるか以前から、街で見つけた廃棄物を再生する生活を試み、「ゴミを拾う教授」として話題になった。「モノが少ないほど人間は豊かになれる」と語っていた。

略歴としては以上のようなことですが、一連の拙著『日本文明試論』の執筆に関して、私が影響を受けたことを記述します。

0. はじめに

年金が支給される64歳での退職を機に、日本文明の独自性を世に問う処女作『日本文明試論』を上梓したのですが、世間からは特に反響もなかったのです。唯一出版社を通して手紙をくださった人に三浦正弘氏（P239

COLUMN4参照）がいます。その中で、日本人の死生観、労働観に対して西欧との違いをどう考えるのかという質問があり、続編の中でお答えしますと約束しました。三浦氏とはその後も手紙のやり取りがあり、神戸でお会いすることとなりました。喫茶店で意気投合し、進歩的知識人批判、学会批判に気焔をあげ、その中で〝和魂和才〟の重要性を教えてもらいました。要するに、西欧崇拝の進歩的知識人は一国一文明である日本文明の独自性を認めておらず、また日本文明を西欧文明より一段低いもの、人によっては価値のないものとして見ていると言うのです。現在の政財界・学会・教育界はそのような人たちに牛耳られているのです。三浦さんから言語社会学者（後年には言語生態学者と宣言）の鈴木孝夫を囲む研究会（東京）に誘われ参加するようになりました。研究会が終わり先生と一緒の居酒屋での懇談会にも参加し、自己紹介で「私と同じことを考えておられるのに感激しました」と発言したことが、あとで知らされたのですが「生意気な奴がいる」と顰蹙を買ったとのことでした。私はこの時だけではなく、過去初対面の人から「生意気だ」と言われることが多々あったのです。反省しそれ以降は「タカの会」での発言を控えておりましたが、講演会や著作を通してお教えいただいたことは、拙著に色々と反映させてもらいました。

1．ことばの土台

拙著『日本文明試論』『続・日本文明試論』の執筆で、日本の絵画・建築・都市・文学及び経済に対する考察を通して、文明と文化の違いについて考察しました。当初は「文明＝文化＋生産基盤」と考えていたのですが、文明というものは「文明＝文化＋生産基盤＋歴史・風土」と考えるべきであったのです。この歴史・風土の上に花咲く文化が言語、宗教、民族なのです。それらの古い文化と摩擦を起こすのはそれを支える水面下にある土台が摩擦を起こしているのです。そこで下図のように「文明＝文化＋生産基盤＋歴史・風土」と定義したのですが、この時点ではあくまで仮説であり、その正しさを証明するエビデンスが必要でした。

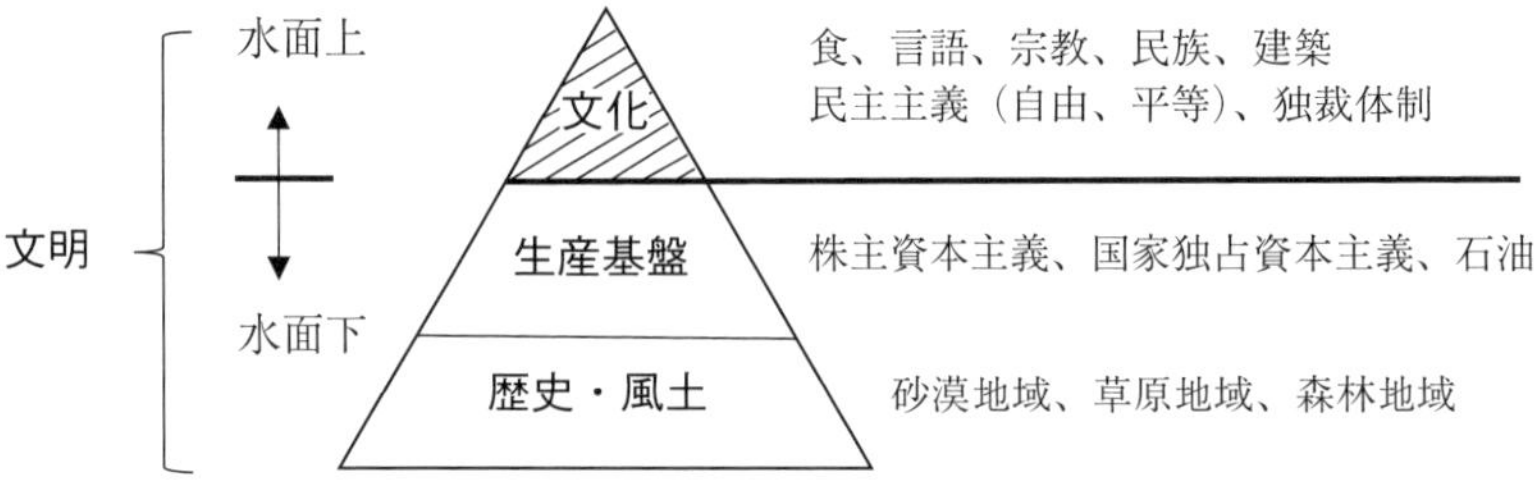

風土の上に花咲いた文化は簡単に変わることはないのです。私はマルクス主義のいう「生産基盤＝下部構造」という定義ではなく、今では「生産基盤＋歴史・風土＝土台（下部構造ではなく）」が正しい定義であると考えています。文化には変わる部分（流行）と変わらない部分（不易）があり、経済の変化によりその上に花咲く文化は変わるのですが風土に根ざした文化は殆ど変わらないのです。また、文化だけでは共存できてもそれを支える土台を含めた文明では共存できず摩擦を起こすのです。その摩擦について、文明圏の中では「文明の衝突」、国家の中では「分断」という用語を使っていると思われます。

拙著に対し「内容は高度で素晴らしいが、表現が難しく読み難いので最後まで読み切れない。色々な文献を寄せ集めるのでなく、できるだけ自身の「体験」を絡ませ、難しい本文を読みやすく書いた方が良い」というサジェッションを頂いています。確かにエビデンスは「体験」に基づいたものがベストなのですが、私には残念ながらそのような豊富な「体験」はありません。そこでその仮説の正しさを実証するものとして鈴木孝夫著の一連の言語論・文化論を大いに参考にしています。

１９７３年に初版が出てから現在まで増刷を重ねている鈴木孝夫の名著『ことばと文化』（岩波新書）があり、その本の中で同じ意味で使われる言語の比較を通して文化を支えている構造（著者注：基盤、土台）の違いが指摘されており、詳細は省きますが以下の事例が紹介されています。

"A rolling stone gathers no moss"という諺があります。英国と日本では「転石苔を生ぜず＝石の上にも三年」と訳され、ともに同じ場所に留まることの大切さを意味しています。ところが米国では「いつでも動き、活動していれば決して苔むすことはない」と全く反対の解釈がされているとのことです。

〝ことば〟を氷山に例えると、水面上に現れている部分は全体積の1／7とのことです。氷山の6／7は水面下に沈んで見えないのです。〝ことば〟によって概念化される現実の部分は、正に水面より現れている部分と見なすことができ、水面下に隠れて見えない部分は明示的な部分として概念に固有の価値を与える基盤と考えられるのです。文化にはあらわな文化（overtculture）とかくれた文化（covertculture）があり、以上の結論として以下のように説明されています。

ことばによって概念化され得る現実の部分は、正に水面より現れている部分と見なすことができる。ところが、ある概念を自ら作り出した人々には、この現れている部分が、水面下にかくれている部分の上部構造であることは、いわば暗黙の前提なのである。この見えない部分は、明示的な部分としての概念に、固有の価値を与える基盤と考えても良い。――――

西欧の社会・文化的現実に基づく概念が、ことばとして日本語の既存の概念に引き当てられたり新しく日本語で作られたりする場合に、しばしば起こるのはこの明示的な部分のみの対応関係なのである。私たちには、向こうの概念の部分が見えないだけでなく、自分たちの概念の水面下の状態も、意識化されていないのが普通だからである。

従って、このように文化に基づく概念を操作し私たちが日本的現実を切る場合、当然そこに過不足が生じてくることは避けられないのである。

著書の中に『日本の感性が世界を変える―言語生態学的文明論―』（鈴木孝夫著　新潮社）がある。その中で日本語の素晴らしさを見事に説明されていて、また、大変興味深い話が載っていましたので紹介します。

あるアメリカの女性が、日本が大変好きで、留学したあと、日本の化粧品関係のメーカーで五年ほど勤務したのだという。…（中略）…。日本の会社勤めをしていく内にアメリカでは意識しなかった「自分の中の女性」を意識するようになったのだという。そして気が付くと万事が控えめで、基本的に「男性を立てる」ようなコミュニケーションが身についてしまっていた。だがある時「帰省」した際に、彼女はショックを受けた。自分が生まれ育ったアメリカ社会においても、彼女は万事に控えめになり、他人と対等に共存することができなくなっていたのだ。彼女は「自分が自分でなくなりつつある」という一種の喪失感、崩壊の感覚であった。その「事件」を契機として東京の会社を辞め、あらためて当時活況を呈していたシリコンバレーのハイテクの世界に飛び込むことで「見失いそうになった自分」を取り戻すことができたのだという。

興味深いのは、日本語を身につけることで性格が変わるという事実であり、日本語を話さない母国に帰るとその性格のままでは生きていけないということです。私が思うには日本語は日本という生産基盤と歴史・風土と一体になって成立するものであり、国が変われば壊れてしまうのです。つまり「文明＝文化＋生産基盤＋歴史・風土」の関係であり、ここに日本の文明を世界に伝搬させる難しさがあるものと思われます。私はアメリカでの株主資本主義が公益資本主義に変わらなければ、アメリカに日本の文明は伝搬しないのではと考えています。見方を変えれば、この株主資本主義は日本の生産基盤を破壊することにより日本の文明まで破壊することになるのです。

（注）リモートで行われた鈴木孝夫氏の没後一年祭（一周忌）の『世界を人間の目だけで見るのはもうやめよう』の「読書会」に参加しました。その中での思い出話にＮＨＫの番組『チコちゃんに叱られる！』に出演した時「なぜ言語には違いがあるのか」という質問に対して「それぞれの風土が違うからだよ」と答えられていたとのことでした。言語を生み出したのはそれぞれの

風土なのです。

2. ことばは〝実態〟を表す

話は『ことばと文化』に戻りますが「ことばによって概念化され得る現実の部分は、正に水面より現れている部分と見なすことができる」と書かれています。しかしながら、「ことばは〝概念〟を表す」は西欧の言語論であり、日本語では「ことばは〝実態〟を表す」というのが「日本文明試論」で展開したもう一つの仮説です。主体と客体が分離している西欧文明は〝形式知〟の世界であるのに対し、主体と客体が融合していた日本文明は〝実践知〟〝暗黙知〟の世界であったのです。より詳細に述べると、デカルトの「我思う故に我あり」という主体と客体の二元論では、客体である「自然」を文字や数値で捉えることにより、「科学」を発展させたのです。しかしながら、その結果が現在の自然環境の破壊、人間社会の崩壊、学問の個別分断化につながりました。

明治以前の日本文明は主体と客体が融合した〝実践知〟〝暗黙知〟を重視する文明であったのですが、明治以降日本の知識人は「近代的自我」の獲得により、主体と客体の分離を図り日本の近代化を成し遂げ〝形式知〟を重視する文明になったのです。西欧の言語は〝概念〟を表し、頭で理解する〝形式知（理性）〟の世界であるのに対し、本来の日本語は〝実態〟を表し、身体を通して理解する〝実践知（感性）〟〝暗黙知（悟性）〟の世界なのです。西欧の聖書では〝神〟がこの世界のすべてを創造したとなっているのに対し、日本の神話（古事記）ではイザナギ、イザナミが日本の国土（世界ではないことに注意）を創ったということになっているのです。また、日本人はその子孫なのです。その関係を次ページの図で解説してみます。

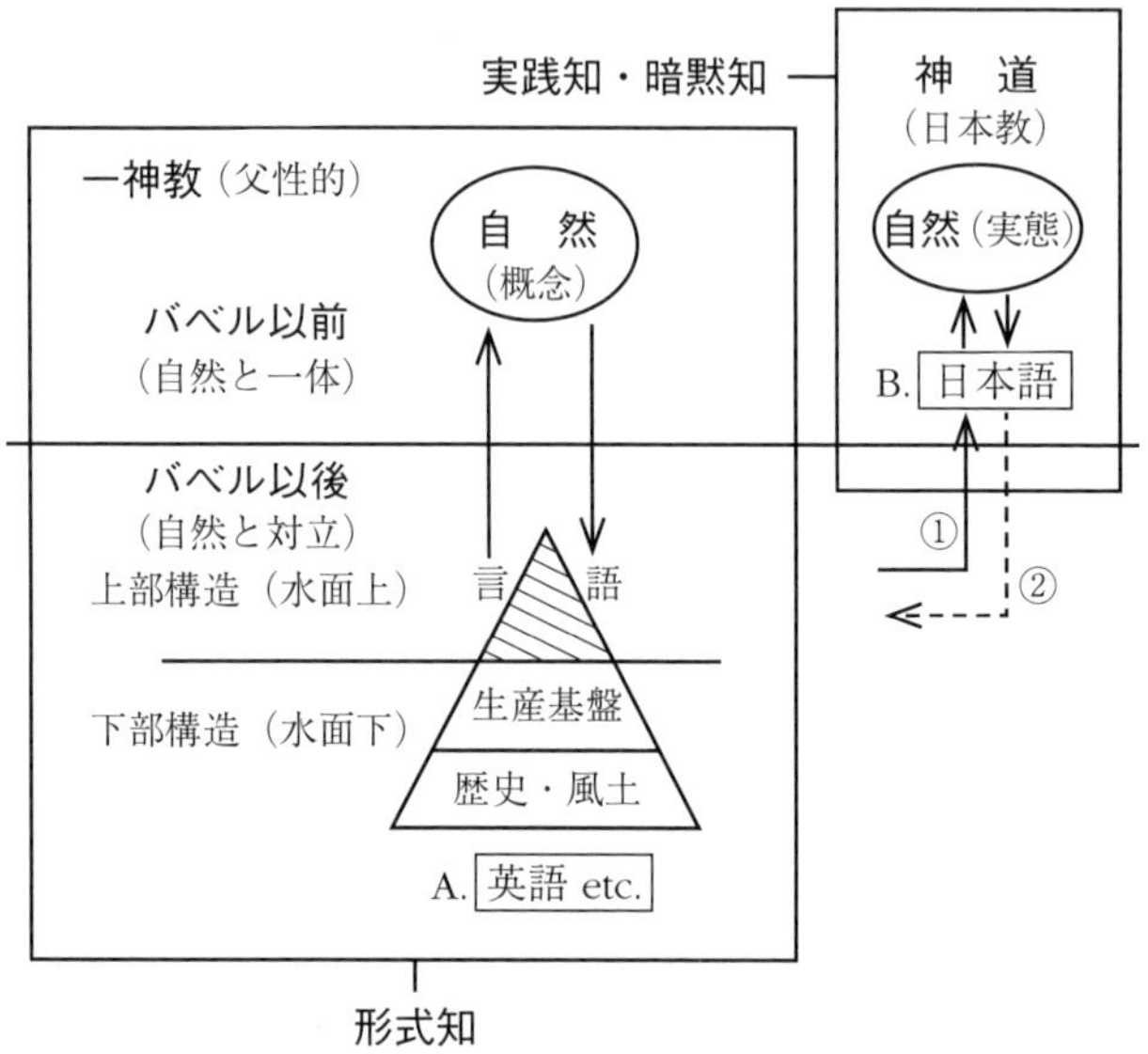

図　日本語と西欧語

A：一神教の世界では、ことばは〝概念〟を表すのです。
B：日本教の世界では、ことばは〝実態〟を表すのです。
①：一神教の〝神〟は人間が作り出した概念であり、その概念にひれ伏しているのです。それを理解するには、一神教の世界を外側から眺めなくては分からないのです。
②：日本教の〝カミ〟は自然（宇宙）であり、人間は自然の一部なのです。日本文明について日本人は自己を客観化できないので西欧人に説明することは難しいのですが、反対に西欧人は日本文明を外側から見ているので、説明できるのです。

日本教ということばは山本七平が一神教に対比させるために作り出したことばです。そもそも、西欧では主体と客体が別れたことにより〝神（＝一神教）〟を意識したのであり、そもそも主体と客体が一体である日本文明では日本教という〝概念〟はなかったのです。鈴木孝夫は西欧の言語論を借用して「ことばは〝概念〟を表す」としていますが、本人は意図することなく「日本語は〝実態〟を表す」ことを証明しているのです。

ラジオ型言語 ── **英語**

言語記号

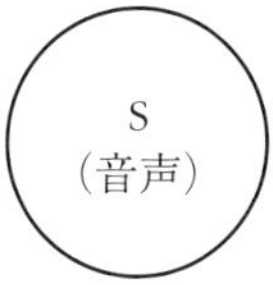

「ことば」は音声（S）のみ

同音意義語は原則として存在できない。
例えば、Capital は首都と資本の意味があり、
同音衝突ということが発生するのである。

テレビ型言語 ── **日本語**

言語記号

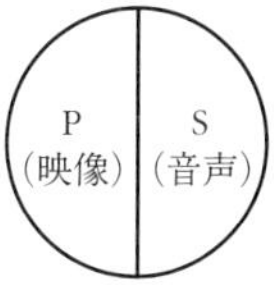

「ことば」は音声（S）＋映像（P）

同音異義語が可能となる。

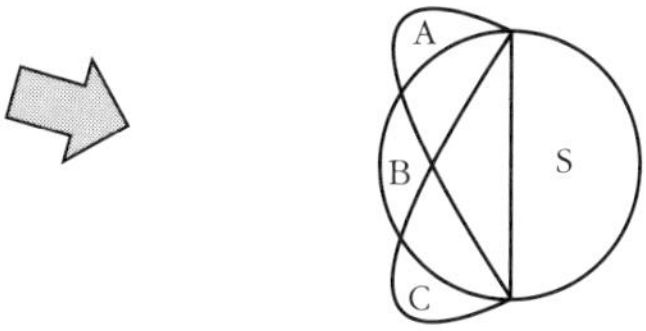

鈴木孝夫は日本語の特徴として次の①〜③をあげています（④については筆者が付け加えたものです）。

① 日本語は世界で唯一のテレビ型言語である。

② 同音異義語の多さも世界一である。

③ 同じ漢字に対して音読み、訓読みがある。（同一概念の二重音声化）

④ 外国語の単語はそのままの発音で〝カタカナ〟にして取り入れてしまう。

①②に関しては「ことばは〝実態〟を表す」ということを証明しています。

漢字を時代遅れという人は漢字の持つ視覚的弁別力を理解していない人たちなのです。つまり日本語は世界で唯一のテレビ型言語なのです。

（注）現代の中国語では表記の簡略化と複合漢字語が多用されており、意外にも視覚依存が日本語と比べて、はるかに少ないとのことです。

しかしながら、残念なことに「〝もの〟と〝ことば〟」の章では西欧の言語理論をそのまま紹介しているのです。言語を〝水〟を例にして次のように説明しています。

客観的に存在する〝もの〟を人が〝ことば〟によって表現するというよりは、ある特殊な見方、現実の切り方が集約されたものとしての〝ことば〟が、私たちにそのような特徴・性質を備えた事物がそこに存在すると考える方が言語学的に見て妥当なようである（著者注：西欧では〝もの〟を〝実態〟でなく〝概念〟で捉えるということ）。

	H_2O		
マレー語	*air*		
英語	*ice*	*water*	
日本語	氷	水	湯

西欧の言語理論では、ことばは〝概念（H_2O）〟を表すことになるのです。私の考えでは日本人は自然と一体であるので、自然を内側から見ることができ〝氷〟〝水〟〝湯〟はそれぞれ〝水〟の〝実態〟なのです。それに対して西欧では自然を外側から見ているので、〝H_2O〟という〝概念〟でしか捉えられないのです。例えば日本人は〝雪〟という概念を〝淡雪〟〝薄雪〟〝粉雪〟〝細雪〟〝べた雪〟〝綿雪〟〝ぼたん雪〟etc. のすべてを〝雪〟の〝実態〟として考えているのです。

（注）前述の「読書会」で聞いた話ですが、英語では〝お湯〟を熱い水〝hot water〟と表現することでも分かるように、概念としてはあくまで〝水〟であるとのことです。同様に〝蛾〟は〝夜飛ぶ蝶〟であり概念としてはあくまで〝蝶〟だとのことです。また、ウラル・アルタイ語族であるモンゴルでは、〝雪〟については日本語と同様、色々な表現があるとのことです。

また、日本語の特徴的なこととして、情景をより感覚的に表現する手段であるオノマトペといわれる擬声語（＝擬音語＋擬態語）が他国の言語に比較して豊富に存在していることです。雨に関する日本語のオノマトペ（宮沢賢治が多用しているので有名）として、ザーザー、しとしと、ぽつりぽつり、ぱらぱら、ぽたぽた、しょぼしょぼ、ゴーゴー、たらたら、などがあります。これは西欧のことばが〝概念〟を表すのに対し日本語は〝実態〟を表すことからきているのです。

鈴木孝夫氏の講演会で興味深い話がありました。ギリシャ語では「蝶々」を意味することばと「クジラ」を意味することばが同じであり、何故そうなのかを欧米の言語学者に聞いても誰も答えられなかったとのことです。米国の大学にいる時、「クジラ」が海底に潜る時、〝尾ひれ〟を海面に出す「テイリング」の写真が飾られているのを見て、「蝶々」の形であることに気付き、同僚の言語学者にギリシャ語では「蝶々」と「クジラ」が同じことばである理由をいくら説明しても理解が得られなかったとのことです。「日本文明試論」流に解釈すれば、ことばは〝概念〟を表す西欧では「蝶々」と「クジラ」は〝昆虫〟と〝動物〟という〝概念〟の違いから同じことばで表現することなど考えられないのです。古代ギリシャ人は森の民であり多神教の世界に住んでいたので、ことばは〝概念〟でなく〝実態〟を表していたのです。ですから森から海に出てきて「クジラ」の「テイリング」を見て、形が「蝶々」に似ていたので「蝶々」と名付けたのです。このことから西欧ではことばは〝概念〟を表すのに対し、日本ではことばが〝実態〟を表すことの説明になっているのです。

私は鈴木孝夫氏と親しくお話しする機会がなかったのですが、お話しする機会があれば是非聞きたかったのは「ことばは〝概念〟を表すのは西欧の言語論である、日本語の言語論ではことばは〝実態〟を表すのではないのか」ということです。先日東京で開かれた松本輝夫著『言語学者、鈴木孝夫が我らに遺せしこと』の出版記念会に出席した時、一番弟子の言語学者泉邦寿上智大学名誉教授の話として「ことばは〝概念〟を表すのか、人と人との話の中で意味が作られるのか」と質問したところ「両方である」と言っていたということです。

明治の人は西欧文明を受け入れるに際し、日本語で〝概念〟を表せるようにしたのです。その代表的な事例は西周が「哲学」や「経済学」という〝概念〟を作ったことです。

それに関連した話に、鈴木孝夫は「タタミゼ」を主張し日本文明を世界に広めるように言っていましたが、本人は外国語で〝概念〟を操り外国の学者と対等に論争できる人であったということです。そのことから私が分かったのは、**「英語は必要な人間にだけ徹底的に学ばせるべき」**と論じたのも自分がそのような人間であったからなのです。もっともそのような人間でなければ、言語学者として慶應義塾大学の教授にはなれないということです。

3．日本語は人と感動を共有する言語である

ここで考えなくてはならないことは、日本語についてです。私の持論である「日本文明試論」では、人間と自然が分離している西欧ではことばは〝個人〟と〝神〟との契約に使われるため、「ことばは〝概念〟を表す」のに対し、人間と自然が一体である日本では人と人とが感動や考えを共有するためにあり、「ことばは〝実態〟を表す」と言ってきました。また、デカルトはことばで他人に伝達することができるのは〝概念〟であり、〝感覚〟については伝達できないとしたのです。なるほど、自分が感じている〝赤〟と他人が感じている〝赤〟が同じ〝赤〟であることは実証できない〝感覚〟であり、〝概念〟のように伝えられないのです。ところが、日本ではことばは人と人とが感動や考えを共有するためにあり、実証の必要がない「作用」なのです。日本文明では、自然に対する〝感覚〟は共同体に所属する人間が共有している「作用」なのです。それが「ことばは〝実態〟を表す」の意味なのです。一方、デカルトの「我思う故に我あり」の意味は、「我

《西欧哲学》

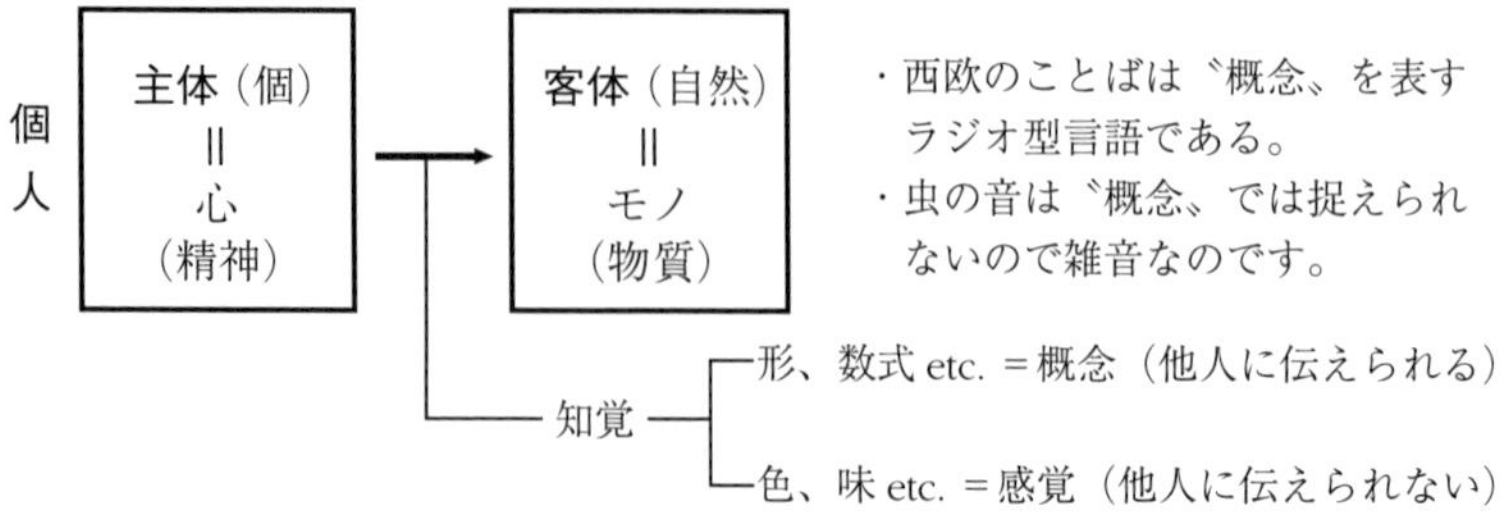

思う」という自意識に対し、「我あり」はその存在を認識する自己意識から成り立っているのです。以上を哲学的に整理すると以下のようになります。

ライプニッツの思想は、人間が〝神〟と同等の立場になり〝神〟中心の世界（＝キリスト教）を否定することになるので異端とされたのです。ここで押さえておきたいことは、西欧の「哲学」は人間の思考そのものである限りそれは〝形式知〟の世界であり、それは西欧文明そのものであるということです。「神道」の本質は、人間は宇宙と一体であり、生きている（＝生命）ことがすべてなのです。自然から身を起こし個として共同体に結合する、これが日本の文明であり、まさに「神道」の本質なのです。ここで強調しておきたいことは、「共同体」というと「社会」とか「国家」を連想するのですが、これは西欧文明からもたらされた〝概念〟であり、日本の場合は「地域コミュニティー」「日本人」「日本の自然」ということになるのです。ここで留意したいことは、個人という存在からそれを包み込む「人類」や「宇宙」へと一直線に一体化することはできないのです。何故なら世界には西欧文明が生み出した宗教や国家という一筋縄ではゆかない壁が存在しているからです。

・「心」や「知覚（含感覚）」は人と人との間で働く「作用」。
・日本のことばは〝実態〟を表すTV型言語である。
・虫の音を〝実態〟として捉えられるので、秋を感じることができるのです。

『ことばと文化』の中で一番興味を引かれたのは、西欧語と日本語の違いとして

《日本哲学》

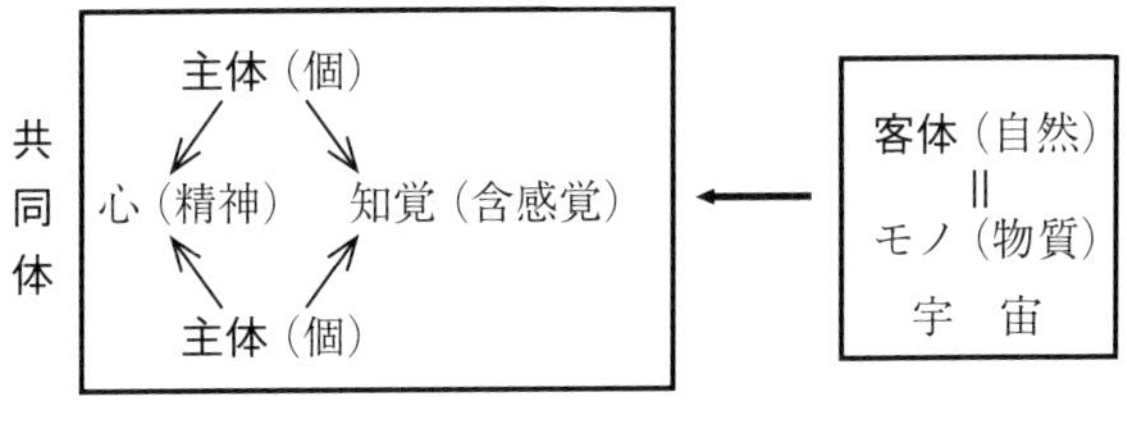

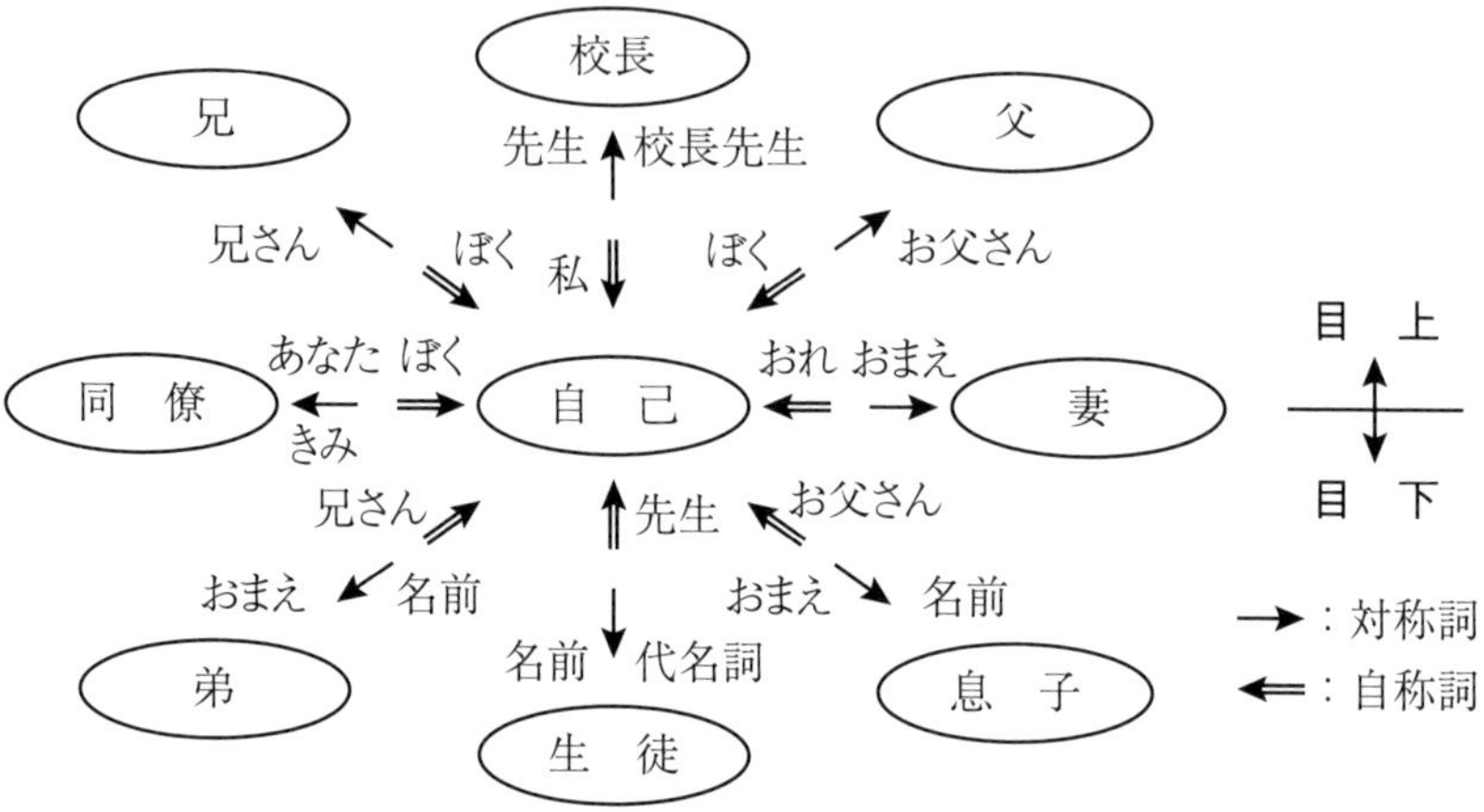

自称詞（terms for self）と対称詞（address terms）について英語（インド・ヨーロッパ諸語）と日本語を比較しているところです。簡単に説明しますと英語の'I'と'you'、フランス語の'je'と'tu'、ドイツ語の'ich'と'du'はラテン語の'ego'と'tu'が基であり古来より全く変化していないのです。一方日本語の場合の自称詞と対称詞は上図のようになるのです。

これから分かることは日本語の場合は人と人との関係（上下関係）により色々と変化するのです。また、興味深いことは"僕《ぼく》"という自称詞が使われ出したのは100年ほど前からであり、江戸時代漢文に出てくる「僕」は「あなたのしもべ」を意味していたのですが上位に格上げされた歴史があるとのことです。また、「貴様」という対称詞は上位から下位に格下げされた歴史があるのです。要するに日本の場合、自称詞・対称詞は人間関係や時代により様々に変化するのです。西欧の場合人間関係は'I'と'you'しかなく、時代により変化もしないのです。日本語の場合時枝誠記（1900〜1967）が指摘した「意味とは言語主体の把握作用そのものである」というように、形式的・静態的言語観ではなく、言語をあくまでそれを用いる主体同士の動態的なやり取りの「過程」として捉えているのです。

それが日本語の場合「ことばは人と人とが感動や考えを共有する

ためにあるのです」の意味であり、人と人との関係の中でことばが生み出されるのです。それに引き換え西欧では自分の考えを概念化して一方的に相手に伝えるのです。お笑いになるでしょうが、私には「エデンの園」とは西欧崇拝で日本文明の独自性を評価しない人たちが西欧に比較して劣っているとした日本のことであるように思えてならないのです。

（注）前述の「読書会」で聞いた話ですが、日本語は主語を必要としないが、インド・ヨーロピアン語族である西欧語は主語を必要とし、ウラル・アルタイ語族の言語も主語を必要としないとのことです。そのような国の子どもが英語を覚えるのは日本の子どもと同じように大変な苦労をするとのことです。要するに相手の心を推し量りながら会話を行うのが原因ではないのかというのです。

中国語や韓国語も主語は表現しないものの主語が隠れているだけであり、その立ち位置は西欧語に近いということです。

「心」について考察します。前章で紹介した『動物は「心」を理解しているか』（『Ｖｏｉｃｅ』2022.1 長谷川真理子（総合研究大学院大学学長））で意図していないと思うのですが、奇しくも日本言語論を展開しているので再度紹介します。

言語は単なる記号ではない。言語のもとには、互いの心の共有という現象が横たわっている。つまり「私には心があり、その心で思っていること、考えていることがある」という認識があり、「あなたにも私と同じような心があり、その心で思っていること、考えていることがあるのでしょう」という認識がある。では、他の動物はどうかというと、たぶん「私には心がある」とは思っていない。自意識があるかどうかも定かでない。自分というものを少し上からメタに認識していない。「私には心がある、あなたも同じような心がある」ということは「私が知っている」ということを「あなたは知っている」ということは「私は知っている」という入れ子構造の理解なのだ。

言語の起源を考える前に、ヒトの心がどうなっているのかを知らねばならない。心に浮かんでいる様々な事柄（これを表象と呼ぶ）の表現なので、言語という手段の進化を論ずる前に、ヒトの心がどのように表象を形成するのか、他者の心の表象をどのように推測するのか、という理解が必要だということになっているのである。ヒトは言語を使って心の共有を確かめ合う。最後には見事な共同作業を実現し、文明が築かれるのだ。同じ感情の共有、同じ疑問の共有、同じ目的の共有となり、最後は見事な共同作業が実現し、文明が築かれるのだ。

動物には「心」がない。人間には「心」があるのはことばにより「心」を通じ合えるからだと言っているのです。「日本文明試論」流に補足します。長谷川の説は、西欧文明の影響を受けていると私には思えるのです。というのは西欧文明では「心」は人の体の中にあると考えているのですが、それに対して日本文明では「心」は人と人との間にあると考えているからです。

日本語の場合「ことばは人と人とが感動や考えを共有するためにある」であり、人と人との関係の中でことばが生み出されるのです。それに引き換え西欧ではことばは自分の考えを概念化して一方的に相手に伝えるためにあるのです。長谷川の言う、「心に浮かんでいる様々な事柄（これを表象と呼ぶ）の表現」とは、西欧では〝概念〟ということなのですが、日本の文明を意識して〝表象〟（私は〝実態〟ということばを使っていますが）を使っているのだと思います。

また、人間と動物を分けるのは「心」を持っているかどうかということです。これは私の仮説ですが、TVで衝撃的な映像を見たことがあるのです。チンパンジーが自分の子どもに他のチンパンジーの子どもの肉を与えていたのです。そこで思い当たったのですが、鬼子母神（ハーリティー）の話です。ハーリティーは他人の子を捕まえて食べていたのですが、お釈迦さまがハーリティーの子を隠すのです。そこでハーリティーは子どもを失う悲しみを知り、他人も同じであることに気付き、それ以降子どもたちを守る鬼子母神になったということです。人間と動物が違うのは、人間には他人にも「心」がありその痛みを想像し「心」を分かち合えるのです。

日本人は和歌により離れた人とも「心」を通じ合えたのです。不思議なのは万葉集には文字を書けない防人の歌も載っていることです。文字がなくてもことばによって「心」を伝え合っていたのです。

4．その他

⑴ 同じ漢字に対して音読み、訓読みがある。（同一概念の二重音声化）

日本語の豊かさが分かる下記について説明します。

英語では日本語の漢字のように訓読みがないのです。そのため、古典ギリシャ語やラテン語を取り入れられず、一般の人がPithecanthropeの意味をその音声から理解することができないのです。つまりギリシャ語由来のサルを意味するPithecと人を意味するAntoropeが分かれば英語でApe（Monkey）+Manと理解できるのですが、訓がない英語では古典要素を含む高級語は一般人には理解できないのです。

⑵ 外国語の単語はそのままの発音で〝カタカナ〟にして取り入れてしまう。

日本語は知覚により世界のすべての言語を受け入れることができるのですが、それには〝カタカナ〟が重要な役割を果たしているのです。しかしながら、〝カタカナ〟から元の外国語を導き出すことは外国人には難しいのです。その辺りを詳しく説明

英語		日本語
Pithecanthrope（表音文字）	⇨	ピテカントロプス（音節文字）
（pìθikǽnθroup）		（pitekantoropusu）

猿　人 → 音読　えんじん
猿　人 → 訓読　さるひと

したいと思います。

明治時代、化学の先進国はフランスです。そこで化学という学問をフランスから導入するのですが、当初はフランス語の発音を漢字に当てはめて「舎蜜」と表記したのです。その後日本にはなかった学問であるため、「化学」という日本語の訳語を創作する必要に迫られた。これは西欧の学問である'Philosophy'に対して「哲学」、'Economy'に対して「経済」という日本語になかった新しい訳語を作り出したのと同じなのです。

英語のような単音表記の文字よりも、一つの子音と一つの母音の組み合わせを融合させて一つの単位とする音節文字の方が、表記の効率がはるかに高いのです。


一方今日では、むやみやたらに外国語を〝カタカナ〟にして取り入れることが行われています。しかしながら、その中には日本語の概念による日本語に翻訳できないものもあるのです。その例を次に取り上げます。

〝Ｓｔｒｅｅｔ〟は英語の発音では'striːt'であり、母音は一つですが、カタカナの〝ストリート〟の発音は〝sutoriːto〟であり、母音が四つになります。外国人にはこれが〝Ｓｔｒｅｅｔ〟を意味すると分かる筈はありません。一方日本人にとっては英語の発音が上手になる筈はありません。ならば〝カタカナ〟などは使わず、日本語の〝通り〟を使えば良いという考えがあると思われます。しかしながら、私は〝通り〟と〝ストリート〟は違う概念だと思うのです。日

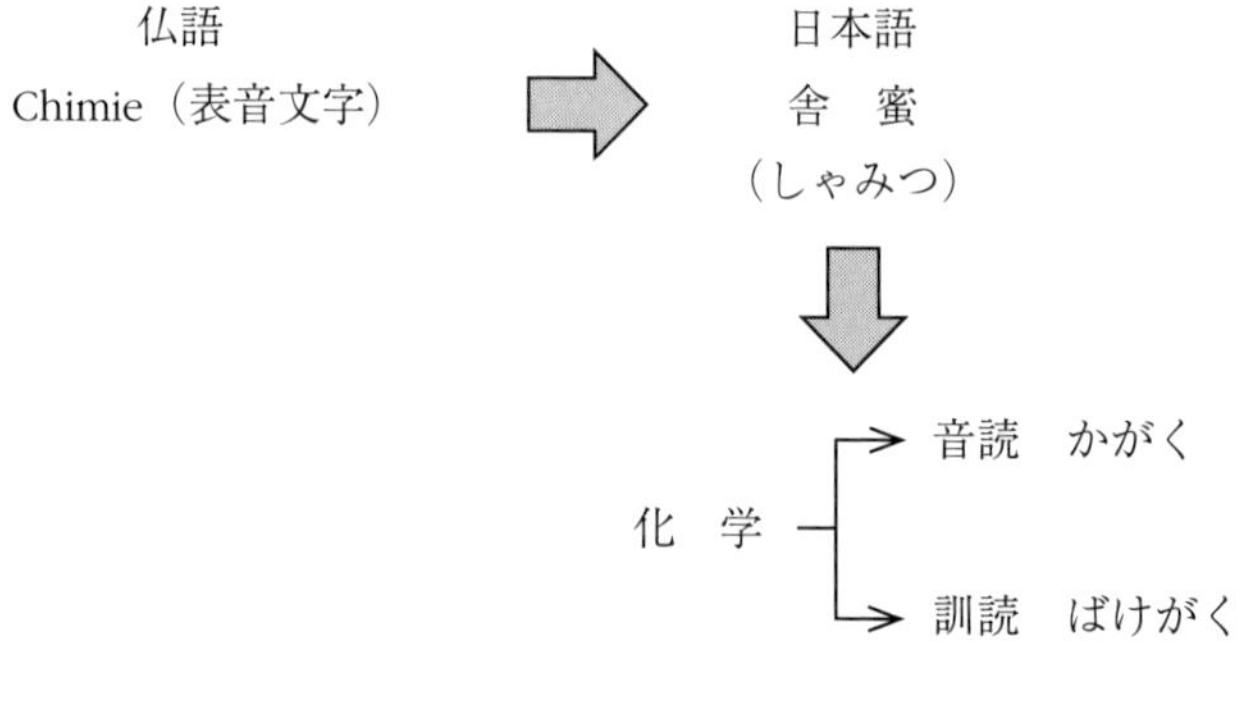

英語
Street（表音文字）
（stri:t）

日本語
ストリート（音節文字）
（sutori:to）

本では町内ごとの共同体があり、その中心を通る道が〝通り〟で、住居表示は〝町名〟で表されるのです。一方西欧では、〝ストリート〟に面した家々がバラバラな関係にあり、住居表示は〝Ｓｔ．〟で表します。西欧の都市計画では最初に道路を造り、その両側に建物を建ててゆきます。日本の場合は最初に共同体がありその中心に道が造られるのです。そのため、日本人は〝Ｓｔｒｅｅｔ〟は日本の〝通り〟ではない（別の概念である）と直観するのです。では、〝Ｓｔｒｅｅｔ〟が日本の〝概念〟にはない場合、別の日本語を作り出す必要性を感じなかったのは何故でしょう。それは、日本には過去には存在しなかった概念（例えば、〝哲学〟とか〝化学〟etc.）であれば作られたでしょうが、少なくとも類似した概念〝通り〟が存在したので新しい日本語を作らなかったのです。

しかしながら、私としても無原則に外国語を受け入れる現在の風潮には疑問がありますが、その背景には日本文明の変化があると思われます。明治以降は「和魂洋才」であったのが、大正以降は「洋魂洋才」となり、戦後は「米魂米才」に変化したのです。明治以降に近代資本主義を西欧から受け入れましたが、そのままではなく日本の歴史・風土に合わせ改良し、それに付随して導入された外国語も日本化して新しく作り出していたのです。１９９０年代に株主資本主義をアメリカから受け入れた結果、外国語をカタカナ表記することでそのまま外国語を受け入れるようになったのです。それが「米魂米才」の意味です。

5. 西欧の言語論を超えて

日本語の言語論について、西欧の言語論と比較してまとめてみます。キリスト教の教えでは「初めに言（ことば）があった。言は神と共にあった。言は神である。この言は初めに神と共にあった。万物は言によって成った。成ったもので、言によらず成ったものは何一つなかった」というものであり、一つの物は一つのことばにより存在するというものです。それに対し、フェルディナン・ド・ソシュール（1857〜1913）はフランス語では「羊」は「ムートン」と言いますが、英語では毛織物を作る羊毛をイメージできる白くてもこもこした生き物を表す「シープ」ということばと食卓に供される羊肉を意味する「マトン」ということばがあります。フランス語の「ムートン」に相当する包括的な名称は英語には存在せず、逆に「動物としての羊」や「食肉としての羊」はフランス語には存在しないのです。要するに、物にはそれに対応する一つのイデアがあるとする考え方が否定されたのです。これにより西欧では「ことばが最初にあり、それに従い〝神〟が万物を創った」とする聖書の記述が否定され、〝神〟からの解放が漸く成し遂げられたのです。

しかしながら、西欧文明のキリスト教の枠内では、主体と客体が対立する構造はキリスト教と表裏一体でありそれを克服することは難しいのです。私はそれを克服したのがロラン・バルト（1915〜1980）の最大の功績と考えています。「羊」について「ムートン」という語だけを持つ言語共同体の中で育った者と、「シープ／マトン」の二つの語を持つ言語共同体の中で育った者では「羊」の見え方が初めから違います（著者注：ことばを支える土台の違い）。ことばを学ぶ子どもはそれを「まるごと」受け入れる他ありません。バルトはこのことをさらに展開し、「読者の誕生と作者の死」を宣言するのです。聖書的な伝統に涵養された西欧文明においては、「作者」とは「ゼロから」何かを創造する者と考えられていたのです。神から愛された者が〝神〟よりインスピレーションを与えられ創造するのです。ですから、創造されたものはまるごと創造主の「所有物」になるのです。それに対し、バルトは「ある物の性質や意味や機能は、その物が含むネットワーク、あるいはシステムの中でそれがどんなポジションを占めるかによって事後に決定される」としたのです。そして、「多様なるエクチュール（個人ではなく集団的に選択され、実践される「好み」）が収斂する場とは、作者でなく読者である」として読者の誕生と作者の死を宣言したのです。これにより西欧の「自我中心主義」に致命的なダメージを与えたのです。

日本文明と西欧文明の違いを簡単に言えば、自然を内側から見ているのか外側から見ているのかの違いがあるのです。そのことにより、日本の文明では人間は動物や植物とつながった存在であるとしているのに対し、西欧では〝神〟からことばを与えられた人間は他の動物とは違う〝神〟から選ばれた存在であったのです。また、日本のことばは〝実態〟を表すのに対し西欧のことばは〝概念〟を表すのです。それは「日本語はTV型言語（音声＋映像）であるのに対し、西欧のことばはラジオ型言語（音声のみ）である」ことに対応しているのです。日本文明では「ことばは自然の美しさに対する感動を友と共有するために生み出された」と考えているのに対し、西欧文明のキリスト教の聖書では「〝神〟の世界が実存しており、一切がこれにより創られた」と書かれているのです。

「言語論」においては、バルトが「自我中心の考え方」を否定し、各個人が別々に世界を自己に投影すると主張し、「自我からの解放」を試みたのに対し、吉本隆明は自我の枠から一歩も出ることはなく、芸術としての自己表出に固執し、時枝誠記が主張する「言語とは、発語と受語のやり取りの過程そのもの（〝人〟と〝人〟との関係）である」とする観点が欠落していたのです。要するに西欧が主体中心の言語論からの脱却を図ったのに対し、吉本は「近代的自我」中心の言語論からは一歩も出ることはなかったのです。

この西欧の言語論に対し、言語生態学者の鈴木孝夫は「西欧の言語論は西欧文明の産物である」と指摘しているのです。西欧文明の言語論では、ことばを操りコミュニケーションできるのは〝神〟から選ばれた人間だけであり、他の動物はことばを操れないと考えているというのです。日本文明では人間と動物との間には垣根はなく、決して人間を特別な存在とは考えていないのです。そのことに関する鈴木孝夫の記述（講演会のレジュメ）を引用します。

私は人間の音声言語というものは、すべての生物が自分の体を維持し、そして子孫を生んで種属を維持するために不可欠である『仲間を含む、他者との記号交換活動』つまりコミュニケーションの一形態に他ならないと考

えている。この意味でならすべての生物はそれなりの必ずしも音（声）に頼らない「ことば」を持っているので人間だけが言語を持つと考えることは正しくないと言うことができる。

この考えを裏づける興味あるシジュウカラの記事（日本経済新聞夕刊、2018.1.31）がありましたので要約して紹介します。

蛇を模した細長いものを置いて蛇が来たことを警戒するシジュウカラの鳴き声をテープで流すと、シジュウカラはそれを理解して一定の距離を置いて観察し、その蛇を模したものには決して近づかないということです。動物は人間のような音声言語ではないとしても〝蛇〟を表すことばを持っていることになります。音声言語をしゃべらないだけで鳴き声（記号）により人間と同じようにコミュニケーションをとることができるのです。最近の研究ではシジュウカラは10あまりの鳴き声で仲間同士のコミュニケーションしていることが分かっています。

それはすべての生物が相互に用いている記号は、その生物が生存し続けて繁殖し、子孫を残すために必要な情報を含む他者に伝えることを目的としているという事実である。従ってどんな記号活動でもその生物の生存に必要な何らかの特定の目的を果たすためにあるので、ただ何となく意味もなしに手足を動かしたり、むやみやたらと出鱈目な音声を発したりすることは見られないのである。ということはまた、生物の用いる記号はすべてそれなりの必然性のあるものであり、偶然たまたまそのようになっているだけといえるものなど、全くないことになる。何故現生人類だけが音声を恣意的に使う記号体系を構築するようになったのか、説明できない。

霊長類のサルの仲間は、危険が近づくと咆え声で仲間に危険を知らせます。しかしながらチンパンジーに人間のことばを覚えさせることはできないのです。鈴木氏は「音声の復元的学習とその再現には殆ど関心を示さない動物である」と指摘しています。しかしながら、人間は声帯を震わせてことばを話すのに対し、鳥類の発声器官の仕組みは人間のそれとは、似ても似つかないほど違っているのですが、九官鳥やインコのように一部の鳥類では、遊びで人間のことばを真似ることが知られています。私の子どものころ、家で三匹の犬を飼っていました。私がハーモニカを吹くと一匹が遠吠えを始め、あとの二匹がそれに唱和して遠吠えを始めるのです。この遠吠えは仲間に危険を知らせるという意味はなく、人間が歌を歌うようにハーモニカが犬の心の琴線を刺激し、遠吠えを始めるのです。雨が降り始める前に蛙が一斉に鳴き出し、朝空が白み始めると小鳥たちが一斉に騒ぎ出します。これらの事例は鈴木氏が指摘しているように「生物の生存に必要な何らかの特定の目的を果たすため」とはいえないのではと思うのです。また、鈴木氏が言うように「何故現世人類だけが音声を恣意的に使う記号体系を構築するようになったのか、説明できない」のは確かですが、人間とチンパンジーの違いとして人間だけが「心を持つ」ということを思うのです。私が注目したいのは、チンパンジーにも文化はあるのですが文明がないことです。チンパンジーは木の枝を折り、幹に開いた穴に枝先を差し込み、虫の幼虫を釣り上げるのです。この技を子どもは見て覚えてゆくのです。宮崎県の幸島《こうじま》のニホンザルは、与えられたサツマイモに付着した砂を海水で洗い塩味をつけて食するのですが、はじめは一匹のサルが始めたことを、他のサルが見て真似をしたのです。長野県の地獄谷野猿公苑では露天風呂に入るニホンザルが観光の対象になっていますが、真冬の雪の中人間が露天風呂に入るのを見て、はじめは子ザルが真似をして入るようになり、それを親ザルが真似をして最後はボスザルまでが入るようになったということです。私は「文明＝文化＋生産基盤＋歴史・風土」と定義しましたが、人間はことばを創り出し、それを文字に表すことで大量のことばを蓄積できるようになったのです。職人の世界では、動物と同じように技術の伝承はことばでなく見て覚えるのですが、それには限界があるのです。生産基盤の伝達にはことばの文字化が大きな役割を果たしていると思われます。人間はことばを文字化して蓄積することにより、子孫に伝えることで今日の文明を生み出したのだと思うのです。でも、その前提として人間は「心」を持ち、ことばによって「心」を伝え合い共感を持てるということなのです。

拙著『日本文明試論』では「ことばは自然の美しさに対する感動を友と共有するために生み出された」と書きましたが、犬と同じように人間も初めは個人の心が揺さぶられ、その感情を他者と共有したいと思うようになるのです。その時に発する〝あゝ〟とか〝はれ〟という感動詞から〝あはれ〟ということばが創られたのです。これは私の仮説ですが、人間が自然を見て感動して発する〝うゝ〟という感動詞から〝うるわし〟や〝うつくし〟ということばが創られたのではないのかと考えています。西欧では、ソシュールが一つの物は一つのことばにより存在するという〝神〟中心の言語論を打ち破ったといわれていますが、そのようなことを言わなくても、『日本文明試論』の立場では英語の'beautiful'ということばはフランス語のbeau（＝美しい）から〝概念〟として作られた人間の感動を表すことばであり、〝神〟から与えられたことばではないことから〝神〟中心の言語論が間違いであることが明らかになるのではないかと思います。しかしながら、不思議なのは民族ごとに異なる言語を話していることです。日本の場合縄文時代の縄文人は海を生活基盤とする人たちと陸を生活基盤にする人たちが住んでいたのです。その人口は最大で26万人（歴史人口学者鬼頭宏）といわれているのですが、この人たちは交易を通して全国的に交流をしていたのです。生活のため、食料品や日常品の物々交換を行うことにより物に対して共通のことばを創り出していったのではないのかと思われます。

「日本文明試論」による新しい言語論が求められています。拙著『深耕　日本文明試論』でも紹介しましたが、小浜逸郎著『日本の七大思想家』の中から、大森荘蔵（１９２１〜１９９７）、時枝誠記（１９００〜１９６７）、和辻哲郎（１８８９〜１９６０）に関する記述がヒントを与えてくれました。

哲学者である大森荘蔵については、「デカルト以来の〝心と物〟の二元論という西洋的思考様式に反逆して、自然それ自体が有情なのだという〝日本的な〟思想の定着を試みている。しかしそれは残念なことに共同の心を持つ関係存在としての人間という発想を欠いていた。そこでは〝心〟と〝心〟とがかかわりあう世界は決して現れなかった」と前半部分を肯定し後半部分を批判しています。つまり、〝個人〟を中心に主体・客体により世界を捉える西洋文明に対し、日本文明は〝人間〟という〝人〟と〝人〟の関係で世界を捉えるというもので、そのことが時枝誠記、和辻哲郎により明確に記述されているのです。

国語学者である時枝誠記は、ことばとは「〝人とある考えを共用するためのもの〟であり決して客体であるものを言葉にして他人へ伝えるための道具ではない」というものです。確かに西洋的な主体・客体の考え方は自然科学の発展には威力を発揮しましたが、人間の情感を大切にする日本語については別のように感じられます。そこで時枝誠記が唱えたのが、「意味論」であり、「〝意味〟とは話し手と聞き手の把握作用」と定義しています。つまり、「話し手の表現とそれを受け取って理解する聞き手とのやり取りの過程が言語の本質」としているのです。文字言語については「話し手は書き手となり、読み手は聞き手となるが、——、書き手はいわば文字に観念化された音声を込めるのであり、読み手はいわばその観念化された音声を聞き取るのである」としています。和辻哲郎については拙著『日本文明試論』から引用します。

和辻哲郎については、著書「風土」は有名ですが、氏の主な業績は「倫理学」に代表される哲学書であることは知っていましたが、〝倫理〟については当方の興味の対象ではなく、何が書かれているのか全く知りませんでした。和辻哲郎は「西洋の個人意識をその出発点に置く原理を徹底的に退け、これに代わるに「人間《じんかん》」すなわち「ひと」同士の「間柄」を出発点として、その間柄における相互の「実践的行為的連関」を原理とするところに求められており、これはデカルトに始まる西洋近世以降の指導原理が、個人の主観を出発点としてその認識論、道徳論を打ち立ててきた現実に対する強烈な対抗と格闘のモチーフがあらわに表現されている」とのことです。圧巻は「人間を社会的存在」と規定し、人間と社会の関係を静的なものではなく「実践的行為的連関」による動

的なものとして捉え、これによりヘーゲルとマルクスの思想を融合しかつ乗り越える地平を示したのです。

「はじめにことばありき」の西欧文明では、ことばは〝概念〟であり自然とは分離しているのです。それに引き換え日本文明では、ことばは〝実態〟であり自然とは一体となっているのです。国語学者時枝誠記が指摘しているように西欧語では主語と述語（自然）が対立構造であるのに対して、日本語では主語は述語（自然）に含まれる入れ子型構造になっているのです。入れ子型構造になるのは「自然の中にいる私」という構造になるのです。言い換えれば主語が述語に取り込まれる言語構造は自然の中に主体が取り込まれる日本的思考と見事に一致しているのです。**これはレヴィ＝ストロースが「日本的思考では主体は原因でなく一つの結果になる（主体を最後に置く）。主体に対して世界の再構築の出発点が主体であるとは考えてはいなく、自らを映し出す最後の場となる」**と指摘していることの意味なのです。

以上により、想定される新しい日本語の言語論を簡単に説明してみます。

次ページの図は西欧の主体（個）から出発する思考方法を乗り越えようとして、人間（〝人〟同志の間柄）を出発点としてもがいている様子が窺えます。私が不思議に思うのは「これらは認識のレベルに留まっていて、現実の問題に対しては一歩も踏み出していない」ことなのです。特に言いたいことは、俳句・短歌は相も変わらず個人の作品とされ、日本画においても作者の個性の表現とされ、近代以前の「自然と一体となった作者の心象の表現」とは考えられていないということです。

２０１０年に出版された『日本人の世界観』（大嶋仁《ひとし》著、中公叢書）に「古今和歌集の紀貫之による仮名序は漢詩と和歌の違い」が述べられていると書かれていて、日本語に対する最初の言語論であることを知りました。「日本文明試論」流に解釈し直して具体的に説明してみます。

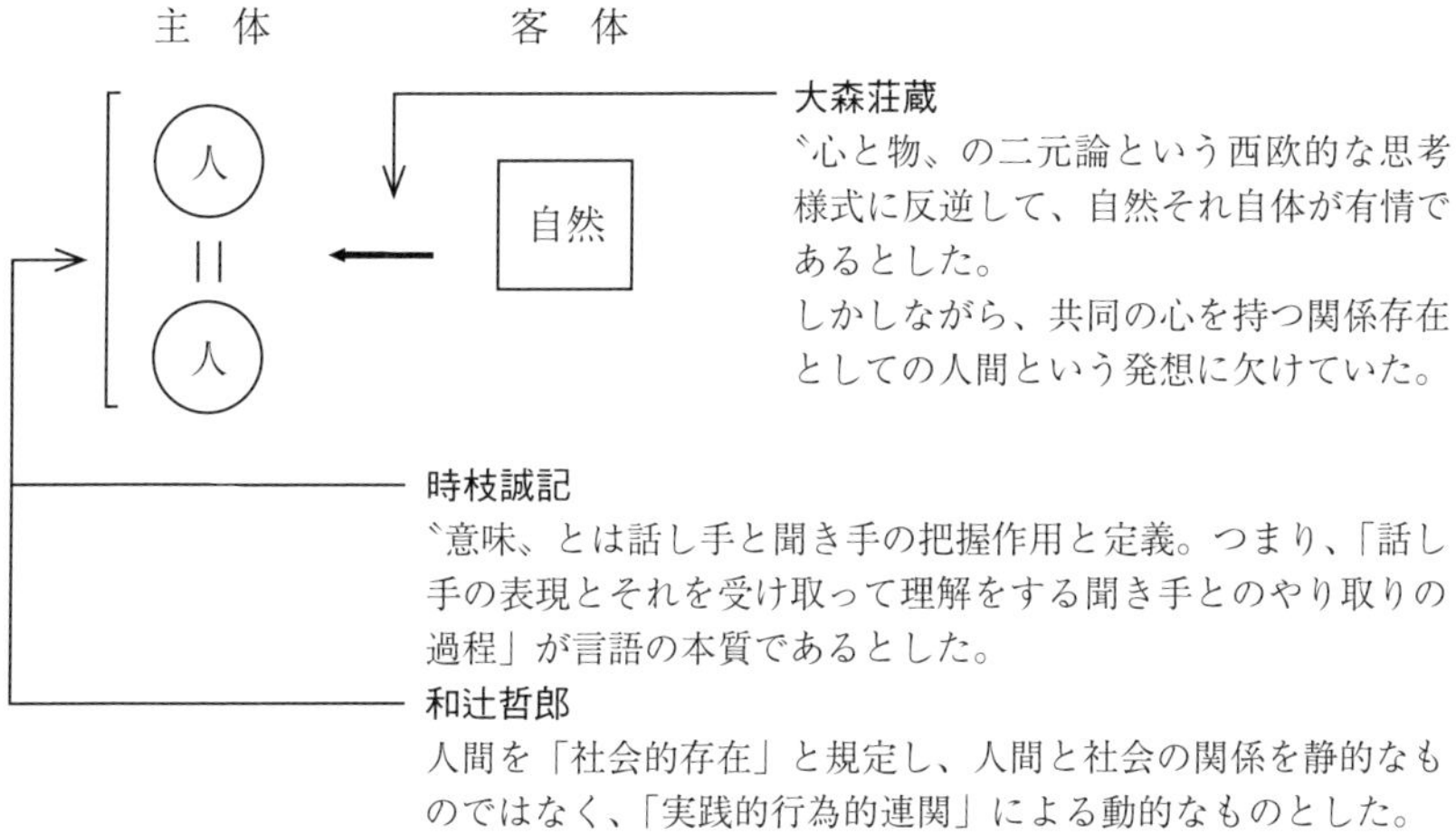
主体
客体
人
＝
人
自然
大森荘蔵
〝心と物〟の二元論という西欧的な思考様式に反逆して、自然それ自体が有情であるとした。
しかしながら、共同の心を持つ関係存在としての人間という発想に欠けていた。
時枝誠記
〝意味〟とは話し手と聞き手の把握作用と定義。つまり、「話し手の表現とそれを受け取って理解をする聞き手とのやり取りの過程」が言語の本質であるとした。
和辻哲郎
人間を「社会的存在」と規定し、人間と社会の関係を静的なものではなく、「実践的行為的連関」による動的なものとした。

図　日本語の言語論

「心におもふことを、見るものきくものについて、いひだせるなり」とあるのは一刻一刻感覚に映る世界を通じて心の思いを表現するのが「やまとうた」（和歌）だといっているのである。――

さらに、この序文は、「花になくうぐいす、水にすむかはづのこゑをきけば、いきとしいきるもの、いづれかうたをよまざりける」とつづく。これは、万物が命を持つ限り歌を歌うものだという「汎歌論」の宣言である。鶯も、蛙も、生き物なら歌う、人も同じ生き物であるから歌うのである。

――万物が産霊《むすひ》の現れであるから、万物は生き物。その生き物の生きている証拠が「うた」なのである。

昔の日本人は「生き物はみな同じ」と考えていて、人間と同じように歌を歌うと言っているのです。西欧のようにことばを概念（記号）として組み立て、他人に自分の考えを伝えるということは考えておらず、他の生き物と同じように自然に感動して歌を歌い他人とその感動を共有するためにことばがあると考えていたのです。誰も指摘していませんがこれが日本語の言語論であり、今日まで変わることなく続いているのです。

6．おわりに（日本語から日本文明を捉え直す）

鈴木孝夫はほぼ50年前から「このまま地球環境を破壊し続ければ、人類は滅亡する」と警鐘を鳴らしていたのです。私も同じ考えであったのですが、どうすればこの流れを変えられるのか分からなかったのです。しかしながら、コロナ禍により世界は新しい歴史に踏み出したものと思われます。

２００６年に出版されている鈴木孝夫著『日本人はなぜ日本を愛せないのか』（新潮選書、2005.1）があり、前述の『ことばと文化』から30年も経っているので、日本文明に対する分析が一層深められた内容となっています。タイトルから判断するのとは違い、本の帯に書かれているように、半透膜効果、部品交換文明、魚介型文明という視点から日本文明を分析した内容です。言語学者を改め、言語生態学者と自称する理由でもあるのです。私流の解釈を加え構成を変え一部内容を補足して、簡単に紹介します。

(1) 魚介型文明

西欧を牧畜型文明、日本を魚介型文明とし、以下のように説明しています。

牧畜型文明――自然と隔絶された文明であり、人間が自然を征服・支配する文明である。そのため、人間は動物、植物とはつながっていないのです（動物的原理＝家畜依存型からくる文明の原理）。

魚介型文明――自然と一体となった文明であり、人間、動物、植物がつながっている文明です（植物的原理＝魚介依存型からくる文明の原理）。

西欧では犬がよくしつけられているのは、牧畜型文明のなせる技で、家畜を人間に従わせる文化があるからなのです。イギリス人は馬肉を食べないとのことですが、それは日本人が犬の肉を食べないのと同じで犬が家族の一員として飼われているからです。要するにイギリス人は馬を食糧用の家畜として飼っているのではなく、人間にとっての友達として飼っているからなのです。馬の肉を食べることは人肉を食べるようなものであり、それは一種のタブーのようになっているのです。一方ユダヤ教徒・イスラム教徒が豚を食べない理由はこれとは異なっており、以下に納得できる説明をしていますので引用します。

豚は（著者注：他の家畜と違い）例外的に群れを作らず家族単位で森に住み、しかも雑食性の動物ですが、日本とは違ってタンニン除去の技術のなかったヨーロッパでは、人間が直接利用することの難しいカシの実やドングリを好んで食べてくれるため、湿った森林の多い地域では重要な家畜となりました。（中略）人間の役に立たないドングリ類のない中近東などの乾燥地帯で人々がこれを好んで飼い出せば、人間が食べられるものを豚の食糧に回さざるを得なくなってしまいます。これでは利用できる食糧の総体が少なくなってしまうため、ユダヤ教やイスラム教では豚肉をタブー視することで食べることを禁じる習俗が生まれたと考えています（著者注：要するにこれは乾燥地域という風土が生み出したタブーなのです）。

「文明＝文化＋生産基盤＋歴史・風土」で表されるというのが私の考えです。西欧・中国や日本の生産基盤の上にそれぞれの文化が花咲くのです。西欧のオペラを歌う少年が声変わりして高音が出なくなるのを防ぐため去勢したカストラート（castrato）、中国の宮廷管理のための宦官という去勢された男性を沢山使用するという文化を受け入れなかったのは、牧畜文化のない日本には生態加工という発想そのものがなかったのです。従来、それを好ましくないと判断したからであると説明されていますが（本の中では半透水膜効果と表現している）、そもそも日本にはそれらを受け入れる生産基盤がなかっただけなのです。西欧文明を崇拝し日本文明を評価していない人たちに共通しているのは頭で考えて合理的なことはすべてが実現できると考えていて、その前に立ちはだかるどうしようもない現実（生産基盤＋歴史・風土）があることを全く理解していないのです。

(2) 部品交換型文明

日本文明は、車に例えると古くなった車のボディーをそのままにして新しい部品に置き換えることで新車として生まれ変わる文明であると説明しています。その事例として大化の改新、明治維新、太平洋戦争について具体的に説明していますが、私の考えとは(大きく見れば同じなのでしょうが)少し異なるのでより詳しく説明します。「日本文明試論」では「文明＝文化＋生産基盤＋歴史・風土」であり、日本文明の場合は新しい生産基盤の上に花咲く新しい文化の他に古い文化や外来文化が共存しているところに特徴があり、それに引き換え西欧文明は古い文化の上に新しい文化が積み重なっているのが特徴です。言い換えれば、日本文明は本棚に本が並んでいるように色々な文化が整然と並べられ、いつでも取り出せるのに比べ、西欧文明では古い文化を掘り起こさねばならない。それが日本文明の豊かさ(多様性)を生み出しているのですが、その辺りを次ページの表により説明します。

以下生産基盤という観点で、縄文から弥生文明への移行した頃のことを考察します。

日本文明は農耕を生産基盤とした弥生文明に移行(BC300年)しても狩猟採集を生産基盤とした縄文文明が今日まで続いている世界的にも稀な文明といわれています。しかしながら、縄文文明を狩猟採取でなく鈴木氏が言うように魚介型文明と規定すると、海岸地域では漁労という生産基盤が今日まで続いていることを考えれば何の不思議でもないことなのです。縄文文化は弥生文化と違い目に見える形としては残りにくく、価値観として生き続けてきたのです。内陸地域では縄文晩期には水稲栽培が行われ定住が進んでおり、三々五々大陸から移り住んできた弥生人は縄文人とは共存・同化という形で集落を形成したのです。灌漑技術を伴った米の水稲栽培により、米の生産量は飛躍的に伸び、大集落から小国家へと発展してゆくのですが縄文人とは共存関係にあり、相手を亡ぼすことはなかったのです。それは、日本という風土はそれを許容する程度には十分豊かであったため、生産基盤が異なったまま共存できたのです。私は一般に考えられているような「日本文明が多神教の文明であるのに対し、西欧文明は

表　日本文明と西欧文明の比較

日本文明・書棚型	文明	文化	縄文文化	固有文化：言語	日本教
			弥生文化	文字	
			中国文化	料理	
			＊西欧文化	etc.	
		土台	株主資本主義 → （公益資本主義）		
			＋歴史・風土		
西欧文明・積層型	文明	＊西欧文化	個人主義	固有文化：言語	キリスト教
			民主主義	文字	
			自由主義	料理	
			合理主義	etc.	
		土台	株主資本主義（グローバル化）		
			＋歴史・風土		

（注）＊西欧文化には個人主義 ～ 合理主義が含まれている。

一神教の文明である」からではなく、日本文明は〝概念〟主導でなく、〝実態〟を重視する文明であるので、無用なイデオロギー対決がなかったからだと考えています。その後中国文化を受け入れたのは生産基盤（牧畜）を伴った中国文明そのものではなかったから衝突しなかったのです。一方、明治維新以降西欧文明を受け入れた時は、西欧資本主義という生産基盤をも受け入れた。しかしながら、当初日本は西欧資本主義を日本型（公益）資本主義に改良して受け入れていたのですが、１９９０年代になるとグローバル化により日本型資本主義から株主資本主義に移行しなければ世界市場で生き残ることができなくなった。現在アメリカとＥＵで発生しているのは新しい文化（リベラリズム）と古い文化（ポピュリズム）

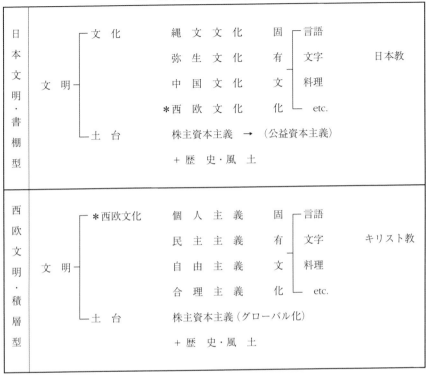

との〝分断〟ですが、日本の場合株主資本主義から公益資本主義に移行することで、〝分断〟を克服できるものと考えています。

7．松本輝夫さんのこと

「タカの会」の創設以来その活動を支えてこられた松本輝夫氏は、師の鈴木孝夫論である『言語学者、鈴木孝夫が我らに遺せしこと』を執筆し、２０２３年４月３日（株）冨山房インターナショナルより発刊しました。鈴木孝夫の業績について、その全貌を知る内容になっており、興味のある方は是非お買い求めください。

その概要を「日本文明試論」の観点を交え以下にまとめてみました。

⑴ ラボとのかかわり

ラボとは正式名称は「ラボ教育センター」であり、半世紀以上の歴史を持つ言語教育事業体です。ラボにかかわった主な人たちを紹介します。

谷川雁（１９２３～１９９５）

１９５０～１９６０年代前半、詩人・思想家・革命家として眩しい活動足跡を残す。

・１９６５年９月ラボに入社。
・幼児の英語教育
・教育共同体（ラボパーティ）
・英米人講師の派遣
・英語と日本語を学ぶ語学学習機械を売る。

テック
1966 ラボ発足
2008 松本ラボ退社
2010 タカの会発足

（注）テック：東京イングリッシュセンターの略。ラボ教育センターの前身。
ラボ：ラボ教育センターのことで、テックの一事業部門として1966年に発足。

C・Wニコル（1940～2020）
1970～1978年、2003～2006年ラボとかかわる。
鈴木孝夫（1926～2021）
1965～1970年ラボにかかわる。2002～2008年ラボとのかかわり再開。
松本輝夫（1943～）
・1943年、石川県に生まれる。東京大学文学部国文科卒。
・1969年秋テック入社。2004～2008年ラボセンター会長。
・2010年より鈴木孝夫研究会（当初の通称「タカの会」）創設・主宰。
・鈴木孝夫に関連した各種出版に携わる。

(2) 鈴木孝夫の原点

小学生の頃から「日本野鳥の会」に入会するほど鳥好きであり、1958年最初の学術論文『鳥類の音声活動―記号論的考察』を日本言語学会機関誌に発表。この論文は『鳥の歌の科学』という著書を1947年に刊行している京都大学名誉教授（当時）川村多実二の先駆的業績、すなわち鳴禽の鳴き声を、地鳴き、さえずり、浮かれ歌の三種に大別したのを踏まえて、さえずりは親鳥から学ぶこと、人類の幼児の音声を用いての遊びが鳥類の幼鳥の浮かれ歌（JoySong）と共通していることを発見した。

ところが、当時の言語学会からは完全に無視されたばかりか、当時の権威の一人からは「大変面白いが、しかし、これは言語学の研究と呼べるのだろうか」と言われたのです。これは後述の三浦氏の修士論文が評価されなかったのと同じなのです。このような学問は、Interdiciplinary＝学際研究（すなわち自分の専門を蛸壺的に閉ざして純枠を保つのではなく、自在に専門領域を越境し侵犯し統合していく構えの総合的な研究）というのです。それが、「世界を人間の目だけで見るのはもうやめよう」という鈴木氏の学問の原点になり、若い時からの地球生態系の破壊に対する警鐘「地救原理」につながったのです。

(3) 理論的補強

鈴木孝夫は西欧哲学と経済学については、特に興味を示さなかったため理論的補強を必要としているのです。その主なものを列記します。

① ことばは〝概念〟を表す

拙著『日本文明論』の基本的な考えでは、西欧語は〝概念〟を表し日本語は〝実態〟を表すということです。また、西欧語は概念を他人に伝えるためにあり、日本語は人と人とが感動を共有するためにあるのです。それは、主体と客体が分離している西欧文明と主体と客体が融合していた日本文明によっているのです。でも鈴木孝夫は最後まで「ことばは概念を表す」という西欧文明の言語論を踏襲していたのです。

この二人（注：谷川雁と鈴木孝夫）**を結んだカギは「はじめにことばありき」という人間による世界認識の「原点」でもあった。例えば「机というものをあらしめているのは、全く人間特有な観点であり、そこに机という〈もの〉があるように私たちが思うのは言葉の力によるものである」**（『ことばと文化』33）。

私に言わせれば、革命家谷川雁の影響を受けた結果ではないのかと思われます。革命はスローガン（＝〝概念〟化されたことば）によって民衆を鼓舞するためのものだからです。それに引き換え、日本語は〝実態〟を表す言語なのです。

雁の有名な殺し文句、例えば「原点が存在する」「世界の映像を裏返さない限り永久に現実を裏返すことはできない。イメージから先に変われ！」「連帯を求めて孤立を恐れず」等々が今なお使い方によって鋭い喚起力を保ち得ているのもこれらを発した雁の知情意に本源的な「ことばの力」への心腹があったからに他ならない。

労働運動から生み出されたスローガンがどんなに心に響いたとしても、私には違和感を覚えるのです。日本語は実態を表すことばであり、人々に〝概念〟を伝えるには適していないのです。でも他人との共感を司るには適した言語なのです。そのことは２０９ページの「2．ことばは〝実態〟を表す」を参照してください。

② ことばの「意味」について

米国の言語学ではことばを音として捉えるだけで意味については一切研究していなかったのです。鈴木はそのことに疑問を持ち言葉の意味について研究しているのです。

ことば ─┬─ 外形………音
　　　　└─ 内容………意味：音と結合した個人の体験及び知識の総体

デカルトの西欧哲学では、知覚・感覚について以下のように考えていました。

知覚・感覚 ─┬─ 形、数式 etc. ＝概念（他人に伝えられる）
　　　　　　└─ 色、味 etc. ＝感覚（他人に伝えられない）

ことばを「他人に伝えるための〝概念〟を表す」と考える限り感覚は伝えられないのですが、ことばを人と人とが感動を共有するためにあるとすると、他人との共有という形で伝えられるのです。

③ 中間世界

中間世界とは「外界の変化を吸収する一種の衝撃緩衝装置」のことである。

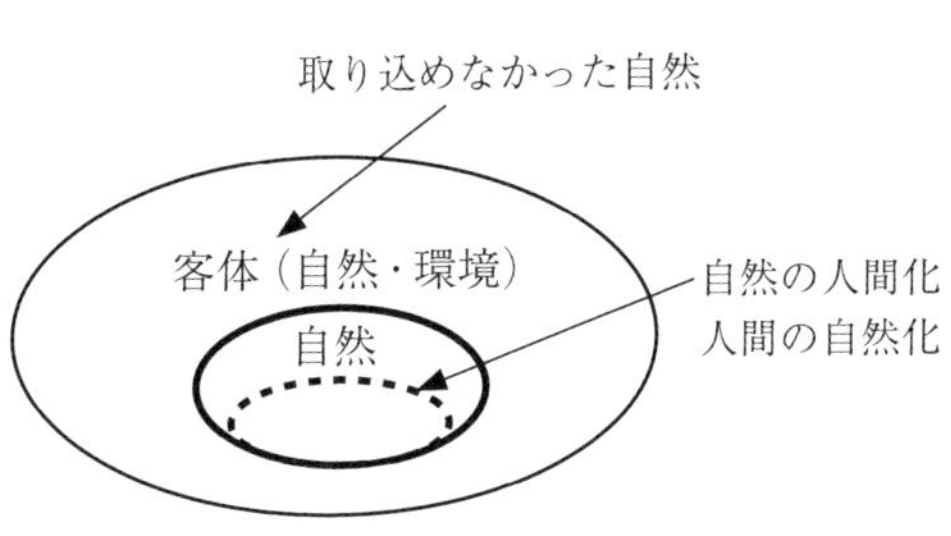

1960～70年代、新左翼は「人間は自然（社会）に働き掛けると同時に自然（社会）から影響を受ける」というマルクス主義の人間観を編み出したのです。そこに私は西欧の二元論を乗り越える契機があると思ったのですが、取り込んだ自然を人間化できたとしても取り込めなかった自然はそのまま残り、単なる言葉遊びに過ぎず相変わらず二元論は克服できていないのです。

この人間化した自然が「中間世界」であり一種の衝撃緩衝装置になるのです。

松本氏の経歴を見るにつけても、長期にわたる鈴木孝夫との濃密な親交を通して鈴木孝夫を最もよく知る人物だといえます。ですから、『鈴木孝夫が我らに遺せしもの』とは『松本輝夫が我らに遺せしもの』と言い換えることもでき、この出版を通して自分（松本）が生まれてきた意味をしみじみ噛みしめていることと思います。

私の場合は残念ながら鈴木孝夫と親しくお話しする機会はありませんでしたが、色々なお話を通じて教えられたことは、拙著の執筆を通し大いなる成果に結実することができました。その感謝の念を込めて表紙の扉には「拙著の執筆にあたり多くの知的刺激を授かった言語生態学者、故鈴木孝夫氏の御霊にこの本を捧げます」と書かせてもらいました。

COLUMN4

三浦正弘氏のこと

私の人生を振り返ると、色々の人たちとの出会いがあり今日の私がつくられてきました。この章の「はじめに」に触れた三浦正弘氏との交流を通して『続　日本文明試論』が生まれたことを説明します。その時の対話を基に教えて頂いたことを私流にまとめ直したのが、『続　日本文明試論』です。中でも自然と一体（主体と客体が未分化）であった近代以前の日本文明では、和歌は「自然（実態）を詠む」ことで心情を表せることを教わりました。これは、主体と客体が分離している西欧文明ではできないのです。また、このことはのちに私が展開することになるのですが、絵画、建築、都市、文学などの日本文化全般についても同じことが言えるのです。

⑴　詩について（その詳細については『続　日本文明試論』のCOLUMN1を参照）

中国（杜甫：登高）、日本（大伴家持：万葉集の二首）、西欧（ハイネ：ローレライ）の詩には下図のような違いがあるのです。

その中で①杜甫の「登高」では、老いた杜甫は本懐を遂げることができなかった悲しみ・無念さを長江の流れに託しているのです。長江の自然はその杜甫の思いを点景へ押しやっており決して同化することはないのです。次に②大伴家持の万葉集の二首は、（藤原氏の台頭を前に一族の長として味わう悲しみを）自分自身を自然の中に溶け込ませているのです。その悲しみ・無念さを自然に託して表現することはせず、むしろ春のしっとりとした美

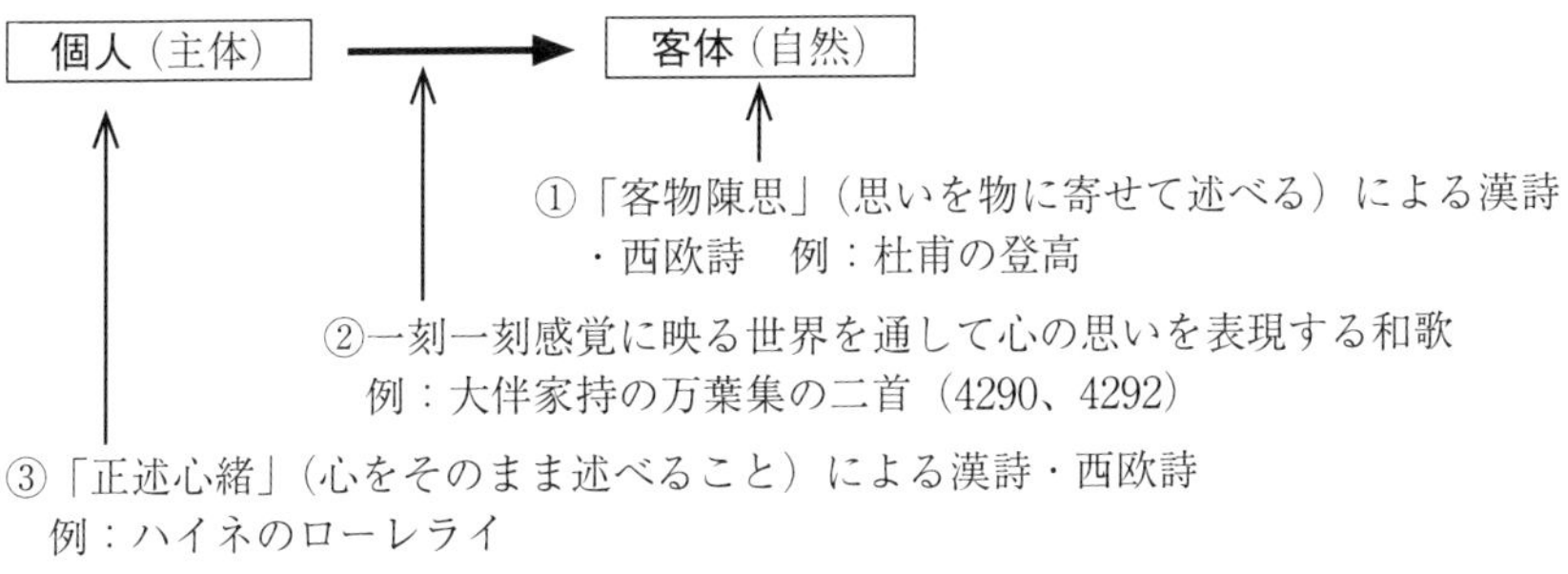

しい風景の中に自己を拡散させ自然と一体となってゆくのです。③ハイネの詩ローレライでは、家持が自己を美しい風景の中に同化させ溶け込んでいったのに対し、ライン川の畔に立つこの人物は夕焼けの中にいて、微動だにせず等身大を保ったまま、自然と対峙しているのです。

お話を伺った中でNHKが放送（2009.10）した『日本の抒情歌』に感銘したとの話があり、私がハッキリと理解できたのは抒情詩（叙情詩）について西欧文明と日本文明との違いです。

辞書によると「〝抒情〟とは〝感情を述べ表すこと〟を指し、各分野において若干意味合いが変わりますが、広義では非常に感慨深い様子、対象に対して情緒あふれるものを感じること、胸が締め付けられるような切なさを超えた深い感動を指すもの」となっています。私は、昔からこの意味が全くといって良いほど分からなかったのです。

後日、『日本の抒情歌』の内容について手紙で教えて頂いて分かりましたが、日本の抒情歌は主語（含性別・年齢）が表現されていず、主体と自然が一体となり自然の情景を述べているだけなのです。つまり辞書にあるような自分の感情や情緒など述べてはいない。西欧文明では自己が中心になるので事実を述べる〝叙事〟に対して自分の感情を表すことを〝抒情（叙情）〟といい、それを日本語に翻訳し〝抒情詩〟としただけなのです。

日本では人と自然が一体であるので日本の〝抒情〟は自然を述べることで〝抒情〟を表すのです。正に哲学者・大森荘蔵が言うように日本の場合〝自然それ自体が有情である〟の意味なのです。

番組の参考として付けられていたアイルランド民謡『ロンドンデリーの歌』では、この詞は故郷の風景に寄せて戦争に行った息子の無事な帰還を熱望する母親の感情が余すことなく謳われているのです。それなのに何故、日本人の情感に訴えるのでしょうか？　アイルランドは古来、ケルト系民族が住む地域で、民謡は

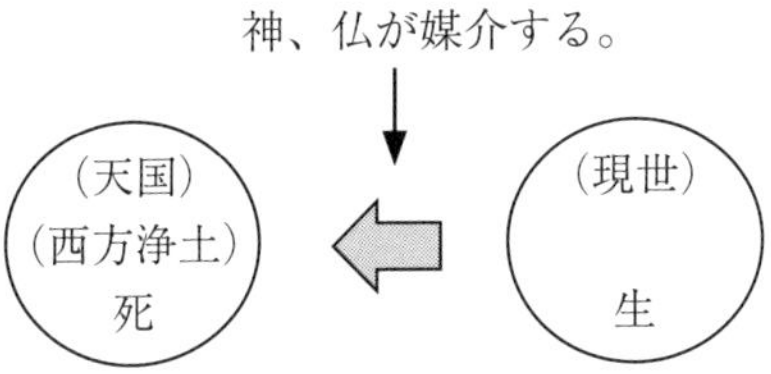

・キリスト教
・イスラム教
・仏教（他力本願）

（注）〝神〟と個人の契約で成り立っているキリスト教では、生命は〝神〟から与えられたものであり、勝手に自殺はできないのです。

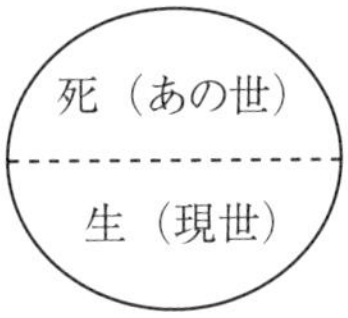

・アニミズム
・禅（自力本願）
・日本教

古風なものを保ち、深い感情をたたえていて、我々の琴線を刺激するからです。

(2) 死生観

西欧文明と日本文明の決定的な違いに死生観があることを教えて頂きました。

西欧では主体と客体は分かれているのと同様に、現世と天国・地獄に分かれており、〝生〟と〝死〟の関係は二項対立の関係にあるのです。それに対して、日本では人間と自然が一体であるのと同様に現世とあの世は分かれておらず、〝死〟は〝生〟に含まれているのです。これは、〝有〟と〝無〟、〝自我〟と〝無意識〟についても同じ関係になるのです。

この死生観は三浦氏のご著書『和魂和才で世界を見ると…』の中心テーマであり、近代の日本人作家と西欧の作家の違いを死生観から明確にした画期的な内容です。そのことはこの章の最後で触れています。また、「この世とあの世」についてはCOLUMN 2で展開しています。

(3) 労働観

西欧文明と日本文明の違いに〝労働観〟の違いがあるので

す。西欧では〝労働〟は〝神〟から与えられた〝罰〟なのです。ですから「商品の価値はそのつらい〝労働〟を生産に費やした時間で交換価値が生まれる」とする商品の労働価値説が生まれたのです。

自然と一体となった日本文明では、〝労働〟は喜びなのです。職人が品物を作る時、嫌々ながら作っていません。工場の労働は西欧の分業による大量生産方式により、喜びを感じることができなくなっていたのですが、そのため、日本では多能工を養成し、複数の作業を一人で行うことにより〝労働〟の喜びを取り戻したのです。また、〝労働〟が〝神〟から与えられた罰と考えられたため、西欧ではブルジョア階級による労働者の〝搾取〟という概念が生み出されたのです。日本では企業は資本家が利益を生み出すためにあるのではなく、従業員の生活を保障するため企業は存続することに目的があるのです。そこには〝搾取〟という概念は存在しません。日本の企業は西欧のようなゲゼルシャフト（利益共同体）であるとともに自然と一体であったゲマインシャフト（地域共同体）の面を色濃く残しているのです。おカネがなければ生活はできないのは勿論のことですが、日本では給料のためだけに働いている訳ではないのです。

(4)　言語論

一神教の世界では、ことばは〝概念〟を表すのに対して、日本教の世界では、ことばは〝実態〟を表すのです。このことに気が付いたのは、三浦氏との対話を通してです。キリスト教の聖書では〝神〟からは「食べてはいけない」といわれていたリンゴの実（善悪の知識の木の実）を食べたことにより知恵と羞恥心を得るのです。原罪としてアダムには労働が課せられイブには出産の苦しみが与えられエデンの園から追放されるのです。

西欧文明ではこれを境に主体と客体が分かれるのですが、そうなると主体と客体が融合している日本人は天国にいることになるのではないかとなかば冗談のように話し合っていました。そして『日本文明試論』の中心をなす次の考えが生まれたのです。

西欧文明では「ことばは〝神〟と〝個人〟との契約のためにあり、〝概念＝形式知〟を表す」のに対し、本来の日本文明では「ことばは〝人〟と〝人〟との感動の共有のためにあり、ことばは〝実態＝実践知・暗黙知〟を表す」のです（その詳細は、209ページ「2．ことばは〝実態〟を表す」を再度参照ください）。新しい日本語の言語論が求められていることがお分かり頂けると思います。

(5)　和魂和才について

明治維新以降日本は西欧文明を受け入れた結果、自然環境の破壊、人間社会の崩壊、学問の個別分断化がもたらされたのです。日本文明による新しい学問体系が望まれているのです。三浦氏のご著書『和魂和才で世界を見ると…』の中の「若い人に贈る本（あとがきにかえて）」から以下を引用します。

私のように執拗に田舎であれこれ工夫をしている者もそう多くいるとも思えません。それに私は年をとり過ぎています。これ以上の研究はあまり望めないと見てください。

今、世界中から、国内でも日本からの文化の発信を願う人が多くなっていると私は思うのです。新しい酒は新しい革袋に。日本という新しい研究対象が世界から注目されて、新しい学問体系を待っているのです。この新しい領域はまだ手つかずの状態です。野心を持って取り組んでください。

私は2021年3月『終結　日本文明試論』を世に問いました。行政の縦割り、学問の縦割りなど近代合理主義というのは西欧文明の〝形式知〟が生み出したものです。世界史では西洋史と東洋史というような垂直な見方ではなく、二つを合わせて水平に見る試みがなされているのです。同じようにすべての学問を水平に見る見方が求められていると思われます。本来それができるのが「哲学」と「経済学」であるのに個別分断化された専門分野に押し込まれているのです。その袋小路を打開すべく、拙著『終結・日本文明試論』では「哲学の復権」「経済学の刷新」として、水平の見方のヒントを提示してみました。また、日本文明は〝実践知〟〝暗黙知〟の文明なのです。「芸術」は〝実践知〟〝暗黙知〟の世界であり、頭（〝形式知〟）でなく身体（〝実践知〟）と心（〝暗黙知〟）で理解するのであり、本来の日本文明そのものであったのです。そこで「芸術の刷新」についても取り上げています。

三浦氏はこの未知な領域に不安を抱えながら取り組み、ついに西欧文明と日本文明の違いは「死生観」にあることを突き止めたのです。私が『日本文明試論』の執筆に取り掛かった頃は三浦氏の存在を知らず、同じような不安を抱えていたのですが、どうなるか分からない不安があるので「試論」としたのです。でも三浦正弘という先達がいたことを知りどんなに勇気づけられたことか。また、三浦氏のような先達が書かれた読むべき本を紹介頂いたのです。以下の著作は紹介された本の一例です。

・『宗教と科学の接点』　河合隼雄著　岩波書店
（『深耕　日本文明試論』Ｐ83・84参照）
・『日本人の〈わたし〉を求めて』　新形信和著　新曜社
（『深耕　日本文明試論』COLUMN 6 参照）
・『私小説千年史―日記文学から近代文学まで』　勝又　浩著　勉誠出版
（『深耕　日本文明試論』COLUMN 6 参照）
・『日本人の世界観』　大嶋　仁著　中公叢書
（『深耕　日本文明試論』COLUMN 8 参照）
・『日本人と西洋文化』　にしくにさき著　未知谷

（『終結　日本文明試論』COLUMN 3参照）

・『神道の本義』Ｊ．Ｗ．Ｔ．メーソン著、今岡信一良訳　冨山房企畫

（『終結　日本文明試論』第1章の5．「日本教」について参照）

そのような訳で、拙著『続　日本文明試論』の扉に「続編の執筆にあたり、〝和魂和才〟のテーマをご教示戴いた三浦正弘氏にこの本を捧げます」と書かせてもらいました。

(6)　『和魂和才で世界を見ると…』（三浦正弘著）のご紹介

神戸でお会いした際に2006年に三浦氏が自費出版された『和魂和才で世界を見ると…』（三浦正弘著）を頂きました。汎神論と一神教の死生観の違いに着目し、日本文明と西欧文明の違いを明確にした素晴らしい内容です。圧巻は、死生観の違いにより、作家（陶淵明、志賀直哉、椎名麟三、トルストイ、カミュ、ヘッセ、サン・テグジュペリなど）の特徴をあぶり出したことです。

この本を読み衝撃を受けました。私が書きたかったことが既に書かれていたからです。三浦氏は〝日本〟について、当時の日本人の誰もが評価していない現実に疑問を持ったのです。それをテーマとして国学院大学修士課程で修士論文、後年兵庫教育大学で修士論文を提出したのですが全く評価されなかったとのことです。考えてみれば当然の話で、三浦氏は西欧文明に基づく学問体系を打ち壊そうとしていたのですから、三浦氏の修士論文を認めるということは自分たちが築き上げた学問を否定することになり、明日からの生活ができなくなるからです。その後高校の国語教師と八保神社（兵庫県赤穂郡）の宮司をやりながら在野の学者として2006年に『和魂和才で世界を見ると…』を出版して世に問うたのです。しかしながら、少数の方々から以外、全く評価を受けなかったのです。

このような素晴らしい本が既に出版されているのなら、私が本を出す意味が果たしてあるのかと思いまし

たが、私はどんな本を読んでも最低でも数ヵ所は納得できないことがあります。それについて説明します。
①神道の基層には古神道（日本教）があり、神道は如何なる〝神〟も認めていないので多神教ではないのです。古神道では宇宙のエネルギーを〝カミ〟としており、そのエネルギーが降りてくる場所として山の上にある大岩（磐座）を崇めることで宇宙のエネルギーと一体化するのです。
「多神教」という概念自体は西欧文明の産物で、明治維新までの「主体」と「客体」が一体となった日本文明では「多神教」という概念すらなかったのです。
②「キリスト教」のような一神教では、〝神〟がいるのかいないのかという二項対立が起こり「無神論」になるのですが、日本のような「日本教（＝神道）」の世界ではそもそも多神教ではないのですから、「無宗教」となるのです。
③西欧文明と日本文明の違いは、死生観の違いであるというのは文学の観点からは重要な視点であるものの、まずは言語論に言及すべきではないのかと思われます。西欧ではことばは〝概念＝形式知〟を表すのに対し、明治維新の前までは日本文明ではことばは〝概念〟の他に〝実態＝実践知、暗黙知〟を表したのです。西欧文明は主体と客体（＝自然）が分離しているのに対し、明治維新の前までの日本文明は、主体と客体（＝自然）が融合した文明であったということです。

私の考えでは時代が早過ぎたと思われます。〝日本〟というものが世界から求められ始めた今がそのチャンスなのです。ところが嬉しいことにこの本を改題して『和魂和才へ（死生観からみる日本人精神文化論）』として「二十二世紀アート」から電子書籍化されたとのことです。興味を持たれた方は是非お読みください。

お節介ながら、次のクイズを作りました。《問》死生観の違いによる作家（陶淵明、志賀直哉、椎名麟三、トルストイ、カミュ、ヘッセ、サン・テグジュペリ）の特徴を述べよ。

《問》の答え

	作家名	宗教観	死生観
一神教	陶淵明 トルストイ	無神論	死を日常と断絶したものと捉えており 死を恐れている。
	椎名麟三	無宗教	死を日常の延長したものと捉えており 死を恐れていない。
汎神論	ヘルマンヘッセ カミュ サン・テグジュペリ	無神論	死を日常の延長したものと捉えており 死を恐れていない。
	志賀直哉	無宗教	

解答の理由を知りたい人は『和魂和才へ（死生観からみる日本人精神文化論）』をお読みになれば分かると思います。蛇足ですが、個人的には「椎名麟三」という作家について、名前を知っているだけでどのような作家なのか全く知らなかったのですが、この本により理解ができたことをうれしく思っています。

おわりに――コロナ時代の新文明

拙著についての賛同者が少ないのが現実なのですが、次のような真摯な意見をくれた友人もおります。

テーマが政治／哲学／経済／芸術と多岐に亘り、しかもそれらの根本についての議論を展開されている訳であります。貴兄とは何回かお会いして議論も行いましたので、繰り返しになりますがよく理解できます。しかし、あまりに大きく基本的な問いかけであるだけに、小生としては、何ともコメントのしようがないというのが正直なところです。

「てにをは」を指摘しても、幾つかの一部の文章について、賛成論、反対論を列挙しても詮方ないように感じますし、このような広い大きいテーマについて議論できるほどの勉強・研鑽も積んでいません。最近はテレビでもニュースや、ニュース解説、ドキュメンタリー番組などを見、ネットでバラバラの情報を乱読していると、アメリカ大統領選挙でもコロナ問題でも、何が真実か皆目見当がつかないほど情報があふれていますし、その意見も千差万別ですし、また著者のポジションも様々です。このような情報洪水にもまれながら上記のような基本的テーマ、人類の先達が数千年に亘って思索を継続してきたテーマについてコメントすることは小生の能力を超えています。

デカルトは『方法序説』で、対象（自然）を細かく分析して集合するという科学の方法論を確立しました。この延長線上に学問の分断化が起こり、各分野で専門化が進んでいるのです。でも個別分断化された専門分野を前にして、現代の学生はどの分野を選べば良いのか判断できなくなってしまったのです。ここで紹介したいのは今から約30年前に東京大学教養学部の文科系一年生の必須科目である「基礎演習」のためのサブ・テキストとして出版された『知の技法』（財団法人東京大学出版会、1994.4.11）という本です。学問への心構えとやり方、及び社会科学の最先端の研究内容を各分野の学者が学生に紹介して興味を抱かせようという趣旨です。興味を覚えた分野の研究に学生を導きたいとの意図が読み取れます。

それから26年後（今から4年前）同じように経済学に関する最先端の分野を学者が専門ごとに分担して分かりやすく解説し、最先端の研究に学生を導こうとする『経済学を味わう──東大1、2年生に大人気の授業』（日本評論社2020.4.20刊）が出版されているのです。グローバル化による取り返しのつかないほど進んでしまった既存の文化や環境の破壊も近代合理主義の成せる技なのです。その結果、自然環境の破壊、人間社会の崩壊に加えて学問の崩壊へとつながっているのです。学問の崩壊とは、現代の学生は学ばなくてはならない知識や学問が質・量ともに昔に比べ桁違いに多くなってしまったため、益々学問を狭い分野に細分化し学ばせる量を少なくしているのです。でもその結果益々学問全体を見渡すことができなくなっており、相変わらず学問の専門分野化が進み縦方向により深く枝分かれしてゆくという近代合理主義の呪縛から一向に抜け出せないのです。

行政の縦割り、学問の縦割りなども〝形式知〟が生み出した近代合理主義によるものです。世界史では西洋史と東洋史というような垂直な見方ではなく、二つを合わせて水平に見る試みがなされているのです。同じようにすべての学問を水平に見て統合する見方が求められていると思われます。本来それができるのが「哲学」と「経済学」であり、拙著『終結　日本文明試論』では「哲学の復権」「経済学の刷新」として、分断化された学問を水平に統合するヒントを提示してみました。

でも、相も変わらず専門分野ごとに分割された学問体系の中で、各分野で最先端の研究をしている学者は、自分だけが正しくすべてを理解できると錯覚してしまうのです。ホーキング博士は「知識における最大の敵は無知ではなく、知っていると錯覚していることだ」と言っています。でもソクラテスのように「無知であることを知っている」という〝無知の知〟だけでは展望は開けません。そこで私は力技でその水平に統合する見方を提示しようとしたのですが、私の非力のなせるせいか賛同者が現れないのです。でも諦めずに本著**『真正・日本文明論Part.1―西欧文明（形式知）からの脱却―』**を再び世に問うことにしました。今までの「日本文明試論」の「試論」を卒業しそのものズバリ「真正・日本文明論」を目指したものです。蛇足ですが、現在は**『真正・日本文明論Part.2―日本語は西欧語と基盤が異なる言語である―』**を執筆中です。『Part.1』では、西欧文明は〝形式知〟の文明であり、その普遍性の特徴により、全世界に広まったものの現在、自然破壊、社会崩壊、学問の専門化・個別分断化により行き詰まっており、「〝実践知〟〝暗黙知〟の文明である日本文明の再興が求められている」ことを記述したものです。『Part.2』では、一連の『日本文明試論』では「文明＝文化＋生産基盤＋歴史・風土」の定義の基、土台（生産基盤＋歴史・風土）の上に立つ、絵画・建築・都市・文学について論じたものです。今回は、今まで十分に取り上げられなかった歴史・風土を土台とする食・言語・宗教・民族について記述するものであり、これにより「真正・日本文明論」の完成を目指したものです。

ここで、漸く冒頭の「**アメリカ大統領選挙でもコロナ問題でも、何が真実か皆目見当がつかないほど情報があふれていますし、その意見も千差万別ですし、また著者のポジションも様々です**」について言及します。このような状況に対し「自分で選択できる能力を養いなさい」と言うだけでは、言われた方は、個別分断化された学問から自分の好みにあった情報を仕入れることで「自分には判断力がある」と錯覚しているのです。専門化・個別分断化で崩壊してしまった学問の現状の中で、各人が「自分は判断できる」と思い込み、全体を俯瞰できないのに自分の見方が正しいと錯覚するのです。要するに頭（理性）で理解しようとしても限界があるということです。身体（感性）、心（悟性）で腑に落ちることが求められるのです。
「案ずるより産むがやすし」や「百聞は一見にしかず」という諺がありますが、「案ずる」や「百聞」とは〝形式知（理性）〟であれこれ考え、人に聞いて答えが出なくとも、実践や体験することにより〝実践知（感性）〟〝暗黙知（悟性）〟により体と心で腑に落ちるといっているのです。

日本文明は独自の文明であり、様々な意味で危機に瀕している世界のありように多くの良き影響を及ぼす可能性を秘めている文明です。しかしながら、世界の現実は、日本文明が生き残ることさえ難しい状況が生じています。まずアメリカの動きですが、アフガニスタンからの撤退を考えると、この先米軍基地の日本からの撤退も十分あり得るということ。アメリカがアフガニスタンからアメリカ軍を撤退したということは自国を守る気概のない国には軍事力による支援をしないということです。戦後日本はアメリカに追従していれば良かったのですが、これからは日本が自力で国を守る気概を見せなければアメリカは日本を守らないということのようです。要するにアメリカは国力が衰えることにより、経費のかかる日米安保条約は重荷になっていくのです。また、デジタル化による兵器の進歩により、アメリカは日本の基地をハワイ沖まで後退しても自国の国防上何ら問題にならないと判断しつつあるのです。大国の思惑により小国の運命が弄ばれるのが歴史の通例であり、平和ボケした日本人が今こそ覚醒しなくてはならない時期にきているものと思われます。ソフトとハードの両面で日本文明を守り抜く気概が求められているのです。

私が新しい文明についての具体的なものを何も示していないという意見があることは十分承知しています。世界中の文明は〝形式知〟の文明であり、日本文明だけが明治維新以前は〝実践知〟〝暗黙知〟の文明であったのですが、西欧文明を受け入れることにより日本も〝形式知〟の文明に重心を移してきたのです。しかしながらその西欧文明が自然破壊、社会崩壊、学問の専門化・個別分断化を引き起こし、行き詰まりをきたしている。新しい文明は公益資本主義を基盤とした〝実践知〟〝暗黙知〟の文明であり、それを主導できるのが日本なのです。

私はコロナ禍により新しい文明が生まれると考えているのですが、危惧するのはコロナ禍を経験して心底〝形式知〟の西欧文明に対する限界を感じているのかということ。日本の場合、東日本大震災による福島原発事故を経験した当初は脱原発を宣言していたのに、CO_2削減とロシアによるウクライナ侵攻による天然ガス・原油の値上がりを前にして、原発依存に舵を切るのです。一難去れば忘れてしまうのです。コロナ禍が一旦過ぎれば、また以前に戻ってしまうのです。コロナで問題が明らかになった点は何一つとして解決されていないのです。

・コロナを2類から5類にできなかったのは、医療体制が崩壊するためであったのですが、2類から5類に移行したのに医療体制はそのままなのです。

・コロナワクチンを国内で開発する体制は未整備なままです。

・コロナによる感染を処置する処方薬を開発する体制も未整備なままです。

再度強調したいことは、コロナ禍について我々は何を学び、何ができるのかということをもう一度一から考え直さねばならないということです。

コロナ禍とロシアによるウクライナ侵攻により、引き返すことのできない新しい歴史に踏み出したのであり、ここで何が違うのかを明確にしておきたい。

①人間が住む世界（自然）とコロナが住む世界（自然）は別々であったのですが、経済成長をするための自然破壊により人間がコロナの住む自然に踏み込んだのである。経済成長を縮小しない限りコロナを始めこれから遭遇する新しい感染症とは共存してゆくしかないのです。拙著ではそれを「コロナ時代」と称しています。

②ウイルスが人間にも動物にも感染することを通して、人間も動物も同じであることを、頭（理性）でなく身体（感性）、心（悟性）で実感できたことである。これは西欧文明の限界を実感する契機となり、人間中心主義の崩壊

につながるのである。

③ロシアによるウクライナ侵攻は、日本人の防衛の意識を覚醒させたのです。今までタブーとされていた核武装や憲法9条の改定について、議論できる土壌が生まれたのです。

④コロナ時代の新文明では〝形式知（理性）〟の知ではなく、〝実践知（感性）〟〝暗黙知（悟性）〟の叡智が求められているのです。知は巧みに表現できるが、叡智は経験に裏打ちされた心の内にあり鍛錬された言葉でも表現できないものである。しかしながら、日本が本当の意味で行き詰まらなければ、叡智は生まれないのかもしれません。

拙著の発行に際して色々と貴重なご意見を伺った松本輝夫氏、編集を担当してくださった（株）幻冬舎メディアコンサルティングの中村美奈子氏にこの場をお借りしてお礼申し上げます。

令和6年3月吉日

大島雄太

参考文献

民主主義とは何か　宇野重規著　講談社現代新書　講談社
実力も運のうち　実力主義は正義か？　マイケル・サンデル著　早川書房
物理学者のすごい思考法　橋本幸士著　インターナショナル新書　集英社インターナショナル
東大の先生！文系の私に超わかりやすく物理を教えてください！　西成活裕著　かんき出版
人生のトリセツ―人間とは何か　心はどこにあるか　何のために生きるのか　小浜逸郎著　徳間書店
建築の東京　五十嵐太郎著　みすず書房
新建築（第96巻11号）　新建築社
福沢諭吉　しなやかな日本精神　小浜逸郎著　ＰＨＰ新書　ＰＨＰ研究所
現代経済学の直観的方法　長沼伸一郎著　講談社
世界史の構造的理解―現代の「見えない皇帝」と日本の武器　長沼伸一郎著　ＰＨＰ研究所
日本社会の周縁性　伊藤亜人著　青灯社
生命の網の中の資本主義　ジェイソン・Ｗ・ムーア著　東洋経済新報社
中国のロジックと欧米思考　天児慧著　青灯社
格差の起源―なぜ人類は繁栄し、不平等が生まれたのか　オデッド・ガロー著　ＮＨＫ出版
言語学者、鈴木孝夫が我らに遺せしこと　松本輝夫著　冨山房インターナショナル

〈著者紹介〉
大島雄太（おおしま　ゆうた）
1947年東京都生まれ、1971年横浜国立大学工学部建築学科卒、同年株式会社竹中工務店入社、設計部及び設計本部にて、標準仕様、標準図等の作成及び設計部において技術、申請で現業支援業務に携わる。2011年3月リタイア、現在、神戸市在住。
【主な著書】
『日本文明試論』（幻冬舎ルネッサンス、2014年）
『続　日本文明試論』（幻冬舎ルネッサンス、2016年）
『深耕　日本文明試論』（幻冬舎メディアコンサルティング、2019年）
『終結　日本文明試論』（幻冬舎メディアコンサルティング、2021年）

真正《しんせい》・日本文明論《にほんぶんめいろん》 Part.1
―西欧文明《せいおうぶんめい》（形式知《けいしきち》）からの脱却《だっきゃく》―

2024年3月22日　第1刷発行

著　者　　大島雄太
発行人　　久保田貴幸

発行元　　株式会社 幻冬舎メディアコンサルティング
〒151-0051　東京都渋谷区千駄ヶ谷4-9-7
電話　03-5411-6440（編集）

発売元　　株式会社 幻冬舎
〒151-0051　東京都渋谷区千駄ヶ谷4-9-7
電話　03-5411-6222（営業）

印刷・製本　シナジーコミュニケーションズ株式会社
装　丁　　弓田和則

検印廃止

Printed in Japan
ISBN 978-4-344-69045-5　C0070
幻冬舎メディアコンサルティング HP
https://www.gentosha-mc.com/